上海市人文社科基地华东政法大学
国家重点学科华东政法大学
法律史学科建设项目

比较政治学研究（学术辑刊）

主　编：李路曲

学术委员会
（以姓氏笔画为序）

张小劲（清华大学）	李路曲（华东政法大学）
周　平（云南大学）	周淑真（中国人民大学）
徐湘林（北京大学）	袁　峰（华东政法大学）
黄卫平（深圳大学）	景跃进（清华大学）
谭君久（武汉大学）	

编辑部成员
（以姓氏笔画为序）

王金良	邢瑞磊
杨云珍	高奇琦
章　远	阙天舒

Comparative Politics Studies No.1

比较政治学研究

主编 李路曲
主办 华东政法大学政治学研究院

第1辑

创刊词

华东政法大学政治学研究院在华东政法大学校领导和相关部门的大力支持下，依托本校现有学术资源和校际学术联系，决定创办《比较政治学研究》学术辑刊。《比较政治学研究》的诞生应当是时代使然，也是中国比较政治学发展的必然，更是华东政法大学政治学研究院所应负的一个学术使命。

《比较政治学研究》愿意与国内外比较政治学同仁一起，为提高中国比较政治学的研究水平，为促成比较政治学研究的深入和体系化，为中国的政治发展尽自己的绵薄之力。本辑刊关注比较政治研究领域的方方面面，强调理论探讨与实证研究相结合以避免学术空疏，同时鼓励理论与方法创新。

《比较政治学研究》真诚欢迎广大从事比较政治理论与方法、比较政治发展、国别政治研究以及相关议题研究学者的鼎力支持和惠赐佳稿。

目录 / Contents

序　言 ……………………………………………… 何勤华/1

【理论研究】
比较政治分析的逻辑 ……………………………… 李路曲/1
时空视野中的政府权力 …………………………… 常士訚/18
社会权利的历史分形与当代整合 ………………… 郭忠华/40
比较视野中的自主国家与宪政国家 ……………… 袁　峰/59

【方法研究】
比较政治理论建构的一般途径 …………………… 邢瑞磊/77

【案例研究】
30年中日公民社会成长与政治发展
　　——一种比较政治的分析 …………………… 高奇琦/97
中西比较视阈下电子民主发展的现实性介入 …… 阙天舒/112

【比较视野下的中国政治】
中国共产党与西方政党执政合法性资源比较 …… 阮黄南/125

中国政治体制改革的历史贡献
　　——兼驳西方马克思主义的"法学空区"论 …………… 佟德志/141
当代中国政治体制的模式特征论析 …………………………… 齐卫平/151
经济特区的政治逻辑
　　——献给深圳经济特区30周年 …………… 黄卫平　郑　超/163
我国政府职能转变问题的反思 ………………………………… 何　颖/179
仁护民主
　　——中国的民主传统及其当代意义 ………………… 储建国/189
从维权抗争到协商对话
　　——当代中国民主建设的新思路 ………………… 张紧跟/213

【比较视野下的地区和国别政治】

变革欧洲中的政党
　　……〔英〕克特·理查德·路德　〔德〕费迪南德·穆勒-罗密尔/231
南斯拉夫地区宗教冲突的国际政治理论逻辑比较 ………… 章　远/245

【全球议题】

全球化：一种世界体系的视角 ……… 〔美〕克里斯托弗·蔡斯-邓恩/258

序言 / Foreword

　　比较政治理论、比较政治制度、国别政治、地区政治均为《比较政治学研究》辑刊的关注研究领域。《比较政治学研究》辑刊的策划与出版是在华东政法大学支持下，以华东政法大学政治学研究院为依托，致力于解读纷繁的国际政治现实，在对比研究中提炼共通性的分析工具，以期提供可为国家政治发展以参照的最优尺度。

　　华东政法大学（原"华东政法学院"）是新中国创办的第一批高等政法院校。1952年，原圣约翰大学、复旦大学、南京大学、东吴大学、厦门大学等9所院校的法律系、政治系和社会系合并组建成立华东政法学院。而后因历史原因，学校曾两度停办。1979年，华东政法学院第二次复校。2000年，在新一轮院校布局调整中，华东政法学院由隶属司法部改为"中央与地方共建，以地方管理为主"的上海市市属普通高等院校。2007年3月，经教育部批准，华东政法学院更名为华东政法大学。

　　相对于国内历史悠久的知名综合性高等学府，华东政法大学是一所尚属年轻的大学。华东政法大学未来发展的目标是建设多科性大学，振兴包括政治学在内的多个优势学科。政治学是当前华东政法大学非法学学科发展的重点之一，具有取得显著突破的潜质，其原因有三：

　　第一，华东政法大学政治学学科的历史渊源可以追溯到圣约翰大学时期。地处万航渡路的华东政法大学于圣约翰大学旧址上办学。圣约翰

1

大学是中国教会大学中历史最久的学校之一，被誉为"东方的哈佛"、"外交人才的养成所"①，其政治学学科是在国内设立较早且较完整的。1918年，圣约翰大学在文学院下设政治学系，其下设课程为政治学、政治学理论、国际法、法律学、国政比例学、法学理论之历史、万国公法择要、外交实行、东方外交学。② 在1934年圣约翰大学的文科课程设置中，政治学共设有政治学纲要、法学纲要、国际公法、市政、中国市政、英法政府、欧洲大陆之政府、中国之国际关系（1895年止）、中国之国际关系（1895年后）、宪法研究与民国制宪史、中国政府、财政学、国际组织、政治理论史和专修课程等，共15门，列文科21个学科课程总数之首（当时文科课程总数为126门）。③ 圣约翰大学为近代中国培养了邹韬奋、顾维钧、施肇基、荣毅仁、李慎之、陈鲁直等一批杰出的外交家和政治家。岁月流转，我们相信华东政法大学新一代政治学学者在这些先辈们学习过的殿堂里薪火传承，复兴华东政法大学具有中国乃至国际影响力的政治学学科。

第二，华东政法大学内法学与政治学学科间相互给养。华东政法大学传统优势学科是法学学科。在社会科学各学科中，与法学最为接近的是政治学。政治学和法学同处于大法学的学科范围之下，具体到子学科，我们可以看到政治学理论与宪法学、行政学与行政法学、政治哲学与法理学、国际关系学与国际法学、比较政治学与比较法学之间的相互融通之处。法学和政治学学科邻近有两点蕴意：其一，政治学的演进可以借助法学之力，优势互补。其二，政治学学科的完善会为法学等相关学科进一步拓展提供更为坚实的学科结构支持。

第三，华东政法大学的政治学在新时代下构建起卓越的学科平台。华东政法大学政治学学科的发展已经颇具规模，它是上海市首批教育高地之一。政治学学科是校级重点学科。2008年1月，学校组建了政治学

---

① 张仲礼："序"，见熊月之、周武主编：《圣约翰大学史》，上海人民出版社2007年版，第1页。
② 熊月之、周武主编：《圣约翰大学史》，上海人民出版社2007年版，第145、198页。
③ 同上书，第148、153页。

序 言
Foreword

研究院，其目的正是希望整合政治学学科的人才资源，提升政治学学科的科研水平，推动政治学学科的整体发展。近年来，华东政法大学政治学研究院正以比较政治学为主导研究方向，锐意进取、开拓创新。希望《比较政治学研究》辑刊的创办可以使华东政法大学政治学研究院和其他高校、研究机构的比较政治学优秀研究成果定期得以传播和发扬。

华东政法大学极为重视本校政治学学科的发展。从字面上来看，就"华东政法大学"中"政法"二字所揭示的内涵限定而言，尽管学校在法学方面已经取得了不少成绩，然而我们还需要推进和加强政治学方面的建设。《比较政治学研究》辑刊的创立是把"华东政法大学"的"政"字内涵做实的关键一步。《比较政治学研究》辑刊将为政治学研究者提供公开的学术交流与争鸣之园地，诚邀相关议题学者共同探讨比较政治学，以促进学科繁荣和进步。各国各地的学者对《比较政治学研究》辑刊的支持和参与是对比较政治学学科的贡献，同时也是推动我们前行不竭的动力。

谨此为序，并与学界同仁共勉。

何勤华
于华东政法大学
2010 年 4 月 22 日

比较政治分析的逻辑

李路曲*

【内容摘要】与非比较政治分析的基本逻辑是直接探讨政治现象间的因果联系有所不同,比较政治分析的基本逻辑是在复杂而多重的关系中探索政治现象之间的关系,使那些在非比较研究中无法排除或认为由于相互抵消而不起实际作用的变化成为解释的一个有机组成部分。其操作逻辑是指贯串于具体而直接的运用和操作的方法之间的逻辑关系,这表现在从个案方法、集中比较、真伪对照分析到统计分析有着一脉相承和相互补充的逻辑关系,由此既可以满足人们对政治现象或个案进行深入而全面的研究和理解,也可以满足人们对大量的相关变项进行量化分析,由此体现着比较分析的系统性。

【关键词】比较政治分析;基本逻辑;因果关系;归纳;操作逻辑

一、政治分析的基本逻辑:非比较性的

政治分析就是探索政治现象间的因果关系,从其最核心的意义或特

---

* 李路曲:博士,华东政法大学政治学研究院院长,教授,博士生导师。

点上来说，它并不是比较性的，或者说直接进行单一因果关系分析的方法通常不被看做是比较性的。例如，如果一个农民参加了村长的选举，而其动因就是因为候选人是自己的亲戚。如果仅就这一因果关系进行调查，那么这很难说是比较性的。进一步来说，政治学中一些试图对社会和政治现象作出解释的方法并不是比较性的，而主要是使用自己建立的概念或范畴寻找政治现象间的联系。例如，在研究英国的选举情况时发现处于社会底层的印度移民有投票给工党的行为趋向，就可以根据这个案例进行演绎，把它解释为受到压迫的少数民族或一个民族处于社会底层的成员倾向于把票投给左翼政党。这就成了一般性的命题，即少数受压迫者倾向于把票投给左翼政党。要应用这个命题或理论，就要从这个一般性命题的逻辑中寻找相关的个案，即这一理论为预测其他个案提供了分析的基础。例如，基于这个命题的普遍性和现实性，可以逻辑地推断美国的拉美裔和黑人中的下层阶级倾向于投票给民主党。这是按照因果律来推导的命题，它从直接观察的现象中推导出结论，推理表现为"受压迫的少数人"中存在着"投票给左翼政党"的行为倾向。[①] 这两种变项关系中都带有此种因果关系的属性，前者的属性促成了后者的属性。用这种方法，人们就可以在建构假设和理论时，从直接观察所得出的有限因素里推导出既定环境中无限的后果。这种方法和逻辑之所以不是比较的，不但是因为从印度移民投票给工党的行为中推导出"社会底层成员有投票给左翼政党的倾向"这一假设是从单一因果关系或变项间关系中分析推导出来的，而且它在应用这一假设时也没有进行多个案例的验证。

另外一种情况是，有些学者把比较政治分析的方法界定的很宽泛，在非常广泛的意义上使用这一方法，在他们看来，个体研究或个案研究无不是比较研究的一个组成部分。尽管在很多情况下确实如此，尤其是半个多世纪以来比较政治学的视野和研究范围的扩大以及全球化趋势使

[①]〔美〕劳伦斯·迈耶、约翰·伯内特、苏珊·奥格登：《比较政治学——变化世界中的国家和理论（第2版）》，罗飞、张丽梅、胡永浩、冯涛译，华夏出版社2001年版，第4页。

孤立的研究越来越少了，但这仍然有所偏颇。一些专门从事比较政治学方法和理论研究的学者不同意这种观点，他们是在较严格的意义上来表述这一方法，从而把宽泛意义上的"比较"排除在了比较政治分析的方法之外。这样，狭义的个体研究或国别研究就不被看成是比较政治分析的一部分，而这在传统的政治研究中是常见的情况。

理论是否经得起实践的检验或解释功效的强弱，是衡量其科学性的重要标准，也是它与错误的或者不是以因果律为核心的方法相区别的标准。进而，一种理论是否具有科学性和普遍性是可以检验的，因为它要为人们所接受，只有在从它的逻辑中推导出的假设或普遍性与现实情况相一致时才有可能，否则就缺乏适用性和科学性。例如，《圣经》中对创世纪的描述，以及对最终真相的任何判断，不能从中逻辑地推导出任何对于未来事实的预测，因而不具有普遍性；进而，这样的方法既不会被伪造，也不会被证明是错误的。[①] 当然，严格说来我们从来也不能证明一个假设或理论是完全正确的，因为科学理论的指向是无尽的未来，而我们不可能找到所有相关的证据。如果说在自然科学或社会科学的某些领域中"正确的理论"存在着相对完整性的话，那么在政治科学中这种相对完整性要小的多。例如，对重要的社会革命或社会改革动因的探讨是相对的，不仅某一特定国家的动因充满着复杂性，我们很难穷尽与其相关的各种因素或变项的影响，而且对不同国家的探讨会因为各自环境的不同而更加难以检测。但是这并不妨碍我们设立某种标准，通过从某种理论中可以证明或不可以逻辑地导出某种现象来对相关假设或理论进行论证和检验。

由此看来，任何关于政治现象非比较性的因果关系的研究，只能分析出它们之间的一些主要的因果关系，并且一定要认定所有其他相关而未被分析的因素的作用会相互抵消，否则就不能认定那些原因是主要原因。而这在很多情况下并不能真实的反映现实政治世界的情况，因为政

---

① 〔美〕劳伦斯·迈耶、约翰·伯内特、苏珊·奥格登：《比较政治学——变化世界中的国家和理论（第2版）》，罗飞、张丽梅、胡永浩、冯涛译，华夏出版社2001年版，第5页。

治现象或因果关系间的联系很少是单一的或简单的，而是复杂的。因此，一般政治分析所能提供的对复杂政治现象的解释总是不完整的，而从这样的解释中所产生的结论也在一定程度上成了"或然性的"，这也意味着它假设的是在一定环境中可能而不是必然发生的事情。这种理论解释的基本逻辑仍然与传统模式中的逻辑一样，是从一般的假设来对事物进行推理和预测性解释，这就使它在预测的准确性和解释的完整性上有一定的局限性。而这正是比较政治分析可以在很大程度上解决的问题，尽管它也不能完全解决这个问题。我们最终看到，一般的政治分析与比较政治分析没有本质的区别，其基本逻辑是一致的，只是在解决复杂问题的范围和程度上有一定的差别，比较政治分析的基本逻辑的特点是它的多重性和比较性。

比较政治分析的起点和作用是，当受到非直接的或多重自变项的影响而难以导出因果关系时，或者说出现未被分析的变项的影响以及"伪相关因素"的影响而使某些个案与理论推导出的假设或规则不相符合时，就需要我们从这些特殊的个案中进一步去寻找相关变项间的关系，并在此基础上形成新的因果关系，这就是比较政治分析所要达到的目的或任务。举例来说，在受教育程度与政治态度之间有一定的关联，一般来说，受教育程度越高，宽容度也越高。但是有些人却与此相反，尽管他们受教育程度很高，却不能容忍任何异议。原因可能有多种，其中宗教信仰可能是一个重要的原因，也就是说由于对某一宗教的信仰会使某些受教育程度很高的人不能容忍异议的存在。由此看来，只有在非宗教影响的情况下高教育程度才能产生宽容。[①] 这样，通过对宗教因素的分析，我们会使对这一命题的解释变得更为丰满和准确。这里的教育程度与宽容是一对直接的因果关系，而宗教因素是研究过程中发现的另一相关因素，实际也成了另一个自变项，比较分析则是把它的影响纳入研究过程进行分析的有效方法。这就是说，要检验和发展这个命题或理论的

[①]〔美〕劳伦斯·迈耶、约翰·伯内特、苏珊·奥格登：《比较政治学——变化世界中的国家和理论（第2版）》，罗飞、张丽梅、胡永浩、冯涛译，华夏出版社2001年版，第5页。

正确与否或适用程度,要在现实世界中寻找相关的案例来进行检测,这本身就是比较性的了。

二、比较政治分析的逻辑

比较分析是社会科学研究的一种基本方法,因为在多数情况下社会现象都不能仅靠单一分析而是要通过综合分析各种因素来取得正确的结论。① 如果要对一些社会在现代化飞速发展和社会转型时期暴力事件的增多这一政治现象进行解释,就不仅要对这些事件中每个参与者的行为进行分析,还要对这些社会的社会环境甚至历史传统等相关因素的影响作出解释,而这只能通过比较政治分析来寻找结论。因此,比较研究的特点或合理性是分析和评估各种变项间的关系或解释,以从中得出合理的结论。我们大致可以用三种不同但最终相关的路径和目标来表述比较政治分析的这一过程:一是为寻找因果关系而系统地考察各相关变项中发生的相似变化,例如亨廷顿对 20 世纪后期数十个发展中国家政治转型的研究就是如此,通过比较而找到了发生这类政治转型的普遍原因和各国的特殊原因。② 二是以某一特定的理论或概念来解释某些现象间的因果关系,并为检验某些理论或概念来考察一定数量的案例。这种比较方法可以通过在不同的案例中解释变项间的因果关系或理论的适用性而完善和发展理论,至少也可以扩展理论的适用范围。例如,马克思的社会革命理论是从研究社会发展规律和欧洲 19 世纪的革命中总结出来的,我们可以这种理论为指导研究后来的俄国十月革命和中国革命以及其他国家的革命。在这一过程中,一方面这一理论可以使我们深刻认识和解

---

① 有些学者坚持比较政治是一个宽泛的概念,几乎所有的政治分析都可以包括在比较分析之内,例如马克·I. 利希巴赫等,可参见〔美〕马克·I. 利希巴赫、阿兰·S. 朱克曼:《比较政治:理性、文化和结构》,储建国等译,中国人民大学出版社 2008 年版,第 5 页。

② 〔美〕塞缪尔·P. 亨廷顿:《变动社会的政治秩序》,张岱云等译,上海译文出版社 1989 年版;《第三波——20 世纪后期民主化浪潮》,刘军宁译,上海三联书店 1998 年版。

释各国革命的原因、过程和性质,包括导致革命爆发的相关经济和社会矛盾以及阶级关系等;另一方面通过增加对这些重大案例的考察和研究可以进一步检验马克思的社会革命理论以及欧洲的革命经验,找到它与后发展国家革命的联结点,并根据本国的情况扩展或减少它的某些适用性,进而发展和丰富这种理论。三是为了弄清相关发展中的相似性和差异性,以及从中找出政治现象间的联系,通常至少要考察两个案例,尤其是需要建立一个合理的比较框架,以解释政治现象在相关变化过程中是如何在各自的背景中以不同的或相似的方式发展的,或者说由于受到相同或不同因素的影响而相似或有所不同的。① 例如,我们要弄清中国和新加坡政治发展中的相似性和差异性,甚至要弄清其中一国的特点,都要对这两个案例进行考察,而不能只考察其中的一个,同时建构什么样的分析框架或以什么方式和如何进行考察也是重要的,它决定着考察的质量和结果。②

从以上看来,比较政治分析的基本逻辑就在于通过在复杂而多重的关系中探索政治现象之间的关系,使那些在非比较研究中无法排除或认为由于相互抵消而不起实际作用的变化成为解释的一个有机组成部分。无论是系统地考察各种变项的影响、应用相关的理论范式进行分析或通过案例来进行检验还是建立相似性或差异性的比较框架,都在于它是通过处理复杂关系或建立比较框架来分析政治现象的。从这个意义上讲,比较政治分析不仅是一种对现实问题进行分析的方法,还是一种对理论或概念进行建构的方法,其中所包含的归纳逻辑可以对处于不同国家或文化背景中的同类现象进行归纳,使解释和概念具有普遍性。

当我们在研究中发现了原以为既不是自变项也不是因变项或处于某一因果关系链条之外的相关变项时,就可以通过比较分析来确定或排除它的影响。由于比较政治是将政治或社会系统作为整体来进行分析和归

---

① Skocpol, Theda, and Margaret Somers, "The Uses of Comparative History in Macrosocial Inquiry", *Comparative Studies in Society and History*, Vol. 22, 1980, pp. 147–197.
② 可参见李路曲:《我国与新加坡政治发展模式的比较》,载《理论探索》,2008年第4期,第117—121页。

纳，所以它可以顾及到政治现象发生前后各种情境因素的作用和横向的相关性，这包括一个国家的历史经验、地理环境、经济社会结构和文化等。这些因素对具体的变项、变化或体制都可能产生重要的影响，例如不同的经历或所受的任何特定的刺激或挑战都会对人的态度和行为产生影响，致使在不同的国家和处于不同的时期人民对权力有着不同的态度。而比较政治分析就是通过对这种态度或政治现象发生时的情境因素所产生的影响进行分析和归纳，从而解释这种态度的特殊性和普遍性。

迈耶等以某些国家的性别、宗教和政治倾向为变项，通过阐述它们之间的变化关系来阐明比较政治分析的作用。他们指出，由于原教旨主义礼仪的复苏，某国的妇女近年来倾向于更为信奉宗教，由此可以得出"妇女比男性更为保守"的结论。这样的因果关系模型是：性别→宗教信仰→政治倾向，这也是直接进行政治分析的结果。但是研究发现，这种因果关系在一些国家里存在，在另一些国家里则不存在。例如，英国在宗教信仰上就不存在性别上的差异，自然也就没有由性别差异而导致的政治倾向上的差异。但是我们既不能由此推断在其他国家不存在这种因果关系，也不能由此推论英国是一个例外，得出除英国以外的所有国家的妇女都比男性更为保守的推论，因为作为一个专有名词的英国是一个独一无二的实体，它既不能完全代表其他国家的情况，也不能说明其他国家与它的情况不同。然而理论是要对各种个案作出解释，使我们能从直接观察中提出假设或结论，从而不再局限于对事物的描述。因此，在这个案例中，我们要进一步研究哪些是导致英国被排除在解释性规则或理论之外的因素，或者归纳出哪些是英国的特殊因素或变项，这些特殊因素或变项导致了它不受"妇女比男性更保守"这一普遍性命题的支配，并可能从这种特殊性中推导出另一个一般性的命题，例如推导出在高度世俗化的国家中男性和女性的开放或保守性是相等的或其他什么结论，这就是比较研究所要做的工作。由此看来，上面的因果关系模型似乎只适用于那些宗教信仰程度较高的国家，而不适用于高度世俗化的国家。用普齐沃斯基和托伊恩的话说，就是必须将政治体制的某些专有特性转换成普遍性，在我们的例子里，就是将"英国"这个概念转换为

"高度世俗化国家"这个概念。① 这是揭示比较方法精髓的一种方式。

这种情况告诉我们，如果一个假设在某些情境中适用而在另一些情境中并不适用，那么用比较方法来进行进一步的分析是有效的。对多种案例和变项进行比较，能使我们推导出不同情境影响变项的各种因素和规则。同时，如果不在跨国家和跨文化的广度上进行比较分析和归纳，我们就不能发现更多的情境因素是否在归纳过程中起作用，不能确定某个假设是否在特定的情境中真实和适用。由此看来，政治分析最终不可避免地要成为比较性的，而比较分析在本质上与建构政治解释和理论的政治分析也没有什么不同。

尽管比较政治研究主要是以国家为单位进行的，但这并不妨碍在一国范围内的时序和空间上使用比较方法，在大多数情况下人们对本国的情况有更深刻和更全面的理解，因而也就更容易进行比较。这种比较可以是对一个国家不同时段上的情况进行比较，也可以是对一个国家内不同地区和制度的情况进行比较，这与跨国比较没有什么本质的不同。在这个意义上，比较方法的应用不在于是从事一国研究还是多国或世界范围的研究，而要看它是否真正是比较性的。但如果缺乏广泛的跨国比较，其比较研究的结论则很难具有科学性和适用性。

任何政治现象都具有独特性和复杂性，然而这并不能否定它们之间也存在着相似性，因而也就不能否定对它们进行归纳的可能性和价值。事实上，通过归纳寻找相似性的比较过程是建立在假定被比较的对象在大多数方面都是不同的基础上进行的，这个过程实际是在"不同的"事物中去发现某些"相同的"方面，而对于完全相同或同一现象是没有必要去进行归纳并寻找其相似性的。例如，对英国革命和法国大革命发生原因的比较，是在承认英国革命和法国大革命本身是两个相互独立或不同的政治现象的基础上去探求导致它们爆发的共同的和不同的因素或变项，结果发现了资产阶级的发展是革命的主要推动力这一共同的自变

---

① 〔美〕劳伦斯·迈耶、约翰·伯内特、苏珊·奥格登：《比较政治学——变化世界中的国家和理论（第2版）》，罗飞、张丽梅、胡永浩、冯涛译，华夏出版社2001年版，第7—8页。

项。尽管两国的资产阶级本身也还有诸多的不同，但那多是引发其他相关变化的变项。

　　由此看来，比较政治分析的逻辑是"间接"的而不是"直接"的，是"群体性"的而不是"单一性"的，它不是直接或单一性地去探寻政治现象的因果关系，而是通过分析政治现象间的多重关系和变项来探寻它们之间内在的因果关系。实际上，由于政治现象间的关系大多是复杂的，只能通过这种对"群体"或多重因素的"间接"或综合分析与归纳才能得出较为客观的结论。例如，尽管统计方法一度成为比较方法中具有支配性趋势的一种方法，但其研究单位的变项或单一化倾向与我们所讲的典型意义上的比较研究单位的多重性和群体化倾向有明显的差异，这导致了统计分析的结果可能是准确的，但它的效用和结果并不可靠，它没有从根本上解释或解决问题。例如，由对一些国家的社会调查和统计数据所建立的回归线说明了不同年龄、群体以及时代与政治价值观的关系，但这并不能完全说明其中的某个国家之所以处于或偏离这条回归线上的位置的所有甚至某些重要的原因，而这只能通过对更多的相关因素进行多维度而充分的比较分析才能阐明。有的学者是把这种情况看成是这两种方法对潜在的和伪相关因素或变项的控制能力的不同，他们指出，任何一个政治和社会现象或变项都可能受到多种因素或变化的影响，在这种情况下统计方法很难辨别其中真正发挥影响力的变项，或把所有有影响力的变项都挖掘出来，在这种情况下对复杂的政治现象就难以作出有力的解释。而比较政治所要研究和解释的问题也就是关键之处在于要确定哪些相关性在经验上和理论上真正有价值，从而找到真正的因果关系；或者哪些没有价值和不具有真正的相关性。这既是它的价值所在也是困难所在，尽管在理论上它也很难能完全做到这一点，但至少可以在更大程度上做到。简言之，鉴于社会现象和变化的诸多外部影响之间相互作用的复杂性，比较政治研究的一个完整的过程或任务不仅是要在比较框架中从对政治现象的分析和归纳中提出假设和理论，还要在比较框架中辨明或论证它所提出的假设或因果关系是否具有普世性。

实际上，密尔（John Stuart Mill）很早就提出了寻找因果关系的基本逻辑及其哲学上的解释，尽管他没有把其称为比较政治学，但这后来作为这个学科的一个基本问题和方法一直持续到今天。[1] 在密尔对因果关系的分析中，他提出了要证明变项之间的因果联系有三种方法：一是求同法。它认为如果发现某些现象中只有一个与自变项有因果关系，那么这个自变项就是这个现象发生的原因。二是求异法。它认为如果一个现象或因变项在一个案例中发生了，而在另一个案例中没有发生，而调查发现两个案例的情况只有一点是不同的，其他均相同，那么这一点就是那个现象发生的原因。三是共变法。它认为如果两个变项有以同一种方式变化的趋向，那么它们就是有一定联系的，这种联系或者直接是因果性的，或者间接（通过某种第三种变项）是因果性的。[2] 这种辨识因果关系或比较的逻辑和方法是比较政治学的一种基本逻辑和方法，但它并没有完全解决操作的问题，因此，密尔像现在许多学者一样，认为因果关系的复杂性阻碍了找到真正的因果关系的可能。这种比较方法的逻辑是在研究过程中要尽可能把因果关系设计成一个孤立的因素，或者尽可能地控制对因变项有重要影响的自变项的数量，即在处理这种变项之间的关系时尽可能排除大量的使人困惑的因素或伪相关变项从而辨明真正的相关性或因果关系。在探讨某一特定的因果关系中辨明各种潜在相关因素的影响，从另一方面来看也是在寻找其他变项及其变项间的因果关系，以构建或检验新的理论或概念。由此看来，比较政治学或对政治现象的理解总是离不开对理论的应用和构建。

---

[1] Blalock, H., *Causal Inference in Nonexperimental Research*, Chapel Hill: University of North Carolina Press, 1964; Asher, H. B., *Causal Modeling*, Beverly Hills, CA, 1983; Sage; King, G., R. O. Keohane and S. Verba., *Designing Social Inquiry: Scientific Inference in Qualitative Research*, Princeton University Press, pp. 75 – 114.

[2] 〔美〕B. 盖伊·彼得斯：《比较政治的理论与方法》，陈永芳译，台北韦伯文化国际出版有限公司2003年版，第30页。

三、比较政治分析的操作逻辑

比较政治研究的操作逻辑就是指贯串于具体而直接的运用和操作的方法之间的逻辑关系,从个案研究、集中比较、真伪对照分析到统计分析,是从个案取向的方法向变项取向的方法的展开,它们之间有着一脉相承和相互补充的逻辑关系。这种逻辑关系是建立在认识现象的现实需要的基础之上的,因为人们既需要对政治现象进行深入而全面的研究和理解,也需要对大量的政治现象的某一因素或变项进行分析,这种深度与广度、全面与单一的互为促进和补充是不可或缺的。

无论从对现实政治世界的认识、比较政治学科的发展和方法论上来看,比较研究都是以个案研究为起点的。个案研究在于可以取得对政治现象的精细而深入的认识,这是认识事物或政治现象的起点,但个案研究的重点在于"个案"而不是比较,所以尽管它是比较框架中的个案研究,但其比较性只能是隐喻和间接的,而没有直接的比较就无法为理解政治现象引入多方位的视角,无法进行类型学研究,无法提出一般性的命题和进行理论检测。由此只能引入集中比较的方法来弥补其缺陷。集中比较是直接的比较,它可以在更大程度上解决类型学问题和不同视角的问题,因为进入集中比较的个案之间要有明确的比较框架和共同变项,通过比较可以对个案之间的不同点和相似点进行明确的分类,但它比个案研究少了一些精细研究或"深度的描述"。由此看来,集中比较是把个案研究与比较研究联结起来的一个链条,它的优长在于,相对于个案研究来说,它有比较的优长;相对于变项取向的研究来说,它有个案或精细研究的优长;而缺陷在于,它比个案研究更少一些精细研究,而比变项取向的研究少一些比较的广泛性。

集中比较方法可以划分为两种基本的研究方法或策略,即最具相似性系统比较和最具差异性系统比较。① 最具相似性系统是选择相似的国家或政治现象进行比较，"比较研究的对象越相似，越容易分离出造成对象间差异的那些因素"②。这种方法有助于揭示相似国家中的政治现象所发生不同变化的原因，由此抽象出具有普适性的命题。最具差异性系统的比较方法是通过选择"一系列相反的环境条件展现特定联系的有效性，进而说明这一联系的可行程度"③。这是一种将政治现象的差异最大化后探讨其共变趋势的原因的研究方法，这多是被用来解决"在相关方面差异很大的国家却实行了相同政策的原因"这类问题的方法，其基本路径一般是从一组相异国家的情景或自变项中确定一组相关但相异的自变项，然后以此来解释因变项的差异性或相同性。

由此看来，最具差异性系统选择案例的逻辑与最具相似性系统的基本逻辑或本质相同但操作路径或逻辑形式相反，前者的基本路径是通过证伪来找到真正的因果关系，是通过逐步排减变项间表面上的联系而不是通过在诸多变项中直接寻找它们之间的联系而得出正确结论，而后者的基本路径是在直接寻找因果关系的过程中来排减伪相关因素或证伪。无论是最具相似性系统还是最具差异性系统的比较，都有自己的局限性，这是因个案数量的有限性所必然带来的理论概括本身或然率降低的问题。例如，由相异个案比较所得出的理论概括，可能会过于宽泛而毫无意义，即如果相反的个案或在相关方面差异很大的国家都具有相同的结果，那么还有什么个案可以有所不同呢？但实际情况远远不是如此。因此，它除了证明差异的合理性以外并不能说明其他。而由相似个案比较所得出的理论发现，特别是其中有关因变项问题的分析，也可能会过于狭隘而毫无意义，只能解释相似现象而无法对相异现象作出解释。为了弥补这一不足，就不得不考虑因个案数量有限所造成的局限性并由此

---

① Przeworski, A. and H. Teune., *The Logic of Comparative Social Inquiry*, New York: Wiley-Interscience, 1970.

② Lipset, S., *Continental Divide: The Values and Institutions of the United States and Canada*, London and N. Y.: Routledge, 1990, p. xiii.

③ 〔英〕罗德·黑格、马丁·哈罗普：《比较政府与政治导论》，张小劲、丁韶彬、李姿姿译，中国人民大学出版社2007年版，第118页。

考虑进行多个个案的比较。①

一旦涉及大量的个案，因数量众多而无法对所有个案进行精细的研究，比较研究的技术方法就不得不转为变项取向的，这可以分为真伪对照分析和统计分析两种方法。真伪对照分析比集中比较有更多的定量研究内涵，但也不是严格意义上的定量分析，而是以真与伪或是与否的这种定性的二元比值为基础展开的定量分析。例如对政府与社会关系的判断，一方面对一个国家是强政府还是弱政府的判断是定性的，但判断的标准和过程是要将繁复具体的数量特征以设定区间的方式转化为简单的二元比值，如政府在哪些方面和多大程度上实行经济管制和控制社会等；另一方面也要保证一定数量的国家进入比较过程才能得出较为客观的结论。我们可以后发展中国家的强政府与经济发展的关系为例说明这个问题。在这个真伪对照分析中，可以强政府、政治体制的制度化水平和执政党的实用主义的发展路线为自变项，以经济发展速度为因变项，由此可以把一个国家的相关变项填入对应栏目中，以得出结果。由此可以看出，如果说个案研究有更多的定性研究取向而统计研究有更多的定量研究取向的话，那么真伪对照分析则身具定量与定性两种属性，因而它也是沟通个案研究与统计研究的桥梁。

从其操作和例证中可以看到真伪对照的特点和功能是：首先，它可以使研究者较为容易地离析出众多个案中的主要要素和特征，也有助于从单一个案中总结和归纳相关的结果，发现有价值的变项。其次，真伪对照能够将定性分析与定量分析充分结合起来而具有特殊的说服力，因为这种分析可以利用量化的统计分析推导出定性分析的结论。真伪对照方法的局限性表现在两个方面：一是它取决于对所应用的各种变项的客观与准确的辨析，取决于对不同变项中必要与充足条件的明确的界定，而在实践中很难对政治现象及其关系作出完全明确而准确的量化和界定。② 这不但是说真伪对照分析的前提是正确的选择进入分析的变项，

---

① 张小劲、景跃进：《比较政治学导论》，中国人民大学出版社2008年版，第97页。
② 可参见张小劲、景跃进：《比较政治学导论》，中国人民大学出版社2008年版，第99—100页。

还在于变项本身的是与否并不能完全准确地反映其特征，或很少是具有充足条件的，这就可能造成分析的不准确性。二是在数量庞大时，它几乎无法操作，这时只能求助于统计方法了。由此看来，真伪对照分析比个案研究和集中比较更多一些变项取向，更少一些个案取向；更多一些定量研究而更少一些定性研究。而比统计研究更少一些变项取向，更多一些定性或个案研究。

在以统计方法为基础的变项取向的研究中，研究的目的在于揭示不同变项，特别是以数量化方式表现的变项之间的共变趋势。统计方法本身的准确性和广泛的可适用性是无可挑剔的，它的问题存在于统计方法的基础之中，即作为统计分析因素的变项及其相互间关系是否真实可靠？这表现在进入统计分析的自变项和因变项是否是真相关的因果关系，是否有"伪相关因素"作为相关变项进入了分析框架之中？从理论上说，只要能够把所有的相关变项设计到统计分析中就可以分析其准确性。然而政治现象的复杂性决定了研究者不可能掌握所有认知的变项，尤其是统计分析本身注重关注广泛的数量变化而缺乏对个别现象的精细研究，这都在根本上造成了统计分析的局限性。①

比较政治研究各种操作方法之间的逻辑关系，是由个案研究所开启的精细研究而使人们对某些政治现象有了基本而丰富的认识，但这并不能确定政治现象在普遍性和类型学中的位置，无法提供多视角的认识；由此而不得不在经验或理论的指导下对相似和相异的个案进行集中比较分析，在此基础上通过归纳阐明其普遍性规则；这样的研究虽然已经开始脱离个案性质，但仍离不开个案的支撑，并且集中比较也只能阐述相异和相似的问题，并不能对介于它们之间的大量问题进行准确的描述；这时具有更为广泛适用性的真伪对照分析就显现了它的作用，它在定性研究和定量研究之间搭起了一座桥梁，但却不能解决更多的数量和精确性的问题，这时统计分析就成为必然的方法了；一旦这种方法成为比较

---

① 〔英〕罗德·黑格、马丁·哈罗普：《比较政府与政治导论》，张小劲、丁韶彬、李姿姿译，中国人民大学出版社2007年版，第120页。

研究的主要方法，就会使比较研究缺乏对政治现象丰富内涵的分析，又不得不重新回到个案研究所带来的对政治现象的"深度的描述"。

四、比较政治研究的逻辑过程

一个相对完整的比较政治研究过程大体包括四个或更多的研究阶段，无论怎样划分，它们之间都有着一以贯之的逻辑关系，尽管有时几个阶段是同时展开的：

一是提出问题和选择研究路径及理论范式。与一般的政治分析一样，比较政治分析所面临的第一个问题就是选择和提出旨在通过比较分析来回答的问题，这是根据现实、经验和理论提出的；与此同时就面临着选择研究路径和相关理论范式的问题，因为要回答问题必须依靠相关的理论和研究路径，否则比较分析无法进行。所以理论的选择在比较研究的初始就要确定，尽管在研究过程中仍可以根据新的情况增加或替换新的理论工具。

二是国家和时间段的选择。一旦提出了问题并选定了解决这一问题的方法和理论，下一步就是选择要调查研究的国家和相关的时间段。一般来说，选择国家与相关的时间段是分不开的，因为任何一个问题或研究对象都有它的时序位置，例如一个国家中政党与政府的关系在不同的时期可能会有很大的差异。这就要求研究者把问题、国家和时间联系起来考虑。具体来说，一个国家在一个时期的政策和路线与另一个时期可能会有所不同，而这仅仅是由于时间发生了变化。例如，"中国共产党主张实行社会主义计划经济"这一命题只适用于新中国建立后前30多年的情况，在其后的20多年中它已经实行社会主义市场经济了。如果以工业革命为主题进行比较研究，那就要把18世纪中叶至19世纪中叶的英国、18世纪后期至19世纪后期的美国和法国、19世纪中期以后的德国和意大利放在一个时间框架中进行比较。

三是资料搜集和进行分析。资料的搜集和分析贯串于比较研究的每一个阶段，无论是提出问题和假设、选择国家以及验证理论都离不开搜集和整理相关的可以成为证据的资料并进行分析。例如，"亚洲四小龙"这一概念是一些学者根据一定的经验判断提出的，这包括对它们的经济发展数据、文化传统和现代价值观、经验管理模式和政治体制的资料的搜集和分析等，此后又有更多的学者进行了大量的深入研究和验证，这其中也包括资料的进一步搜集，包括与不同文化传统、政治体制和管理模式的比较分析等，最后才能达成共识。

四是提出和检验理论，即通过分析和归纳提出理论，并进行检验，最终发展成系统的理论。一般来说，一项假设或理论的提出是从少数事实或案例中抽象和演绎出来的，有一定的真实性，但它是否具有普遍性或在多大程度上具有普遍性，则需要进一步的检验。由于政治现象是复杂而多变的，只有通过进一步的检验才能发现新的问题，增强理论的适用性和合理性，从而丰富和发展理论。

应该说，这四个阶段是密切相关有时也是同时展开的，其中的逻辑关系表现在提出问题或假设既是研究的开始也是理论构建的前提，例如"受教育程度越高的人参与投票的可能性越大"是一个假设，这是根据某一具体事实或经验提出的一个具有一般性的假设，此后，就需要寻找更多的事实证据来支持这一假设。而每个阶段都需要有新的资料搜集，否则进一步的研究就无法展开。同时，整个的分析或研究过程包括验证过程都要遵循一定的研究路径、方法和理论范式，否则在政治现象之间就缺乏可比性和陷入混乱。而理论或假设一旦形成，就要在实践中应用或检验，这又会有新的问题需要解决或提出，新的理论或假说也会成为下一轮研究的指导。

结 论

政治现象的复杂性和特性决定了不能用实验方法而只能用经验方法对其进行检测和分析，因而研究对象的客观性与研究过程和结果的主观性一致与否就成了比较政治研究的关键问题，这就要求我们要选择正确的研究路径和操作方法，但任何一种非实验性方法都有自身的缺陷或有一个有效度的问题，这就要求研究者要尽可能避免这些缺陷而使自己的研究效用最大化。要做到这一点，就要充分认识到比较政治研究的各种操作方法存在的局限性所可能导致的误差和错误，要尽可能充分而合理地运用和发挥相关技术的优长而避免其缺陷，同时还要认识到它们之间的逻辑关系和互补关系，从而合理的使用它们。

【参考文献】

〔美〕塞缪尔·P. 亨廷顿：《变动社会的政治秩序》，张贷云等译，上海译文出版社1989年版。

〔美〕塞缪尔·P. 亨廷顿：《第三波——20世纪后期民主化浪潮》，刘军宁译，上海三联书店1998年版。

〔美〕马克·I. 利希巴赫、阿兰·S. 朱克曼：《比较政治：理性、文化和结构》，储建国等译，中国人民大学出版社2008年版。

〔美〕劳伦斯·迈耶、约翰·伯内特、苏珊·奥格登：《比较政治学——变化世界中的国家和理论（第2版）》，罗飞、张丽梅、胡永浩、冯涛译，华夏出版社2001年版。

张小劲、景跃进：《比较政治学导论》，中国人民大学出版社2008年版。

Peters Guy B., *Comparative Politics: Theory and Methods*, New York University Press, 1998.

Wickham-Crowley, T. P., *Guerillas and Revolution in Latin American: A Comparative Study of Insurgents and Regimes Since 1956*, Priceton: Priceton University Press, 1991.

〔美〕尼考劳斯·扎哈里亚迪斯：《比较政治学：理论、案例与方法》，宁骚、欧阳景根等译，北京大学出版社2008年版。

〔美〕塞缪尔·亨廷顿：《我们是谁？美国国家特性面临的挑战》，程克雄译，新华出版社2005年版。

时空视野中的政府权力

常士訚[*]

【内容摘要】 近代以来，随着国家与社会的相分离，传统社会中无限的政府权力开始受到限制。对此，不少论文只是从政治制度的角度对政权权力进行分析，本文通过时间和空间的分析，再现了东西方时空范围内的政府权力存在着的差异。通过这种比较，目的要说明现代政府权力应该是有限的权力。社会的发展应该是逐渐将人的关系还给人自己。

【关键词】 政府权力；空间；时间；社会空间；政府任期

在对政治制度比较中，一般的比较方法是宏观的制度比较，而很少从空间和时间的视角进行比较。国外政治学理论重要代表人物利普哈特的《民主模式》和密歇尔·J. 苏尔温（Michael J. Sullivan）的《比较国家政体》（Comparing State Polities: A framework for Analyzing 100 Governments, Greenwood Press, 1996）两书用数量化方法比较了各国的政治制度，特别是政府权力与选举制度，在比较政治制度研究领域开辟了一个新的研究视角。最近以来，还有不少经济学家在比较政治制度中运用了数量方法。上述方法的运用向人们展示了一个问题，现代国家的政府权

---

[*] 常士訚：博士，天津师范大学政治与行政学院政治学系教授，博士生导师。

力是时空中的权力,从时空的角度认识政府权力恰恰可以进一步认清政府权力在不同领域中的特点,重视政府权力特别是时间对政府权力的重要意义。

一、国家主权与政府权力

国家主权是一个国家内享有的最高权力。尽管在全球化时代,国家主权受到了挑战,但国家主权依然是一个国家的最高权力。所谓的最高权力,也就意味着对内国家主权相对国内亚组织的权力来说,其权力是至高无上的,国内亚组织的权力要受到主权的控制和影响。对外国家主权是国家独立的象征,国家的主权者可以根据自己的意志决定本国家的事务。

国家主权从来不是抽象的,它往往通过一定的职能性权力(政权)具体体现出来。在现代国家中,这种具体的权力主要体现为政府权力,我们这里的政府权力是一种广义上的政府,包括了立法、行政和司法等权力的国家组织。其中组阁权、货币筑造权、宣布战争、缔结契约的权力等,一般属于行政权。税收权力一般归入立法权。他们是广义的政府中的重要权力。

政府的权力在古代社会有时是集中在君主一人手中,有时是分开的。但真正将权力分开主要是在近代,西方国家是最早的实践者,此后世界上不少国家都不同程度地有所划分。

权力作为一种力量,同时也是实现一定统治阶级和公共意志的工具,往往是由一定的人员行使的。在传统社会中,一定权力的转让一般采取世袭、禅让、政变等方式取得。随着现代国家的兴起,公民平等权利的确立,开创了政府权力(政权)交接方式的巨大转变:执掌政权的主体不再永远属于一个人或一部分人,而是按照一定时间和领域范围,进行和平交权、程序交权。同样执掌政权的主体也因各自的职能而在宪法和法律上确立了各自的范围。

国家主权和国家具体的权力存在是长久的。也就是只要国家存在，特别是近代以来，到未来国家消亡前漫长的历史长河中，国家权力就不会退出历史舞台。但是就具体的执政者来说，除生命限制外，其担任执政者（国家首脑、政府首脑、立法议会的议员、司法方面的首脑）往往要受到时间和空间的限制，并且这种限制在正常的条件下，一般是由国家通过宪法和法律给予明确规定的。从这种意义上说，现代国家具体的政权的时空范围是现代国家政治制度的重要内容。

然而，由于各个国家的历史状况、文化状况和社会发展状况不同，现存的国家政权时空范围存在着很大的差异。一般说来，和平时期和社会稳定时期的国家，如果以一定的程序运行，基本上按照预先规定的执掌时间和范围运用权力或转交权力。而在非和平或政治动荡时期，时间秩序就会打破，权力范围就会进行调整。从大的国家形态上看，自由主义国家政权运行时间和空间范围较为明确；而威权主义国家和半威权主义国家，政府权力的时间和空间范围不确定，甚至在制度上往往时间上偏向于过长，空间上偏重于过大。从周期上看，有政治周期，也有法定周期。法定周期涉及法律上规定的政府的任期，从政治周期上看，涉及政府的合法性与政府的绩效率，而这一问题在发展中国家显得尤为重要。

二、政府权力的时间限制

一个国家的政府权力的时间限制主要是指政府的法定周期，也就是依据宪法和法律规定的一届政府或政府领导人的任期。政府的法定周期是一个国家政府体制，进而也是政治制度的重要制度安排。它在一定程度上能够促进政治社会化，增加政治生活的透明度，提高人们参政意识。同时，这也是为了对政府或政府领导人的行为进行监督和约束。目前在世界上不少国家，都从法律上对政府的周期有不同的规定。这可以从静态和动态两个方面考察。

（一）静态考察

1. 代表机关

各国代表机关的任期长短不一，有的只有 2 年，有的长达 9 年，一般为 4 年或 5 年。采用两院制的国家，两院的任期有相同的，也有不相同的，上院的任期往往比下院的任期较长。

众议院或下院议员任期 2 年的有：萨尔瓦多议会，美国众议院。

任期 3 年的有：澳大利亚众议院，不丹国民议会，几内亚比绍全国人民议会，墨西哥众议院，蒙古大人民呼拉尔，瑙鲁议会，所罗门群岛议会，瑞典议会，汤加立法会议，西萨摩尔立法议会。

任期 4 年的有：阿尔巴尼亚人民议会，安道尔议会，奥地利国民议会，巴林议会，比利时众议院，智利众议院，哥斯达黎加议会，古巴全国人民政权代表大会，丹麦议会，多米尼加参众两院，芬兰议会，德国联邦议会，危地马拉议会，希腊议会，匈亚利国民议会，伊拉克国民议会，冰岛上、下院，日本众议院，约旦参、众议院，朝鲜最高人民会议，科威特国民议会，黎巴嫩议会，利比里亚众议院，列支敦士登议会，尼泊尔全国评议会，荷兰二院，挪威上、下院，波兰议会、葡萄亚议会，罗马尼亚大国民议会，西班牙参、众议院，瑞士国民院、联邦院，叙利亚人民议会，土尔其国民议会，越南国会。

任期 6 年的有：阿尔及利亚国民议会，英国下院，保加利亚国民议会，加拿大众议院，中国人大，古巴全国人民政权代表大会，法国国民议会，马里国民议会，马尔他代表院，新加坡国会，突尼斯国民议会。

参议院或上院议员任期 6 年的有：澳大利亚参议院，玻利维亚参议院，印度联邦院，日本参议院，马来西亚上议院，墨西哥参议院，荷兰一院，美国参议院。

任期 7 年的有：加蓬国民议会。

任期 8 年的有：巴西参议院，智利参议院。

任期 9 年的有：法国参议院。

另外，还有一些国家的议员为终身制。如加拿大参议院有议员 104

人，由总理推荐，总督任命，其中在 1965 年 6 月 2 日以前任命的为终身制，在此之后任命的到 75 岁。又如，卢森堡国务委员会成员均由大公指定，任职到 72 岁。英国上院大部分议员是世袭的终身议员。

国会任期并不是完全到期为止，完全按照规定的时间进行的。由于政治局势的变革，政府关系的变化，在不少国家中，往往有时国会或议会不到改选任期，议会就终止。这种终止有两种，比如废除议会开会，取消议会。这种状况在不少威权政治国家和军人政权国家中存在过。如 1988 年，缅甸出现经济危机，国家局势恶化，9 月 18 日，一缅军总参谋长苏貌为首的一批军人宣布成立"国家治安建设委员会"，以军政府形式接管了政权，同时宣布全国实行军事管制。在军政府统治期间，缅甸的最高权力机关"人民议会"和最高行政机关"国务委员会"与"部长会议"被解散。

2. 国家或政府（狭义）首脑任期

实行共和制国家的集体元首和个人元首的任期，各国也有不同。从半年到 8 年的都有，还有一些国家的总统是终身的。

任期半年的有：圣马力诺执政官（两人，权力相等）。

任期 1 年的有：瑞士联邦主席，南斯拉夫斯拉夫社会主义联邦共和国主席团主席。

任期 4 年的有：阿尔巴尼亚人民议会主席团，哥伦比亚总统，哥斯达黎加总统，多米尼加总统，冰岛总统，朝鲜民主主义人民共和国主席，波兰国务委员会，美国总统，新加坡总统，越南主席。

任期 5 年的有：中国人大常务委员会，埃及总统，印度总统，印尼总统，马来西亚最高元首，马尔代夫、马里、马尔他、巴拉圭、葡萄牙、萨尔瓦多，塞内加尔、突尼斯、委内瑞拉、阿拉伯也门总统。

任期 6 年的有：阿尔及利亚、阿根廷、奥地利、巴西、智利、芬兰、黎巴嫩、墨西哥、尼加拉瓜、菲律宾总统。

任期 7 年的有：法国、加蓬、几内亚、爱尔兰、意大利、叙利亚等国家总统。

任期 8 年的有：利比里亚总统。

终身任期的有：赤道几内亚、海地、突尼斯等国家总统和西萨摩尔国家元首。

一般说来，总统的任期长于议会下院的任期。墨西哥规定，总统不得连选连任；美国、哥伦比亚等国规定，总统连选连任不得超过两次；德国、奥地利等国规定，总统连选连任不得超过三次；葡萄牙规定，总统连选连任不得超过三次，第二次任期届满以后，必须经过5年才能重新担任，而且任何人都不得终身担任中央或地方的政治职位。法国、意大利、芬兰等国对总统连任未加限制。

实行君主制国家的国家元首（国王、大公）均为终身职务。如英联邦国家的国家元首为英国女王，由女王任命总督为代表，总督的任期一般为5年到7年。

在议会内阁制国家，政府首脑一般由议会中获得多数席位的政党或政党联盟选举产生，因而首相或总理的任期随议会的任期决定。如英国政府的任期一般与下议院的任期一致，法律上规定为5年，但在实践中首相往往可以解散下院提前举行大选。内阁制国家对首相的连任一般没有限制。英国的撒切尔夫人就连任3届内阁首相，达11年；德国的阿登纳曾连任德国总理5届，时间长达14年。

政府权力的法定周期表示了一种法律上的规定。但从不少国家的实际状况看，政府的法定周期往往还受到政治周期和政府机构调整周期的影响，也就是往往由于一定的政治、经济和社会状况的变化，法律规定的周期有时被打破。这种打破可能有两种情况。一种是缩短，也就是议会或政府本来按照法律的任期产生，但由于国内和国际形势的变化，议会或国家或政府首脑提前终止行使权力。近年来，如日本小泉在2005年的邮政改革方案遭到议会拒绝后，下令解散议会，重新进行议会选举。又如，国家元首或政府首脑提前辞职，重新改组政府。2006年安倍晋三和2007年福田康夫都是在不到任期时间的情况下，提出辞职，从而带来日本议会的重新选举和重新组阁。再如，法国从1946年10月《第四共和国宪法》建立到1950年7月的3年多时间中，政府就换了8届，其中两届政府执政仅两天。

另一种是延长,由于政权是国家的核心,获得政权以后的政党或元首,由于国内或国际形势所迫或自身利益的驱使,一些国家的国家元首修改任期,将修改连任次数或变有限任期为终身任职以保持政权把握在自己手中,这种状况多发生在后发国家或威权政治国家中。19世纪初南美民族英雄玻利瓦尔曾信奉民主,主张我们必须绝对服从人民的意志,否则我们将被人民称为可怕的"共和国的超级独裁者"①。但很快他成为了一个共和国的终身总统。巴拉圭的独裁者弗朗西斯于1813年建立了自己的政权,成立了第一届议会,1814年开始倾向独裁,1816年便宣布自己是巴拉圭的终身独裁者。上述仅仅是两个重要案例。20世纪以来,借共和制度选举当选为总统后的不少国家,都曾经演出了一幕幕废除宪法规定的任期时间而成为终身总统或统治集团的恶剧。② 进入21世纪后,虽然不少国家进行了民主化改革,但延长总统或政府首脑任期在不少国家中依然存在。2009年3月11日,哥斯达黎加总统阿里亚斯的哥哥、总统府秘书长罗德里格表示,政府打算成立制宪议会修改宪法,探讨总统及其议员连任的可能。尼加拉瓜总统奥尔特加也曾表示,希望自己第三次当选总统,指出现行宪法不允许连任是"右派政府剥夺民众自由选择权而想出的花招"。他表示,"2011年任期届满时我不能参选,但条件若合适我会出任总理,然后再参选下一届总统。"奥尔特加说,候选人代表人民利益,人民就会选他;候选人不代表人民的希望,人民就不会选他。他认为查韦斯在委内瑞拉的修宪公投符合这一道理。与此同时,哥伦比亚总统乌里韦13日也跟进,透露三度参选的决定。但哥伦比亚共和国宪法不允许三连任。3月14日的有关报道说,相关宪法议案已在哥伦比亚议会一读通过,16日准备讨论修宪连任议题是否要举行公投。在拉美国家,古巴采取无限任期制,现在的委内瑞拉也通过公投实行总统无限任期制度。这给拉美国家带来"传染效应"。最近几年,拉美至少13个国家修宪,要么允许连任一次,要么允许前总统几年后

---

① Bolivar, *Choix de Letter*, *Discours et Proclamations*, trans. C. V. Aubrn, Paris, 1934, pp. 101 – 102.

② 参见孙哲:《权威政治:国际独裁现象研究》,复旦大学出版社2004年版,第51页。

可再次参加竞选。1819年拉美解放者西蒙·玻利瓦尔曾说过："没有什么比把同一个人长时间放在权力位置上更危险。"然而，近些年来拉美经济连续5年保持增长，国家收入增多，总统也就有合理的更多的机会执行更多适应民生的计划，也因此获得了更多欢迎。延长总统任期的目的，从一定意义上说，也是保障任期的总统及其所在的政党可以保证政策的连续性。

在菲律宾，拉莫斯总统试图想修改关于总统不得连任的宪法条款。在他的鼓动下，政府文官长杜礼说，"执政的力量党将公开建议修改总统任期6年，不得连任的宪法条文。对一位英明的总统来说，6年的任期委实过短"。最后这一修改建议没有通过。

无论是缩短还是延长，在不少现代国家都试图通过法制的方式。在此，宪法和法律学家充分认识到了正常的任期有时很难实现，由于各种变数的作用，现代国家在宪法或法律中规定了一旦出现总统或总理（首相）发生突然更替条件下的时间安排。如韩国宪法中规定了在发生对总统弹劾成立的情况下，从罢免之日起60天内必须举行新总统选举。但通过法制的方式延长总统或政府首脑的任期，在更多的条件下，成为了实行独裁统治的合法性依据。

（二）权力运行时间规定

政府权力作为国家核心，其行使过程同样也有时间的规定。以民主选举而言，表面上公民投票是公民自己在行使权力，是人民在选择政府，但公民政治行为的运行都是在政府的组织或秩序的维持下进行的。如自由主义国家或威权主义国家的选举活动一般是按照法定的时间进行的，政府在整个过程中都间接地运用了权力。但如果突然的变故发生，政府同样也会宣布新的选举时间。除此之外，政府的很多重要会议都是法定的，最基本的就是每一届政府产生后，作为行政内阁会议一般有规定时间。在规定时间中，完成政府的组织工作。再就是议会活动，同样有法定的时间。

就立法机关会议而言，不少国家对议会的活动时间和活动时间的长短有明确规定。英国上院会议一般规定为110天,开会期间每周一、二、四开会3天,每天3个小时,当然实际会议时间往往更短,常常一个议案从提出到通过一天就结束了。英国下院一年会期为32周,8月至10月休会12周,实际上议会活动为160天。美国宪法第20条修正案规定:无特殊情况,每年1月3日正午开始开会至7月31日休会。众议院每年开会139天,除涉及机密可举行秘密会议外,一般会议都公开举行。法国对议会时间也有规定,如会议不能超过6个月。对总统送交议会的法律,要求议会对该项法律重审,议会不得拒绝。日本国会会议时间也有规定,如每年召开一次,按惯例是每年12月中旬召集,会期150天,会议公开举行,会议的法定人数是全体议员的三分之一。再如,特别会议又称特别国会,从总选举日起30天内举行特别会议,决定内阁总理大臣的提名等事项,如果特别国会与常会会期重合,可与常会合并举行。特别会议的会期由两院决定,两院意见一直可延长,但延长不得超过两次。

例行会议规定为每年至少一次或每年一次至两次的国家,有朝鲜最高人民会议、几内亚比绍全国人民议会、印度尼西亚国会、新加坡议会等。例行会议规定为每年两次的国家,有阿尔巴尼亚人民议会、不丹王国国民议会、缅甸人民议会、意大利议会、前苏联最高苏维埃、法国议会、马里国民议会等。

三、政府权力的空间范围

现代国家政府权力作为国家的核心,从政府权力的空间范围上看,可以说覆盖整个境内的各个区域,并将境内的居民视为国家的公民,成为其保护和管理的对象。这里可以从两个方面考察。

(一) 从国家与社会的关系上考察

现代国家主要有大国家小社会与小社会大国家之分。在自由主义国家，由于财产在很大程度上为私人占有，市场主要由私人之间的契约来操作，因此，西方自由主义国家中的政府与社会，总体上看，社会大政府小。当然在当代社会中，西方国家的政府也是非常大的，但政府依然受到了私人资本和市场的影响。私人资本和市场主要是社会的，公共领域与私人领域有着一定的界分。国家对社会的影响，间接性的方面比较多。这里主要通过以下几个方面分析：

（1）言论、集会与结社自由。在美国、英国、德国等国家中，都对公民的言论、集会与结社自由采取保护性措施，只要不超越法律许可，公民可以发表对政府的批评意见，在西方思想家看来，公民的言论自由是一切自由的根本。此外，公民自由结社是公民自由领域，也就是公民可以参与各种团体。这些团体与利益集团结合起来，构成了庞大的社会自由网络，并对政府构成重要的影响。

（2）人权保障。西方国家普遍以个人主义人权为首要原则。而这种个人主义的内容主要就是人要自主。《欧洲人权公约》规定，对欧洲公民人权进行保护，这种精神渗透到各个国家的法律中，如英国公民不但在国内法庭可直接引用《欧洲人权公约》条款要求保护，而且还有权向"欧洲人权法院"起诉，控告政府。《人权法案》第6条规定，当公共机构以与某项公约权利不一致的方式行为时为非法。在西方国家，人权中的反政府传统比较强，从洛克以来，西方就是这一传统。在这种传统影响下，社会对政府存在着不同程度的抵制，而同时也要求政府对社会必须做什么。比如在德国，社会为公民提供的保护措施涉及方方面面。

（3）多元文化。近年来，西方国家修改了以往国家对不同民族的同化主义政策，承认了不同族群的文化权利。政府保护和承认不同族群的文化权利。不同族群在自己的文化社区上高度自治，政府以中立态度出现，从而在一定文化领域中，使政府权力受到限制。

（4）社会流动。西方国家较为普遍存在着社会流动，也就是公民不受户口的限制，可以自由迁徙，从而使社会成员享有更大的社会自由。

（5）社会团体。西方有大量的各种类型的社会团体。这些团体大多数得到了政府的承认，并获得了政府的资助和支持。如目前德国就是一个自组织化很高的国家，目前全国有 50% 以上的公民参加社会团体，25% 以上的公民参加两个以上的组织。①

上述种种权利的设立，使政府权力的空间范围受到了很大的限制。

与之不同的是，在自主性国家中，国家在社会中具有至高无上的地位，社会更多地处在国家控制之下。在这方面，中国、越南、新加坡等国家为代表。首先这些国家都将国家置于优先地位上。中国和越南都是作为战后解放或者独立出来的国家，国家的建设和发展重任当仁不让地放在了政府的身上。尤其是越南和新加坡都是从战乱和非常落后的状态下独立出来的国家，进行社会主义改造和组织社会主义建设的任务当仁不让地落在了国家身上。在这种条件下，国家扮演了重要角色。集中体现在：第一，国家改造社会。对于上述两个社会主义国家，独立后的重要任务就是对旧社会的体制和文化在马克思主义的指导下，结合本国的实际进行根本的改造。在这种改造中，国家将权力渗透到了社会的一切方面；第二，组织经济和社会建设。按照社会主义要求，中国曾施行了计划经济政策。越南主要是在 80 年代末仿效中国进行了大规模的社会主义建设。第三，政党发挥了中坚作用。中国和越南都是共产党领导的国家，新加坡是人民行动党居主导地位的国家。在这些国家中，政党都发挥了决定性的作用。在中国，中国共产党领导人民进行新民主主义革命过程中，党的组织发挥了重大作用。新中国成立后，党的组织掌握了国家政权，甚至党的组织就是国家政权本身，党通过这一国家政权组织创造了新社会。第四，严格控制社会。在相当时期中，中国和新加坡都对社会进行了严格的管理，尤其在计划经济时代，人在很大程度上被限制在他所工作的领域中。在中国，大量的组织主要依托于政府或政党所控制的组织，可以说是政府或政党创造组织。很多社会组织都是退休下来的党政干部担任领导职务，他们利用其余热与政府保持着一致，这些组织缺乏独立性和自主性；此外，不少组织的活动经费来源于政府。第五，政府吸纳民意。开通渠道，政府通过各种渠道听取群众意见，这主

---

① 陈志斌：《德国政体教程》，华东师范大学出版社 2007 年版，第 190 页。

要建立在自上而下的方式听取民众意见，而不是通过民众自主的参与而形成的参与局面。在这种结构中，政府是主动方，而社会是被动方。社会的意愿主要是通过行政组织或党的组织"走群众路线"，或新加坡的"好政府"而实现的。第六，对民族地区实施自治和行政管理结合的方式。民族地区既享有自治权，同时又是国家的一个行政机关。如在中国建立了民族区域自治制度。然而在计划经济时代，国家对民族地区的管理往往要大于民族地区自己对自己的管理。在社会流动性的条件下，民族地区服务于行政管理格局。

作为托管的社会，关键在于社会是由政府管制的。社会依然在政府的控制与治理之下。在托管制社会中，政治制度的设计不是防止政府如何滥用权力或限制政府的权力，而是如何使政府更加有效，社会如何更加有序。在自由主义国家中，自由被视为是首要的价值，也是宪法和法律中首先要保护的。而在威权政治下的国家，如新加坡这种自由是有限制的自由。从理论上或价值上讲，新加坡强调秩序的首要价值。李光耀指出，在西方，随心所欲的个人权利大为扩张，已到了以破坏社会秩序为代价的地步。相反，东方社会的主要目标是拥有一个秩序良好的社会。只有在这样的社会中，公民才能更好地享受自由。因此，自由只能存在于一个有秩序的社会中，而不会出现于相互冲突和无政府的自然状态中。以这种价值做指导，新加坡采取的是有限度的自由。新加坡的政治领袖，如国会议员等与普通人民一样享有诽谤法的保护，对无理的攻击，有权提出要求赔偿名誉的诉讼，而且新加坡法院的判例规定，新加坡的国会议员或公务员不因他的政治职务而必须比别人有较大的宽容量，当名誉遭人破坏时，他同普通人一样有权起诉要求赔偿金及适当的法律救济。

新加坡宪法也规定了新闻自由，这被认为是民权的一大保障。新加坡强调"新闻责任"，新闻被看做是国家建设的重要工作而不是对政治权力的制衡。新加坡的出版管制始于1920年的出版令，现在是报纸和出版法。按照法律规定，有关的部长可以根据自由裁量权决定是否颁发许可。对部长的决定不服者，可以向总统申诉。

在半自主社会中，主要代表性国家为泰国、马来西亚等国家。在这些国家中，随着市场的开放和农业部门市场化程度的提高，这些国家的市民社会和中产阶级都有了很大的发展。在韩国、菲律宾，中产阶级近些年来发展较快，而且利益组织发展也比较成熟。这些中产阶级得益于政府的扶植。因而在他们身上有着二元性：一方面他们赞成自由主义经济，反对独裁和特权阶层对社会资源的独占，这种倾向决定了他们是自由和民主改革的推动者；另一方面，他们由于寄希望于强有力的国家，以维护他们的利益，因而他们又不乏保守性。

由于中产阶级的这种二元性，对这些国家的政治变革也带来一定的影响。一方面，在半自主权国家中，国家的权力受到一定的限制，公民社会及在此基础上的多党组织得到了发展，公民的集会、结社权利得到了一定程度的保护和实现，多党在政治生活中获得了一定的发展；另一方面，整个社会的基本政治文化依然是权威主义倾向的，决定了这些国家的政治权力依然保留着很大的权力。当今的马来西亚、缅甸、泰国政府依然具有很大的权威，这些国家依然被认为是半权威的国家。

（二）从权力和制度化制约的状况考察

现代国家的政府权力一般都具有自己的范围和职能。从制度上确立政治权力的范围和职能，是现代国家政治制度的重要内容。权力受到的制度化水平约束越高，则政治权力的范围越明确，给予社会与公民的自由空间则相对越大；反之，权力受制度化水平约束越低，则对社会和公民的约束范围越大，权力也就越广。现代国家权力的这种状况主要通过宪政状况表现出来。

什么是宪政，国内学者多以毛泽东的定义为依据，即宪政就是民主政治。许崇德教授曾指出："宪政应是实施宪法的民主政治。"[①] 张庆福教授认为，"宪政就是宪法政治，以宪法治理国家。它的基本特征就是用宪法这种根本大法的形式把已争得的民主体制确定下来，以便巩固这

---

① 许崇德：《社会主义宪政的不平凡历程》，载《中国法学》，1984年第5期。

种民主体制,发展这种民主体制。"① 也有不少学者从宪法与民主、法治、人权的关系上来阐述宪政的含义。在此郭道晖教授提出,"宪政治是以实行民主政治和法治为原则,以保障人民的权力和公民的权利为目的,创制宪法(立宪)、实施宪法(行宪)和维护宪法(护宪)、发展宪法(修宪)的政治行为的运作过程。"② 李步云教授认为:"宪政是国家依据一部允许体现现代文明的宪法进行治理,以实现一系列民主原则与制度为主要内容,以厉行法制为基本特征,以充分实现最广泛的人权为目的的一种政治制度。根据这一定义,宪政这一概念包含三个基本要素,即民主、法治、人权。民主是宪政的基础,法治是它的主要条件,人权保障则是宪政的目的。"③ 上述学者的分析各有道理,不过总结起来归到一点,即宪政是一种基于政治理想的政治体制,也就是通过宪法和宪法性文件而作出的一整套制度安排。

现代国家多数都建立了宪法,但由于各个国家的历史与现实环境不同,在具体的宪政形态上也各不相同。

1. 自由主义宪政国家的权力与制度化制约

西方国家作为现代宪政国家的一种表现形式,充分体现了西方制度化设计的一般性原则。西方国家制度化设计的一个基本理念就是功能化精神。这种精神早在古希腊时代就得到体现,柏拉图和亚里士多德政治学中,都大量地阐述了分工在社会政治生活中的运用。罗马人进一步将这种功能化的认识运用到了法律方面,明确了公法和私法的区分。近代以来,随着商品经济的发展和社会分工的日益完善和复杂化,强调不同事物具有不同功能的理念也演化成了政治的理念体现在政治设计上。

功能也就是功用。不同事物具有不同的功用,也就意味着不同事物具有自己作用的范围和效果。超过这一范围,也就不能发挥作用。现代

---

① 张庆福:《宪法与宪政》,转引自许崇德主编:《宪法与民主政治》,中国检察出版社1994年版,第3页。
② 郭道晖:《宪政简论》,载《法学杂志》,1993年第5期。
③ 李步云主编:《宪法比较研究》,法律出版社1998年版,第3页。

西方国家的制度设计正体现了这种功能主义的运用。具体而言，在西方国家的宪法和政治制度设计中，各个不同的国家权力部门都在宪法和制度上具有明确的界限。其职能的设立是明确的，典型体现的就是立法、行政、司法三权的划分。这种划分不仅在美国为代表的一大批总统制国家中体现出来，而且在议会共和制国家中也有体现。如在议会制国家中，立法为议会的事务，行政为政府的事务，司法为法院与检察部门的事务。各个部门都有明确的范围而不混乱。当然，议会共和制国家的三权关系是不一样的，但他们之间的分工还是非常明确的。

西方国家自古以来就十分注重私有财产的界定。可以说，从梭伦开始就奠定了这一基础。到罗马法学家那里，对私人财产的界定构成了西方法律和法治的核心。近代资本主义的发展，近代资本主义国家宪法，都非常明确地确立了"私有财产神圣不可侵犯"原则，财产权在教会权威地位旁落后，在社会与政治生活中获得了至高无上的权威地位。财产权一般由占有、使用、处分、转移等要素组成，也就是财产所有者对自己所拥有的财产具有占有、使用、处分和转移的权利。这种权利的确立也就意味着，个人在物（动产和不动产）上具有了独立自主的领域。这一领域有他的堡垒即由国家和公众支持的法律制度。私有财产的确立，决定了个人的边界，也决定了国家的边界。政府不能随意越过这一边界侵犯个人利益。例如，国家征税要经过议会的集体讨论，政府不能随意确立税率高低。国家用于公共目的征用个人的土地和财产，必须对个人有补偿。用于个人目的，必须是以私法上的平等权利所有者来协商。同时由于公私的这种分立，决定了由私有者联合起来的力量要对国家制约，也决定了西方国家的宪政时时处处把限制国家权力作为中心。

由于私有财产原则和对自由的注重，西方国家政治制度一般都把宪法作为最高原则，强调法治的神圣权威。一切都必须按照预先制定的法律规定行为，而不能以临时性的政策来决定。如政府的权力产生要按照设计好的程序来运行，而按照程序建立起来的权力就是合法的。在这里，政府权力的产生不是以领导者的个人威望而获得，也不是来源于领导者的赐予或某个党派的任命与提拔。在这里，宪法和法律取代了领导者的意志，一切都按照预先设立的制度来进行。这样，西方国家的政治制度也就使权力处在了一个规范性的原则下。西方自由主义国家真正确立了一个法理性的社会。在这个社会中，政府的权力是有明确的范围的。这点深深地体现到了他们的日常管理工作中。一位从澳门某大学归来的管理人员说，澳门那里办事都有规则，一切都按照设计好的规则来行事。

2. 自主性国家的权力与制度化制约

自主性国家制度设计上的精神是带有明显的国家主义倾向的或是统合主义倾向的。这种状况在社会主义国家中尤其表现突出。

社会主义国家的制度设计主要有三个支柱：第一个是理想主义。社会主义国家一般都是后发国家，这些国家都具有制度设计的理想主义色彩。不同的是，社会主义国家的理想主义所追求的是苏联等社会主义国家所坚持的平等主义理想。在这种理想主义鼓舞下，社会主义对一切私有制度采取了批判和否定的态度，并在政治上演变为一场针对私有制度的革命。这种理想主义在革命时代通过学习和宣传，贯彻到了党员和支持者头脑中。推翻旧的统治后，这种理想主义不仅成为了人们的一种价值观念，而且也成为了制度设计的一种准则。对于刚刚从旧社会脱胎而来的新国家，旧国家没有给社会主义留下什么制度因素，一切只能靠理想化为现实，同时由于组织新社会的需要，也需要用高尚的理想组织人们，调动人们的积极性。

然而，理想主义制度和现实是有距离的。理想主义要想成为现实，决定了它必须通过国家的作用。这就决定了社会主义国家制度设计上的第二个支柱存在，它就是国家主义。社会主义的实现离不开新生的国家或上层建筑的作用。国家在新社会的构筑中发挥着重要的力量。而国家力量的发挥，对于这个从旧社会脱胎而来的国家而言，首要的一个条件就是国家将旧社会存在的基础彻底否定掉，而建立新社会赖以存在的经济基础。在以苏联为榜样的前提下，所有的社会主义国家，中国、朝鲜、越南（北方）、老挝、古巴都选择了计划经济。在这种经济体制下，所有的经济和社会资源为国家占有，国家成为最大的所有者，也成为最大的利益分配者。为了保障国家的利益和财产得到保护和运用，国家建立它的宪政制度。这个制度不是要限制国家权力，而是要使国家权力能否更好地运用自己手中的财产和资源，以集中国力实现国家的安全和复兴。显然，在这种政治制度中，国家权力是渗透到一切方面，政府权力渗透到社会基层，同时又通过层层力量集中到政府或中央手中。

与国家主义精神相关，社会主义国家的政治制度在结构设计上的第三个支柱不是功能主义的，而是集权主义的。在这种集权主义模式中，政党及其领袖集中了所有的权力，并通过政党这一准权力体系，将控制力量深入到了社会生活的一切方面。同时由于这一时期为社会主义国家的过渡时期，很多新的制度尚未建立起来，因而决定了在政治生活中，一方面，宏观性的政治制度已经建立，但微观性机制和规则没有建立起来。由此决定了政党领导人的讲话、政策在社会生活中发挥了重要作用。从这种意义上看，社会主义转型时期必然是一个人治时期。难怪，处在这一时期的政策不能不经常发生变动，临时性的政府命令构成了政治秩序的核心内容。

在这种集权主义结构下，政治制度结构的突出特征是它的垂直性，或者说垂直性结构构成了社会主义国家政治制度的基本特征。所谓的垂直性结构，就是以政党或政府的最高权力为核心而形成的一种自上而下的统治与服从体系。在这种权力结构中，政党领袖或政党中央握有至高无上的权力，决定着国家的大政方针。国家的权力组织不过是政党的工具。国家设有民主代表机关，但民意机关主要受政党控制和指挥。在中央和地方关系上，国家采取的是单一制。在这种权力关系上，采取的权力逐级集中，最后与政府、与中央高度统一。而下级组织不过是上一级组织的执行组织。即使在民族地区建立了民族自治机关，但二者身份是重叠的。

社会主义国家的这种制度结构，保证了国家的高度统一和政党对国家的绝对领导，对集中国力办大事具有重要意义。诸如在政治与社会动员，在集中国力办大事和要事，抵御天灾人祸，保持国家统一方面具有极大的优越性。但这种垂直性结构也带有它的弊端：第一，权力集中影响了地方积极性的发挥；第二，容易导致大面积的决策失败和大面积的行政成本浪费；第三，腐败在所难免；第四，民主难以建设；第五，公民权利得不到有效保护；第六，人的依附性强，导致了权威性人格的产生；第七，社会成为了国家的附庸。因此，集权主义国家是一种全能主义的国家。

社会主义集权主义的垂直结构，随着苏联的解体和市场经济的发展而发生新的变革。90年代以后，中国、越南相继进行政治体制改革，制度建设有了新的进展，统合主义有了一定的发展。统合主义一方面确立了中央权威的重要地位，另一方面适应了社会多元化的要求，承认了地方权力和公民权利的合理价值。这是一种和而不同的体系。它在保留传统的极权体系中某些追求统一的方面的同时，也承认了公民与其他社会组织的权利。这种体系比较适合于当代社会主义国家的发展。在这种体系中，政党由代替人民当家作主转向了引导人民和组织人民当家作主，民主政治得到一定程度的建设。在这种体制中，人大会立法权威得到了巩固和加强，公民依法维护自己的权利已经逐渐深入人心，随着市场经济的发展，社会主义国家以往那种过度强调国家权力至高无上性、无视公民权利的局面已经有了很大改观。

3. 威权主义政治国家的权力与制度化制约

威权主义政治国家有广义和狭义之分。广义的威权主义国家是指统治者把个人的、集团的、地方的意愿和利益当做国家的意愿和利益，强加给政治体系中的社会成员而不顾及社会的意愿和利益。威权主义的基本特征是，过于集中的政治权力导致了缺乏社会的参与和宪法的制约。这也就意味着，威权主义政治是一种现代的专制或独裁政权。但有必要指出的是，现代威权主义政权，一般多少还保留某些民主的外壳，如议会或多党。而在这种威权主义政治中，议会主要是一种橡皮图章，多党虽然存在，但一党在其中发挥着重要的作用。在对威权主义政治的界定和分析上，奥奈唐尔以拉美国家为参照，确定了官僚威权主义特征：第一，威权主义国家的社会基础是上层中产阶级；第二，国家垄断政治权力的同时,给予社会经济生活和文化生活领域内必要的自主性;第三,排斥社会对政治体系的自主性参与;第四,以政治稳定为目标抑制公民权利的张扬;第五,积极扶持经济寡头的资本积累,以实现国家的现代化力度;第六,政治权力相对不受宪法的约束,但能较好地运用宪法给予政府的权力;第七,弘扬技术理性而努力使问题非政治化;第八,威权主义国家本质关闭了社会与国家的正常通道,只保留了军队和经济寡头的参与。

中国学者罗荣渠先生立足于东亚和拉丁美洲地区的现代化历史,对威权主义国家进行了概括。他指出:"那些曾经遭受过西方侵略的国家,因面临严峻的世界挑战,在强烈的民族主义意识与时代紧迫感的鼓动下,把现代化作为国家重建的全民任务,这样,就需要国家利用政治杠杆来改组行政机构,通过威权政治来加强经济增长和推进强制性的工业化战略。在战后现代化第三次浪潮中涌现的一批经济发展卓有成效的集权国家,就属于这种类型。由于执政当局把推行高速增长作为国家高速发展目标,故称之为'发展型国家'或'发展取向的国家';在拉丁美洲被称为'官僚威权主义国家'。"[1]

威权主义国家区别于独裁主义国家,它改变了后发国家民族独立后对政治发展的迷信,避免了把国家重建置于空中楼阁的灾难境地。后发国家独立后都曾经对西方盲目崇拜和景仰民主政体,国家独立后,这些国家都曾经把西方的民主政治和观念作为标准,并在此基础上建立了现代民主体制,但实践效果并不尽如人意。因为民主政体的实施需要一定的文化和社会资本支持,但现实结果往往是政治上的动荡和社会严重的失序。内部与外部的压力决定了这些国家不能不把维护国家政治稳定和国家安全放在首位。于是,这些独立后曾一度效仿西方、大搞宪政民主政治的国家纷纷改弦更张,选择了威权主义的国家发展道路。在这种政治中,威权主义国家缺乏宪法对政府的制约。政府与个人、国家与社会之间的空间没有制度化的渗透机制和参与机制。

---

[1] 潘伟杰:《宪法的理念与制度》,上海人民出版社2004年版,第146页。

后发国家的威权政治基本上都是强人政治，强人政治的统治所依靠的不是法律和制度，而是临时性的命令或政策。它所依靠的对象是军队或官僚系统，依靠人治的力量实施对社会的管理。由于秩序化渗透比较低，决定了无论是政府权力和社会下层的力量都各以所能而发挥效力。从政府权力方面看，政府往往依赖于政府的意志或政策、命令进行统治，而缺乏稳定的制度与规则，决定了社会政治生活中官僚或军人的意志在社会生活中的重要地位，也决定了权力的运用表现为无约束。权力可以是无限的，也可能由于各种人为因素导致权力失效。因为在这些国家中，权力存在于各种部族的、宗教团体林立的环境中。社会政治环境的作用，必然在政府和政党中具有他们的代表。这些代表不像成熟的现代国家那样，以公共代表的面目出现，而是以某个部落、宗教集团或种族集团的代表出现。由此，政府权力不是公共权力，而是成为了这些不同民族的工具。显然，威权主义的政府表面上是强大的，但实际上又是外强中干。一旦强人谢世或大权衰落，带来的往往是树倒猢狲散，政治生活又将陷入不同党派的争夺之中。因此，威权主义国家权力既是强大的，权力空间亦具有可缩性。

从社会方面看，表面上威权主义国家的社会处在权力的高度控制下，但威权主义国家的政权是建立在社会高度分散或社会的多极基础上。社会内部的多宗教、多语言、多族群，使威权主义国家的政府同样难以发挥有效的政治整合作用。威权主义的国家政权只是表面上获得了对社会的支配，但社会内部多元文化存在的现实，使国家权力的社会穿透性非常薄弱。在西方民族国家建立过程中，由于君主专制、市民社会的发展，使古老欧洲的封建庄园制、封建割裂状态瓦解，而在发展中国家，市民社会的发育比较慢，导致了国家权力赖以存在的政治认同基础薄弱。国家权力的合法性及其效能与来自社会的认同联系在一起。社会成员对国家政治认同性越高，则政治合法性越高，政治整合程度也越高，政治权力的社会穿透性与控制程序就越强。这点社会主义国家具有巨大的优越性，它通过无产阶级政党体系和由这一政党体系支持的政府组织，将社会有效地组织和动员起来。它虽有自己的问题，但在社会动员与组织、危难时期的政党与政府效能方面是绝对有效的，而在威权主义国家，权力组织的控制范围是可缩的。

威权主义市民社会尚不发展，或有了发展但又被各种宗教的、种族的因素所干扰。市民社会尚不能形成一个有力的纽带，为政治一体化提供有力的支持。威权主义国家中的多元文化，实际上是多元的认同。这种认同既为不同的种族、宗教与语言组织的存在提供了基础，不同的种族、宗教与语言组织又为这些个体成员的生存和发展提供了安身立命的环境和基础。于是，这些组织的成员对自己所处的组织的认同高于对国家的认同和统一的政治力量的认同。而这种认同往往随着国家与自己之间的利益关系而变化。也就是当国家的领导人或组织集团中的绝大多数成员是本种族中的成员并占主要地位时，处于同一种族中的成员对这种政权的支持率就高，因而政权基础就较为厚些。而领导集团为了巩固自己的地位，往往运用政治权力的力量给自己所属的种族或集团以更大的利益照顾，如泰国他信集团对农村村民就有很大的照顾，这其中当然少不了腐败问题产生。然而，国家的这种偏向带来了非种族集团的不满和反抗。在这种不满中，非政权的种族集团或宗教集团往往运用种族意识、历史记忆、传统与宗教，将族群成员组织和动员起来，与自己的政敌或者对立的种族或集团对抗。这样以多元文化为基础的威权政治也就处在了社会内部的断裂之中。处在断裂基础的威权政治，表面上权威是至高无上的，但同时由于他们的统治基础薄弱，决定了其统治效能又是有效的甚至是低下的，甚至在一些领域是难以作为的。如巴基斯坦，政府在反恐上有时往往受到来自国内种族地区的限制。政府要派军队到边缘地区，必须通过部落首长的同意。

威权主义在这些国家虽然实现了民主化转型，形式上这些国家的政府首脑经过选举产生，多党政党在政治生活中获得了合法地位，司法独立获得了进一步加强，甚至国家元首或政府首脑可以受到来自各方的指责和批评，甚至法院可以对其进行弹劾，但作为民主政治的社会基础决定了它依然是非常有限的民主政治。中国记者谈到巴基斯坦民主化问题时指出："在巴基斯坦这个宗教意识形态占主导，经济不发达的国家，

'民主化政治'带来的只是利益和权力在原有上流社会范围内的再分配,'民主'成了'家族'争斗的战场,而百姓却生活在'民主'与'兵变'的动荡之中。"①

---

① 周戎等:《动荡巴基斯坦令世界着急》,载《环球时报》,2009年3月18日,第7版。

社会权利的历史分形与当代整合

郭忠华*

【内容摘要】 社会权利是公民身份权利的基本组成部分，旨在保障公民的基本生存权。通过与国家政权、民族主义、资本主义等因素的组合，社会权利在历史上表现出不同的模式。19世纪后半期，社会权利与民族主义、威权政权的结合催生了德国威权主义的社会权利模式，社会权利在其中同时发挥着改善人民生活和提高威权主义政治合法性的功能。自由资本主义的社会权利模式是社会权利与资本主义之间的依附性组合，社会权利通过扭曲自身的价值取向而服务于资本主义的发展需要。福利国家模式则体现为社会权利与资本主义的对决性组合，社会权利在国家政权的保护下与资本主义处于"战争"的状态。20世纪晚期至今出现的全球化、后民族国家和后工业主义等社会变迁使社会权利表现出整合发展的趋势，吉登斯的积极福利思想反映了这一趋势。

【关键词】 社会权利；公民身份；威权主义；资本主义；福利国家

---

* 郭忠华：博士，中山大学政治与公共事务管理学院副教授、行政管理研究中心研究员。本文为作者主持的广东省哲学社会科学基金项目（08YA-01）、教育部人文社会科学研究项目（09YJC810048）、中山大学"211工程"三期行政改革与政府治理研究项目的阶段性研究成果。

社会权利又称福利权利，或者社会公民身份（Social Citizenship）。它与公民权利、政治权利一起构成了公民身份权利的三大要素。按照著名社会学家 T. H. 马歇尔的说法，社会权利指的是公民从享有某种程度的经济福利与安全到充分享有社会遗产，并依据社会通行的标准享受文明生活的权利。① 从人类自由的角度来看，三大要素分别代表了三种不同的自由形态，即"免于国家干预的自由"、"在国家中的自由"和"通过国家获得的自由"。② 社会权利的使命在于，通过建立福利、救济、保险、优抚等制度，提高公民抵御风险的能力，使之持续过上一种文明、体面和有尊严的生活。时下，关于社会权利的讨论虽多，但主要集中在社会权利的各个特定领域、社会权利模式的横向比较、社会权利的当代困境等问题上，很少注意社会权利的历史形态及其在当代的整合发展趋势。承接这一研究现状，本文探讨了社会权利的三大历史模式：威权主义政权下的社会权利、自由资本主义背景下的社会权利、福利国家背景下的社会权利。最后，以对吉登斯有关积极福利思想的讨论作为基础，探讨社会权利的当代走向。

一

福利国家尽管缘起于英国，但现代社会保障制度的系统建立却肇始于德国。因此，以德国作为分析的起点也就成为一种合理的选择。19 世纪中后期，通过对丹麦、奥地利和法国的三次"王朝战争"，分崩离析达数百年之久的德国终于实现了统一。但是，作为民族国家建设的后来者，统一后的德国同时也面临着一系列严重的问题：第一，德国是在普鲁士的主导下实现统一的，普鲁士仅仅是德国众多邦国当中实力较强的

---

① Marshall, T. H. and Bottonmore, T., *Citizenship and Social Class*, London and Concord, MA: Pluto Press, 1992, p. 8.

② Zygmunt Bauman, "Freedom From, in and Through the State: T. H. Marshall's Trinity of Rights Revisited", *Theoria*, 44 (108), 2005, pp. 13–27.

一员。如何使其他邦国服从普鲁士政府的领导,把它看做是德国的中央政府,并培育出统一的、作为德国的国家认同,已成为俾斯麦领导下普鲁士政府的首要任务。第二,面对英、法等近邻出现的风起云涌的工人运动以及由此造成的政治动荡,面对本国工人运动不断高涨的苗头,如何避免重蹈其他国家的覆辙,提高本国的政治一体化程度,已成为普鲁士政府必须解决的问题。第三,德国的统一为推进工业化进程提供了契机,大批农村人口进入城市和工厂。但是,这一过程同时也带来了一系列严重的社会问题,如养老、失业、医疗、救济等。把所有这些问题综合在一起,集中体现在德国民族认同的建立、社会问题的消除和中央政府权威的加强上。俾斯麦及其后来的领导者清楚地认识到了这些问题,并采取各种行之有效的应对措施,这集中体现在:培育德国的民族主义情感以强化国家认同;建立完备的社会保障制度以消除由于工业化进程所带来的社会矛盾;压制其他公民身份权利(公民权利、政治权利)的发展,使容克地主阶级领导的中央政府免受其他阶级的挑战。

德国的统一给资产阶级和工人阶级的发展同时提供了契机。但与英、法等其他国家不同,德国资产阶级自产生之初,就经受着工人阶级和容克地主阶级势力的双重挤压,表现出明显的软弱性,不具有英、法资产阶级的革命性和进取精神。与此同时,在社会民主党的领导下,德国工人阶级的势力却开始蓬勃发展,并得到马克思、恩格斯等革命导师的指导。面对这种情形,以俾斯麦为首的中央政府娴熟地运用了胡萝卜加大棒的政策:首先,面对资产阶级的政治权利要求,表面上承认议会的合法地位,但却采用各种手段操纵和限制议会。例如,提高选举权的门槛,操纵选举过程,使议会或者被置于无足轻重的地位,或者成为服务于容克地主阶级政治统治的工具。面对工人阶级势力的高涨,则颁布《反社会主义非常法》等,打击社会民主党领导的革命运动。其次,以各种经济、社会保障政策拉拢资产阶级和工人阶级,使他们满足于投靠在容克地主阶级的怀抱中。例如,通过铁路、建筑等大规模基础建设,刺激民族经济的发展,使资产阶级在这一过程中尝到甜头,把资产阶级的经济利益与国家财政紧密地铰合在一起;对于工人阶级而言,则通过建立系统的社会保障制度来提高其政治认同和国家认同。1881年,德国皇帝威廉一世颁布的"皇帝告谕"(又称"黄金诏书")提出,工人因患病、事故、伤残和年老而出现经济困难时可以得到保障,有权得到救济,由此开启了社会保障制度建设的进程。在1878—1911年短短33年的时间里,德国政府还先后颁布了《童工法》(1878)、《医疗保险法》(1883)、《工伤事故保险法》(1884)、《伤残和养老保险法》(1889)、《女工法》(1891)、《遗族保险法》和《职员保险法》(1911)等。1911年,又将各种社会保险法合并在一起,统称为《帝国保障制度》。社会权利一时获得长足的发展。

通过压制公民权利和政治权利的发展、推行民族主义的国民教育、推进社会保障制度建设,德国政府有效地化解了统一初期亟待解决的民族建设(nation-building)和国家建设(state-building)问题,但却使公民社会的发展置于病态的基础上。在正常情况下,民族国家的成长包括民族建设、国家建设和公民建设等三个维度。国家建设使民族国家建立起统一的、有渗透力的行政管理体系;民族建设加强了国家一体化的文化维度,使国家成员在情感上有机地团结起来;公民建设则使国家政权建立在民主的基础上,同时给民族主义注入理性的因素。① 但在19世纪后半期和20世纪早期的德国,中央政府有意识地强化的仅仅是前两个方面,公民身份权利中的公民权利和政治权利则被看做是"民主政治的毒药"而遭到有意识的抑制。由此导致的结果是:侵略性民族主义得到了前所未有的发展,中央政权的集权化程度迅速提高。社会权利尽管在改善公民生活水平方面起到了积极的作用,但也成为中央政权换取政治合法性和民族狂热的工具。事实证明,中央集权的目标和民族主义的狂热如果没有受到公民身份权利的有效制约,由此导致的结果将很可能是灾难性的。就德国的情况而言,它们为法西斯主义的诞生提供了温床。法西斯主义是极权主义的表现形式之一,民族主义具有推动极权主义往

---

① 肖滨:《民族主义的三个导向——从吉登斯民族主义的论述出发》,载《开放时代》,2007年第5期。

"极"的方向发展的作用。"民族主义的重要性在于，它为极权主义的学说提供了'极'的一面。"①

时至今日，德国的情形已经发生了根本性改变。德国当时的情形曾经被马克思描述为："以议会形式粉饰门面、混杂着封建主义残余、已经受到资产阶级影响、按官僚制度组织起来、并以警察来保卫的、军事专制制度的国家。"② 如今，这种国家已演变成以真正公民权利和政治权利为基础的现代民主国家——尽管其以"血统原则"为基础的、充满种族主义色彩的公民身份仍未改变。无论如何，从社会权利的角度来看，德国的情形是历史上社会权利发展方式的一种模式。德国社会权利发展的特殊性在于：首先，在发展动力方面，社会权利主要是中央政府自上而下有意识地授予的结果，来自底层的动力并不明显。其次，在发展顺序方面，社会权利先于公民权利和政治权利而得到发展，从而不同于T. H. 马歇尔所刻画的公民权利、政治权利、社会权利依次发展的顺序。③ 最后，在发展目标方面，社会权利的发展目标显得较为复杂，既有解决由于资本主义市场经济所带来的问题的目的，更有转移公民对于其他公民身份权利的要求，提高威权主义政权合法性的意图。

德国的模式既给其他国家公民身份权利的发展提供了经验，也给公民身份研究提出了课题。就前一方面而言，德国的经验表明，社会权利是一种可以脱离公民权利和政治权利而单独得到发展的权利；与这一点相联系，社会权利的发展未必需要民主政治所铺就的舞台；同时，一种与公民权利和政治权利相脱离的社会权利，可以服务于威权乃至极权主义政权的需要。正因为如此，在理解19世纪德国社会权利的时候，必须避免形成这样一种误解，即认为那仅仅是一种局限于当时德国的孤例。不论是在20世纪传统的社会主义国家还是当今其他一些重要的威权主义国家，德国社会权利的发展情形都一再得到重复——尽管民族主义的炽烈程度可能比不上当时的德国，但在利用社会权利来巩固其威权

---

① Anthony Giddens, *Nation-State and Violence*, Cambridge: Polity Press, 1985, p. 303.
② 《马克思恩格斯选集》（第3卷），人民出版社1995年版，第315页。
③ 转引自 Derek Heater, *What is Citizenship?*, Cambridge: Polity Press, 2001, p. 13.

政权方面却可能有过之而无不及。在那些国家,政治话语空间仅仅局限于社会权利领域,丝毫不能触及公民权利和政治权利,尤其是与之关联的国家政权领域。就后一方面而言,德国的情形给公民身份研究提出的课题在于:社会权利与其他两种公民身份权利之间有着更加复杂的关系,它未必是个人自由逻辑的合理延伸。它不仅"可以脱离公民权利和政治权利而孤立地从其自身出发得到发展和施行"①,而且可以沦落为专制统治者巩固国家政权、提高统治合法性的手段。

二

如果说19世纪后期的德国所反映的是威权主义背景下,社会权利得到长足发展的情形的话,那么19世纪早期的英国所反映的则是自由资本主义背景下,社会权利发生倒转的情形。从17世纪后半叶资产阶级革命完成到18世纪上半期,英国处在自由资本主义的发展阶段。前面有关德国的分析表明了社会保障制度是一个从无到有、从稀少到体系化的发展过程,但那一时期的英国所见证的却更是一个相反的发展方向——传统社会保障制度不断遭到废除的过程。在卡尔·波兰尼(Karl Polanyi)看来,1834年《新济贫法》的实施,标志着英国正式建立起竞争性的劳动力市场和作为一种社会体系的工业资本主义。② 在此之前,英国已经存在着众多与社会保障相关的法律,如《技工法》(1563)、《伊丽莎白济贫法》(1601)、《居住权法》(1662)、《斯品汉兰德法》(1795)、《学徒健康和道德法》(1802)、《工厂法》(1833)等。尤其是被波兰尼赋予"战略意义"的《斯品汉兰德法》规定:只要工资收入低于该法律所规定的家庭收入数额,无论是否拥有工作,都可以获得工资

---

① 〔英〕恩靳·伊辛、布雷恩·特纳:《公民权研究手册》,王小章译,浙江人民出版社2007年版,第98页。
② 〔英〕卡尔·波兰尼:《大转型:我们时代的起源》,冯钢、刘阳译,浙江人民出版社2007年版,第87页。

形式的救济。在蓬勃发展的市场经济面前,它起到了保障人们"生存权利"的作用。"斯品汉兰德制度旨在防止老百姓变成无产阶级,或者至少是为了放慢他们变成无产阶级的速度。"① 但是,作为结果,"生存权利"终究没有抵挡得住茁壮成长的市场,社会权利从其最初的阵地上如潮水般地退却下来:1795年,《居住权法》被废止,1813—1814年,《技工法》中有关工资的条款被废止,1834年,《斯品汉兰德法》正式被废除,同一年,《新济贫法》正式取代《伊丽莎白济贫法》等。资本主义正式越过"生存权利"的屏障而把所有社会个体卷入市场经济的惊涛骇浪中,让他们自己照顾自己。

但是,如果认为从1834年到20世纪初的英国就是社会权利的蛮荒之地,则是一种错误的理解。从本质上说,传统社会保障制度的废除不过是为正常的市场体系打通道路,因为通过这些制度建立起来的保护性行动与市场经济体系的自我调节之间形成了致命的冲突。与狂浪推进的市场力量相比较,"生存权利"尽管已大大退却,但它并没有完全消失在历史的地平线之外。1834年颁布的《新济贫法》在社会权利的理念、对象和管理方面进行了调整:在理念上,确立政府负有实施救济、保障公民生存的理念;在对象上,取消"斯品汉兰德体制"的家内救济方式,把受救济者调整为被收容在习艺所中的贫民;在管理上,中央建立起三人委员会(后更名为济贫法部),在地方各教区、联合区组成济贫委员会,具体管理济贫事宜。《新济贫法》体现了社会权利变革的总体情形,《工厂法》则体现了工厂领域的社会权利,它促进了工作条件的改善。例如,限制童工的使用,为儿童提供受教育的机会;建立检查员制度(其中包括通风、温度和工作时间等规则)等,后来,该法案的保护对象还进一步扩大到妇女,检查的范围也扩大到照明、安全等领域。在劳动安全方面,1855年英国颁布世界上第一部关于安全准则的通则,1860年的《矿山管制和检察法》则对该通则作进一步细化,比如,禁

---

① 〔英〕卡尔·波兰尼:《大转型:我们时代的起源》,冯钢、刘阳译,浙江人民出版社2007年版,第87页。

止 12 岁以下的儿童从事采矿工作等。这些措施使工人的工作条件得到改善，尤其是保障了妇女、儿童的权益。因此，总体而言，那一时期反映的实际上更是社会保障制度从传统向现代的转型。通过这种转型，一方面，为资本主义的发展扫清了道路。例如，《居住权法》的废除使劳动力的流动正式成为可能，《技工法》的废除打破了某些职业被限制在特定社会阶层的现象，《斯品汉兰德法》的废除则使统一劳动力市场的建立最终成为可能。所有这些对于资本主义的发展都有着举足轻重的意义。另一方面，这种转型也推动社会权利迈入现代的轨道，使之符合市场经济发展的需要。

但是，从社会权利的角度来看，这一转型同时也是一个充满痛苦感受的过程。随着《斯品汉兰德法》等诸多法律被废除，随着《新济贫法》的颁行，许多曾经植根于乡村、社区、城镇和行会成员身份中的社会权利也土崩瓦解。《新济贫法》尽管表明了现代社会保障制度的理念和管理方式，但也放弃了一系列对于"生存权利"来说至关重要的东西，尤其是对于工资领域的管制。更加重要的是，《新济贫法》表现出一种将公民与社会权利剥离开来的底蕴：社会权利不是公民的应得权利，而是个体不再成为公民的标志。与权利所蕴含的神圣和应得观念相比，《新济贫法》中的社会权利实际上更代表"羞辱"和"失格"（不再成为公民）。它把救济的对象调整为收容院的贫民，而不是社会中的普通公民，真正具有资格能力的公民是不能接受救济的，他必须以自身在市场中的成功来求得生存，接受救济也就意味着丧失作为公民的资格，成为与流浪汉、妇女、儿童等为伍的人。T. H. 马歇尔指出："烙在贫困救济上的耻辱表明了这个民族的深层情感：谁接受救济，谁就是在跨越从公民共同体到流浪汉团伙的门槛。"[1]《新济贫法》不是把公民与社会权利分离开来的唯一范例，《工厂法》等其他一些法律也表现出同样的倾向。如前所述，《工厂法》尽管使工人的劳动条件得到了改善，

---

[1] Marshall, T. H. and Bottonmore, T, *Citizenship and Social Class*, London and Concord, MA: Pluto Press, 1992, p. 8.

但是，这种保护并不是出于对公民地位的尊重，在保护对象上也更多偏向于作为非公民的妇女和儿童。对于公民来说，所能要求至多是"自由的雇用契约"得到强制性保护。"保护只限于妇女和儿童，并且妇女权利的捍卫者很快就发现这里暗含着侮辱：妇女受到保护就是因为她们不算公民。如果她们想享有完全的、可靠的公民身份，就必须放弃保护。"① 其他诸如教育等领域的社会权利也表现出类似的倾向。

从《新济贫法》的实施到20世纪初，英国社会权利的发展情形给世人展示了一幅自由资本主义背景下社会权利的图景。在这一图景中，生存权利与市场经济的博弈以前者的败北和转型而告终，后者在打破前者桎梏的基础上获得长足的发展。综观这一时期，社会权利的特殊之处集中体现在以下几个方面：首先，在与资本主义的关系方面，与此后许多学者所描述的社会权利与资本主义之间的"战争状态"相反②，那一时期的社会权利实际上反而促进了资本主义的发展。社会权利后面隐含着公民必须努力参与市场竞争，而不是依靠福利求得生存的理念，只有那些无力参与市场竞争的非公民（non-citizen）才是救济的接受者。其次，在价值方面，社会权利蕴含着一种否定的价值。接受福利和救济是一件使人感到羞耻的事情，只有那些缺乏公民资格能力的人才会接受救济，真正的公民不仅不会寻求福利的保护，而且对救济持一种鄙视的态度。通过这种方式，古典公民身份那种将公域与私域相隔离、把后者看做公民活动领域的底蕴似乎以一种转化的方式得到反映③，尽管这里作为公民活动领域的市场在古典时代不仅不存在，而且即使存在，也属于私域的范畴。最后，在发展动力方面，与前面所论述的德国自上而下的发展情形相反，当时英国的情形更表现为一种复合的动力：自下而上的破解及由此而来的自上而下的调整。资本主义的发展首先打破了

---

① Marshall, T. H. and Bottonmore, T, *Citizenship and Social Class*, London and Concord, MA: Pluto Press, 1992, p. 17.

② 例如，Ian Gough, *The Political Economy of the Welfare State*, London: The Macmillan Press Ltd., 1979, p. 11.

③ 〔美〕汉娜·阿伦特：《公共领域和私人领域》，见汪晖、陈燕谷主编：《文化与公共性》，刘锋译，生活·读书·新知三联书店1998年版，第57—68页。

传统社会保障制度的束缚，国家再根据资本主义的发展需要重新进行调整。

与 19 世纪的情形相比，英国当代的社会权利已经发生了根本性变革，尤其是第二次世界大战之后，社会权利已从当年的消极形象转变成为一种"理所当然"的权利。① 但是，与德国的情形一样，英国自由主义资本主义时期表现出来的社会权利模式也不是一种仅仅存于当时英国的现象，在那些自由主义持续处于支配地位的国家②，在那些随着社会主义阵营解体而转向市场经济的国家，甚至是改革开放初期的中国，英国当时的情形都一再被呈现出来，尽管其中蕴含的伦理理念可能会有所不同。20 世纪 70 年代末我国启动了改革的进程，它一方面以政党和国家的力量培育出资本和市场，并且使它在劳动与资本的关系中处于强势地位；另一方面则迅速瓦解了与这种经济体制相配套的社会保障模式，把许多曾经衣食无忧的城市居民抛入市场经济的波涛中，让他们自己去求得生存。综观 30 年改革的历程，我国社会权利的道路可以勾勒为：市场化的推进，传统社会保障模式的瓦解，社会保障制度的缺位，新型社会保障制度的探索。③ 社会权利经历了一个鞍状的发展过程。从公民身份学术研究的角度来看，社会权利这一历史模式提出的一个至关重要的问题在于：在以公民权利为载体的机会平等和以社会权利为载体的地位平等之间，应该如何实现二者的平衡。自由资本主义实践的是把前者置于支配地位的策略，由此带来的问题自不待言，但是，这并不意味着采取相反的策略就没有问题，以下内容将表明这一点。

---

① T. H. Marshall, *The Right to Welfare and Other Essays*, Heinemann Educational Books, 1981, p. 83.

② 19 世纪的美国也表现出类似的情形，史珂拉在有关美国当时的选举权和收入权的演讲集中表现了这一点：只有拥有选举权和收入权的人才是公民，否则将沦落为与黑人、印第安人、奴隶、妇女等为非公民为伍，参见 Judith N. Shklar, *American Citizenship: The Quest for Inclusion*, Harvard University Press, 1998.

③ 董克用、郭开军：《中国社会保障制度改革 30 年》，载《中国国情国力》，2008 年第 12 期。

三

19世纪末以前自由资本主义的发展使社会财富在短时间得到充分涌流。马克思曾言:"资产阶级在它的不到一百年的阶级统治中所创造的生产力,比过去一切世代创造的全部生产力还要多、还要大。"① 但是,由于这种纯粹自由竞争的底板没有用社会权利的油彩加以涂抹,财富再分配(或者说社会不平等)问题从而变得越加严重。这一点从1825—1933年间资本主义经济危机的破坏力累进性提高这一事实中不断得到印证。社会不平等的加剧不仅危及资本主义本身的生存,而且不断催生极端平等倾向的社会主义运动,大有夷平整个资本主义大厦的趋势。在这种背景下,社会权利在与资本主义的较量中获得主动权,以社会平等和社会权利为核心的福利国家主导了政治舞台的话语。在1945—1975年的30年间,福利国家在西方资本主义世界几乎普遍得到建立。资本主义被看做是问题的渊薮,福利国家则被看做是解决问题的答案。除少数像哈耶克这样顽固坚持保守自由主义立场的知识分子外②,不论是发达福利国家(如英国、瑞典等)的政治精英还是尚待建立这一制度的国家(如美国)的政治精英,政治斗争的焦点都不是福利国家是否合乎需要和功能上必不可少的问题,而是建立福利国家的速度和方式问题。③

实际上,福利国家是众多因素作用下的产物,其中,以下几种因素尤其表现得突出:首先,资本主义本身的原因。资本主义不能没有福利国家——尽管福利国家反过来可能使资本主义受到损害。"发达资本主义国家既需要、但又承受不起国家在福利领域不断增长的干预。"④ 这里

---

① 《马克思恩格斯选集》第1卷,人民出版社1972年版,第256页。
② 参阅〔英〕F. A. 哈耶克:《通往奴役之路》,王明毅译,中国社会科学出版社1998年版。
③ Claus Offe, *Contradictions of the Welfare State*, London: Hutchinson, 1984, p. 147.
④ Ian Gough, *The Political Economy of the Welfare State*, London: The Macmillan Press Ltd., 1979, p. 14.

的分析将主要集中在"需要"的一面。① 显然，每一个社会成员都具有不同的市场参与能力，如果没有社会保障的屏障，自由竞争的市场终将走向其反面，形成垄断、阶级分化等反市场的倾向，并加剧政治上的阶级斗争。这从1929—1933年的世界经济大萧条中已经得到了集中的反映。要使所有社会成员都能积极地参与市场竞争，首先，必须保证他们的生存底线，社会权利从而成为资本主义的必要因素。其次，更加直接的原因，战争推动了二战后社会权利的发展。20世纪上半期是一个见证两次世界大战的时期，当青壮年男子都被征召参战之后，国家就必须负担起对他们妻子、子女、老人等的保障。同时，战争产生的大量退伍和伤残军人，也为社会权利的发展提供了理由。最后，尽管安东尼·吉登斯那双锐利的眼睛时刻在提示，不要把公民身份权利的发展看做是一种"自然演进的过程"或者"不可逆转的趋势"，② 但还是有必要指出，社会权利的兴起与其他公民身份权利之间存在着逻辑上的关联。当公民的政治权利真正得到满足之后，应用政治权利来实现社会权利的要求显然是一种合理的选择，这表现在生产领域中罢工、组建工会、工资谈判等工业公民身份（Industrial Citizenship）的发展上，这些权利对于社会权利的改善有着至关重要的意义。正是在这些强力因素的推动下，贝弗里奇、凯恩斯等政策制定者们塑造了福利国家的制度构架，而理查德·蒂特莫斯和T. H. 马歇尔等研究者们则开创了反思福利国家的学术研究。

不论对福利国家的支持者还是反对者来说，以简单的笔法勾画福利国家的具象都并非易事。艾斯平－安德森曾将"福利资本主义世界"描绘成"自由—市场类型"、"保守—大陆类型"和"社会—民主类型"三种图景③，但这些图景对于每一个国家来说实际上都更加复杂。然而，不论福利国家的表象如何，后面始终沉淀着一些共同的追求和政治哲

---

① 有关福利国家与资本主义之间悖论性关系的专门分析，可参见郭忠华：《从危机管理到管理危机——克劳斯·奥菲对福利国家政府管理的探究》，载《武汉大学学报》，2008年第1期。

② Anthony Giddens, "Class Conflict, Class Division and Citizenship Rights", in *Profiles and Critiques in Social Theory*, Berkeley: University of California Press, 1982, pp. 165–171.

③ 参见 Gosta Esping-Andersen, *The Three Worlds of Welfare Capitalism*, Cambridge: Polity Press, 1990。

学。首先，福利国家旨在改善工人阶级的境遇，使他们摆脱贝弗里奇所说的"五大巨人"，即需要、无知、贫困、失业和疾病①，过上一种体面的生活。蒂特莫斯指出，"作为一种逻辑上的结论，'福利国家'最终将转变成为一个'中产阶级国家'。"② 其次，"行政性再商品化"（Administrative Recommodification）。古典自由主义的原则尽管曾经使资本主义充满活力，但历史表明，它也使资本主义的存在越来越成为不可能。资本主义的存在以所有社会关系商品化作为前提，但资本主义的发展动力却使商品关系越来越趋于瘫痪。例如，自由竞争所导致的垄断阻碍了自由竞争本身，失业率的持续提高则使越来越大部分的劳动力持续撤出市场竞争。福利国家一方面希望通过全方位的社会保障政策把已经撤出商品关系的劳动者以人为的方式保护起来，使阶级斗争不至于尖锐到危及资本主义的存在；另一方面则希望通过劳动培训、政策刺激、公共建设投资等方式修复已经非商品化了的市场，以此重建资本主义国家的存在基础。最后，倒转古典自由主义有关政府与市场的假设，把国家从与资本主义的"消极从属"关系中解放出来，积极干预资本主义经济，以此消除其固有的弊病。

在社会权利方面，福利国家政策体现在健康、就业、劳动、家庭、住房等广泛的领域，旨在为所有社会个体提供一张全面的、通过国家保障的安全网络。伴随着这样一种豪迈的宣言："伟大的日子终于到来了。你想要国家为个体公民承担更大的责任，你想要得到社会保障。从今往后，你已经拥有它们了"③，社会权利以一种强有力的方式逆转了与社会阶级的关系。前文的论述表明，通过扭曲社会权利所负载的价值和伦理，社会权利在自由资本主义时期实际上发挥着服务于资本主义的功能。但是，现在社会权利却把自身置于资本主义的对立面，开始以自身

---

① 参见 Maurice Roche, *Rethinking Citizenship: Welfare Ideology, and Change in Modern Society*, Cambridge: Polity Press, 1992。

② Richard M. Titmuss, *The Philosophy of Welfare*, Allen & Unwin (Publishers) Ltd., 1987, p. 40.

③ *Daily Mirror*, 5th July 1948.

的方式改造资本主义。在福利国家的背景下,作为结果平等的财富再分配取代作为机会平等的自然权利而居于主导地位。与此同时,社会权利还产生出新的含义:在自由资本主义的背景下,社会权利的目的仅在于减少社会底层阶级所遭受的明显苦难,并没有触及社会的上层,整个社会依然维持着完整的资本主义结构。但是,福利国家的社会权利却开始改造整个资本主义的社会结构,使之从以不平等为表征的"摩天大楼"转变成以平等为表征的"平房"。社会权利"不再像从前一样只满足于提高作为社会大厦之根基的底层结构,而对上层结构原封不动;它开始重建整个大厦,哪怕这样做可能会以摩天大楼变成平房的结局告终也在所不惜"①。

福利国家堪称社会权利史上的特殊发展阶段,它以国家的力量把社会权利抬到历史的最高点。但是,与自由资本主义时期一样,这也不是没有问题的一种模式。到20世纪70年代末,福利国家在经历了短暂的荣光之后,便从"解决问题的答案"变成了"问题本身",而且这种旨在治愈资本主义疾病的方法反过来比疾病本身更加有害。② 20世纪末,政治光谱中的左右两翼同时对福利国家展开攻击。以新自由主义为代表的右派势力认为,福利国家既抑制了资本投资的动力,又抑制了工人工作的意愿。社会民主主义者则认为,福利国家对于解决工人阶级的问题来说是无效的,它不能从根本上消除工人阶级贫困的根源,同时它还对工人阶级形成制度上的压制和意识形态上的欺骗。完全抹杀福利国家的成就显然是一种粗糙的做法,它不仅在实践上使社会底层的经济状况得到了巨大的改善,而且在理论上提出了有待进一步思考的问题:当把社会权利与社会阶级的关系从自由资本主义的实践中倒转过来的时候,社会权利的至上性到底能够走得有多远?从社会权利的角度来说,福利国家与自由资本主义所实践的实际上是同一个问题,只不过是为了彼此的目的而已。

---

① T. H. 马歇尔,《公民身份与社会阶级》,见郭忠华、刘训练主编:《公民身份与社会阶级》,郭忠华、刘训练译,江苏人民出版社2007年版,第24页。
② Claus Offe, *Contradictions of the Welfare State*, London: Hutchinson, 1984, p.126.

四

福利国家的社会权利模式毕竟是二战后特定时代背景下的产物,反映了那一时期社会权利的主导范式。具体地说,构成这一范式的主要因素有:以民族国家作为分析视野;以工业主义作为社会背景,机器大生产是工业主义的主要特征;以传统的家庭模式作为潜在假设(即男性作为养家糊口者,女性则作为家庭的照顾者);在权利与义务的关系上,把权利置于考量的核心,忽视义务的重要性;主要关注由早期现代性所造成的问题,如贫困、失业、阶级冲突等。① 但是,从20世纪70年代开始,主导范式所依凭的这些要素发生了巨大的变化。首先,与民族国家联系在一起的是全球化的发展。全球化不断打破传统政治、经济、文化在同一民族国家内一定程度上齐步成长的格局,尤其在经济领域,民族国家越来越不构成全球经济网络的要点。其次,与工业主义联系在一起的则是后工业主义的发展。曾经作为现代化标志的机器大生产在新的时代背景下越来越显得过时和笨重,以知识和信息交换等作为载体的"无重经济"(Weightless Economy)越来越成为当代经济的特色。② 实际上,随着网络社会的发展,世界本身也越来越表现为"无重世界",而不仅仅是经济。再次,与家庭联系在一起的则是社会结构的变化,妇女走出家庭而加入到就业市场,这在当今时代已成为普遍的现象。同时,与家庭结构变化联系在一起的还有核心家庭(Nuclear Family)、同性恋家庭等的兴起。所有这些在结构和伦理上都打破了传统社会权利赖以建立的家庭假设。最后,传统福利国家没有将女性运动、生态运动、和平运动等新社会运动所提出的问题纳入政策的视野。但在当今社会背景下,性别问题、气候变化问题、核扩散问题等显然已成为国家所不可忽

---

① Maurice Roche, *Exploring the Sociology of Europe*, London: Sage, 2009, pp. 161 – 166.
② Danny Quah, "The Weightless Economy in Economic Development", LSE working paper, 1999.

视的问题。所有这一切表明，社会权利的福利国家范式已不能适应时代变化的要求，变革福利国家已成为大势所趋。

在探索福利制度的改革方面，当代思想家安东尼·吉登斯作出了有益的尝试。20世纪90年代末，他所提出的"第三条道路"理论不仅对英国，而且对整个西方国家的政治发展都产生了举足轻重的影响，福利改革是第三条道路理论的重要组成部分。2007年，他又出版专著《全球时代的欧洲》，专门就欧洲福利制度的绩效展开比较，为福利制度改革提供对策。除此之外，他还出版《新平等主义》等著作。吉登斯有关新平等主义的理念和积极福利的思想，反映了全球化、后民族国家和后工业主义背景下福利制度变革的趋势。

新平等主义以当今社会背景作为出发点，以对"旧平等主义"的反思作为基础，有针对性地提出适应时代变化要求的平等主义主张，这些主要体现在以下五个方面：第一，在公平与效率问题上，旧平等主义主要关注前者，即经济上的保障和再分配；新平等主义则充分重视后者的重要性，认为对于政府来说，生产效率的提高对于收入和财富分配具有持续的影响。第二，在地位平等与机会平等问题上，旧平等主义关注的主要是前者，主张通过消除阶级差别来实现所有社会成员的地位平等；新平等主义则更加关注机会平等，包括代际之间的机会平等。第三，在视野上，旧平等主义主要追求在民族国家的范围内实现社会正义的目标；新平等主义则充分考虑当今全球化的影响，充分重视全球化背景下文化、种族多样性的问题。第四，在权利与责任问题上，旧平等主义倾向于把权利看做是无条件的，忽视责任的重要性；新平等主义则充分重视责任这一端，把权利和责任同时引入福利制度改革中。第五，旧平等主义主要集中在收入再分配或者协议性工资政策上，即二次分配；新平等主义同时还关注财富和生产资料（productive endowment）的初级分配。① 从这种比较可以看出，新平等主义的理念一方面看到了旧平等主

---

① Patrick Diamond and Anthony Giddens, "The New Egalitarianism: Economic Inequality in the UK", in Anthony Giddens & Patrick Diamond, *The New Egalitarianism*, Cambridge: Polity Press, 2005, pp. 106 – 107.

义存在的问题，另一方面也充分意识到了当今全球化等社会背景。尽管这种理念在实践中很可能使福利政策变得模棱两可，但其初衷无疑具有非常强的针对性。

秉承新平等主义理念的福利政策是一种"积极福利"的政策，它涵盖了一系列广泛的领域。首先，从"事后补救"的福利转变成"事前预防"的福利。"积极福利的态度应该是干预主义的或抢先的（pre-emptive），而不仅仅是补救性的（remedial）。干预主义指的是在任何可能的情况下，把问题处理在源头上，而不是遵循经典福利国家的方式——弥补风险和事后收拾残局。"① 其次，从对外在风险的应对转变为对人为风险的应对，并充分利用风险的积极面。传统福利针对的主要是外在风险，具有明显的事后性。积极福利政策充分重视人为风险（manufactured risks）在当今社会所具有的影响；同时，积极福利政策不仅着眼于缩小或者保护人们免受风险的影响，而且还鼓励和帮助人们利用风险中所具有的积极而富有活力的一面，主动承担风险。② 再次，改革公民与国家之间的责任分担机制，实行"无责任即无权利"的原则。也就是说，政府承认自己对于公民的责任，包括对弱者的保护，但同时也强调公民必须承担起相应的责任。最后，将福利政策的重点转移到对教育和培训的投资上来，不仅关注经济方面的利益，同时还重视心理利益的培育，在可能的情况下，尽量投资人力资本领域，而不是直接提供经济资助，建立在积极福利基础上的国家是"社会投资型国家"。另外，积极福利政策还充分重视后现代主义的问题。例如，必须关注后工业社会出现的"后匮乏"（post-scarcity）问题，包括肥胖问题以及由此带来的心脏病、糖尿病等发病率增高的问题，培养人们健康的生活方式。同时，还必须把气候变化问题纳入公共政策的议程，使气候变化政策与其

---

① Anthony Giddens, *Europe in the Global Age*, Cambridge: Polity Press, 2007, p.100.
② 〔英〕安东尼·吉登斯：《第三条道路》，郑戈译，北京大学出版社2000年版，第121页。

他公共政策融合在一起,形成"政治融合"等。①

新平等主义的理念和积极福利的政策并不是仅停留在纸面上的东西,作为英国新工党的高级智囊和前首相托尼·布莱尔的"精神导师",吉登斯的许多政策主张都对英国和其他发达国家产生着非常实际的影响。具体到社会权利上来,与自由资本主义和福利国家时期相比较,新平等主义、积极福利等主张表现出明显的融合趋势:一方面,希望保持自由资本主义时期的经济增长活力,使社会权利具有其可靠的物质基础;另一方面,又希望保持福利国家时期的社会正义,使所有社会个体都过上体面而有尊严的生活;同时,还充分重视当代社会变迁所带来的新问题,如全球气候变暖、肥胖症、糖尿病增多等。总体而言,积极福利主张具有明显折中性和前沿色彩。对当今西方福利国家的改革来说,积极主张的确提出了许多有益的见解,如从对权利的强调转向对权利与义务的并重,将福利的重点转移到智力投资等领域上来等。当然,在实践中,这种带有明显折中色彩的政策主张也不可避免地形成模糊不清、让人抓不住重点的感觉。左派人士认为,它声称"中左立场",实际上是新自由主义,是左派光芒掩盖下"一位不提手提袋的撒切尔夫人"②。右派人士则认为,它实际上是传统社会民主主义政策的继续,没有什么新鲜可言。更有人认为,要想搞清第三条道路的政治哲学,就像"跟一个充气的玩具人摔跤一样,你一把抓住了一角,所有的热气又冲向另一角"③。然而,无论如何,积极福利思想都反映了时代变化背景下社会权利发展的方向。现实已经表明,全球化、后民族国家、后工业主义等浪潮已经冲破了社会权利的传统模式,探讨新的社会权利模式已势在必行。

综合以上所有的分析,本文总结了社会权利的三种历史模式,即19

---

① Anthony Giddens, *The Politics of Climate Change*, Cambridge: Polity Press, 2009, pp. 69-70.

② Alan Ryan, "Britain: Recycling the Third Way", *Dissent*, Vol. 46, No. 2, Spring 1999, pp. 67-80.

③ "Goldilocks politics", *The Economist*, December 19, 1998, p. 47.

世纪后半期以德国为代表的威权主义模式、19世纪中后期以英国为代表的自由资本主义模式和20世纪中期的福利国家模式。最后，以对吉登斯有关积极福利思想的探讨作为基础，表明当今社会权利日益整合发展的趋势。时至今日，有关福利、福利国家、社会保障等的研究有如汗牛充栋，它们对福利制度的类型（如《福利资本主义的三个世界》）、社会权利的特定领域（如住房、医疗、失业等）或者地区性社会保障政策（如东亚社会保障等）进行过有益的探讨，本文无意（也无力）穷尽对社会权利的所有分析。相反，本文只是从一种历史的视角出发，将分析的重点聚焦于西欧国家，对社会权利进行非常有限的分析——勾画社会权利在几个特定历史时期的表现。同时，本文没有说社会权利只限于这三种模式，但就已经论述过的三种模式而言，它们在社会权利的发展史上均打下了清晰的烙印，并且与当今福利制度改革紧密关联。通过梳理这些模式，可以理解当今福利制度变化的历史根源。

比较视野中的自主国家与宪政国家

袁 峰*

【内容摘要】 改革开放以来,中国已走向世界,现在比历史上任何时候都更加需要从全球比较的视野观察自己的国家,判断与其他国家的异同。在对现代国家政治类型的研究上,应当在尊重各个国家自身的价值理念和现实国情的基础上选择历史与现实相结合的分析路径,既注重从历史文化传统的视角观察,也将现实的国家与社会关系纳入分析的视野。自主国家与宪政国家正是在此基础上对东西方典型国家作出的一种政治类型划分。

【关键词】 自主国家;宪政国家;比较

比较政治研究可以改善我们有关国家的政治分类知识。如何对现代国家进行政治分类?这在当今比较政治学界是一个存在着意见纷争的研究领域。在对现代国家进行政治分类问题上,西方学者在很长时期内主导了话语权。其中一些观点对于现代国家政治类型的判断,尤其是对于中国国家政治类型的判断是存在明显的局限性的。2005年中国的联合国

---

* 袁峰:博士,华东政法大学政治学研究院教授。本文部分内容节选自作者专著《比较政府与政治:现代社会中的政治秩序》,上海人民出版社2008年版。

改革立场文件中明确反对将世界各国划分成民主国家和非民主国家。中国外交部发言人在例行记者会上解释这一态度时指出：有人提出把世界上的国家分成民主国家和非民主国家，这样的分类本身是不对的，是不民主的。在民主问题上，各国因为国情不同，历史发展背景不同，经济发展阶段不同及文化和价值观不同，对民主有各种各样的解释和主张，民主存在不同的形式。① 因此，只有选择尊重各国历史、文化与现实国情的分析路径对国家政治类型进行研究，才能去理解和认识一国在政府与政治领域的状况。

一

现代国家的构成并不完全都是现代的，它们都是传统与现代的某种混合物。因此，有理由分别从文化传统这一历史坐标和国家与社会之间关系这一现实坐标出发，探讨现代国家的基本类型。

在经过长期历史沉淀基础上形成的各国政治文化，是进行现代国家政治类型研究时不可缺少的一个历史坐标。由于人们受到各自文化传统的影响，自然会形成不同的价值选择，而价值观念形成之后，就会影响人们的社会行为。价值观念差异可以引起社会规则的差异。"价值观是社会规则生成的重要基因，也是破译人类社会秩序价值取向的无形密码，因而是社会规则、社会秩序的内在变量"②。新制度经济学认为，正式制度安排只有在社会认可，即与非正式制度安排相容的情况下，才能发挥作用。受文化传统影响而产生的价值取向奠定了人们基本的行为方式。美国学者莱斯利·里普森在其著作《政治学的重大问题——政治学导论（第10版）》中指出："我们首先要研究的主要是选择、优先性、

---

① 2005年6月9日外交部发言人刘建超在例行记者招待会上答记者问。[DB/OL]. [2005-06-09]. http://www.fmcoprc.gov.mo/chn/gsxwfb/lxjzzdh/t199327.htm.
② 邢建国等：《秩序论》人民出版社1993年版，第36页。

价值、问题。尽管制度、程序和权力是重要的，但处于第二位。"① 这段话提示我们在研究一国政治制度这样的重大政治问题时，比了解制度、程序等方面更为重要的是研究人们是以怎样的价值观进行的选择。一个国家政治制度类型的确定，应当结合本国文化的特点。对于不顾本国文化传统任意移植或模仿别国模式的做法，哈耶克曾给予了深刻的批评。他指出，"那些将西方思想引入不发达国家的人士从欧洲和美国那里学到的主要不是西方人建立自己文明所依据的那些原则，而大多是梦想如何得到使西方人得以成功的那些途径。这种发展是极具悲剧性的，因为向西方学习的国家用以指导其行动的观点，虽然也许使它们能够模仿西方的某些成就，但却妨碍他们作出自己独特的贡献，而他们自己的文化传统本来是可以提供这种贡献的。并不是西方历史发展的所有结果都能够或都应该移植到其他文化土壤之中去的。"②

由于是对现代国家进行类型判断，所以只有历史坐标是不够的。世界上不同类型的国家，国家与社会之间的力量对比关系是不同的，国家相对于社会的自主性与独立性也不一致。因此，有必要从现实的国家与社会关系的角度，更清晰地把握现代国家的类型，这是对现代国家进行政治类型研究时同样不可或缺的现实坐标。"作为比较政治学的研究方法之一，国家与社会的关系在某些方面与合作主义是相似的。即它并不声称自己是一种包容一切的完整研究方法，但是可以作为其他一些方法的有益补充。同时，它也不像其他的方法那样具有意识形态色彩与争论性。相反，比较政治学的领域已经能够在很大程度上接受国家与社会关系的方法，而不像其他一些更新的方法那样，引起那么大的争议。""国家与社会关系的方法既强调政治因素，也没有忽视社会与经济因素。"③国家是从社会中产生而与社会相脱离的一种力量。从某种意义上讲，国

---

① 〔美〕莱斯利·里普森：《政治学的重大问题——政治学导论》（第10版）》，刘晓等译，华夏出版社2001年版，第21页。

② 〔英〕弗雷德里希·奥古斯特·哈耶克：《自由宪章》，杨玉生、冯兴元、陈茅等译，中国社会科学出版社1998年版，第15页。

③ 〔美〕霍华德·威亚尔达：《比较政治学导论：概念与过程》，娄亚译，北京大学出版社2005年版，第104、105页。

家与社会的关系也是一种力量对比关系,一国历史上形成的国家与社会的关系以及社会现有的发育程度,都会对当前国家与社会力量对比关系产生作用,并对现代社会中的国家采取怎样的方式治理社会产生重要的影响。

二

美国圣母大学政府与国际研究系专门研究东亚政治的小彼得·J. 穆迪教授认为:"在东亚地区,与政治最密切相关的结构是自主国家。这一概念在这里并不仅仅指国家的运作独立于社会的压力,而是指国家塑造着社会的秩序。"[①] "我倾向于把这种国家自主(当然,不是国家实力)看做是东亚的文化特性。""在关于'亚洲价值'的讨论中,常常将西方的个人主义与亚洲的集体主义作对比,并把这一对比中包含的真实内容简单化。东亚的社会压力对于反对某种个人主义特征——如果不是'西方'整体的,至少也是美国的——起了作用。"[②] 小彼得·J. 穆迪教授认为:"东亚的个案提供了一个替代主流现代化范式的模式,一个反映了真正的人类成就和不可以完全被轻视的价值观的另类。"[③] 塞缪尔·P. 亨廷顿指出,"儒家文化及其变种强调集体高于个人,权威高于自由,责任高于权利。实际上东亚不存在反对国家的人权传统,虽然在一定程度上个人权利被承认,但它被看做是国家创造的。它推崇和谐与合作,反对不同意见和竞争。维护秩序和尊重官僚机构被看做是核心的

---

① 〔美〕霍华德·威亚尔达:《民主与民主化比较研究》,榕远译,北京大学出版社 2004 年版,第 92 页。
② 〔美〕霍华德·威亚尔达:《非西方发展理论——地区模式与全球趋势》,董正华、昝涛、郑振清译,北京大学出版社 2006 年版,第 21、36 页。
③ 同上,第 37 页。

观念。"① 在东亚国家中受儒家文化的影响程度是不同的,因为一些国家还受到佛教、神道教、伊斯兰教等宗教的影响。从目前来看,新加坡和越南受儒家文化的影响更大一些②,因而其政治文化中渗透着浓重的儒家色彩。

英国著名历史学家阿诺德·汤因比将现代西方文明视为基督教文明,是从基督教的"蛹体"中孵化而生的。"自从我们的西方基督教社会在1200年以前从教会的母体里呱呱坠地以来,我们的祖先和我们自己都一直是受它的养育哺乳之恩。""基督教的病毒或是仙丹已经进入我们西方人的血液——说不定它就是不可缺少的血液的别名。"③ 基督教文明与西方宪政的孕育产生存在怎样的关联?阿克顿曾经指出:"一个基督徒由于他的信仰,不得不对人世的罪恶和黑暗敏感。这种敏感,他是无法避免的。基督教对人世间罪恶的暴露可以说是空前的。我们因此才知道罪恶的根深蒂固,难以捉摸和到处潜伏。基督教的神示一方面是充满了慈爱和宽恕,另一方面也恶狠狠地晾出了人世的真相,基督教的福音使罪恶意识牢记于人心……他看到别人看不见的罪恶……原罪的理论使得基督徒对各种事情都在提防……随时准备发觉那无所不在的罪恶。"④ 基督教通过对人性恶的揭示,使西方人对由人产生的权力可能导致罪恶的认识十分强烈。这种对于权力的态度和情感为西方法律制度及其宪政的产生奠定了文化的基础。近代宪政的诸多经典文本中,如《五月花盟约》、《独立宣言》等,大都赫然写意的"上帝"、"造物主",这绝不是无缘无故的。美国政治学家亨廷顿认为西方的基督教与西方的民主模式存在着高度的相关性,而在其他的宗教环境中孕育出西方民主模式的国家较为少见。他认为:"在西方的基督教与民主之间存在着高度

---

① Samuel P. Huntington, "American Democracy in Relation to Asia", in Chan Heng Chee, S. P. Huntington and S. Ogata. *Democracy & Capitalism: Asian and American Perspective*, Singapore: ISEAS, 1993, pp. 38 – 39.

② 田文进:《各国概况·亚洲部分》,世界知识出版社1989年版。

③ 〔英〕阿诺德·汤因比:《历史研究》,曹未风等译,上海人民出版社1959年版,第98—99、199—200页。

④ Lord Acton, *Essays on Freedom and Power*, the Becon Presss, 1984, pp. 14 – 15.

的关联。近代民主首先而且主要出现在基督教国家。到 1988 年，基督教或新教是主要宗教的 46 个国家中有 39 个是民主国家。这 39 个民主国家在整个 68 个以西方基督教为主要宗教国家中占了 57%。当然，相比之下，58 个以其他宗教为主要宗教的国家中只有 7 个，即 12% 是民主国家。民主在那些以伊斯兰教、佛教或儒教为主的国家尤其少见。"① 根据联合国开发计划署编写的《2005 年人类发展报告》上提供的数据：新教信徒最多的是美国，共 15800 万人；其次是英国，共 3560 万人，第三位是德国，共 2810 万人。②

以下是东西方两种政治文化在核心理念层面上的比较，从中可以发现自主国家与宪政国家之间的差异。

第一，"性善"与"性恶"。

在先秦诸子当中，孟子是第一个系统的讨论人性问题的哲学家。孟子的性善说认为善是人性中固有的，天生的。在《告子上》中写道：告子曰："性犹湍水也，决诸东方则东流，决诸西方则西流。人性之无分于善不善也，犹水之无分于东西也。"孟子曰："水信无分于东西。无分于上下乎？人性之善也，犹水之就下也。人无有不善，水无有不下。"③ 他将人性为善的观点概括为："恻隐之心，人皆有之；羞恶之心，人皆有之；恭敬之心，人皆有之；是非之心，人皆有之。恻隐之心，仁也；羞恶之心，义也；恭敬之心，礼也；是非之心，智也。仁义礼智，非由外铄我也，我固有之也，弗思耳矣。"④ 孟子之后，从西汉到晚清有许多思想家持有性善论的观点。在性善论的观点中，对君王圣人之性的赞美，维持了中国人对君王和国家的一种"信任"取向的价值观念，这与西方"猜疑"的价值取向是明显不同的。陈弱水先生指出："儒家'内圣外王'式政治思想与西方自由主义最大的差别是：它所关心的焦点在

---

① 〔美〕塞缪尔·亨廷顿：《第三波——20 世纪后期民主化浪潮》，刘军宁译，上海三联书店出版社 1998 年版，第 83 页。
② 〔法〕玛丽-弗朗索瓦·杜兰等：《全球化地图——认知当代世界空间》，许铁兵译，社会科学文献出版社 2007 年版，第 63 页。
③ 《孟子·告子上》。
④ 同上。

于如何实现'权力的可能善果',而不在如何防制'权力的恶果'。"①

马克斯·韦伯认为:清教是一种(同儒教)根本对立的理性的对待世界的模型。与儒教模型相比,这种模型的特点是:尽管清教采取了拒世的形式,或者恰恰由于采取了这种形式,但它却是出世的反面:即世界理性化。在上帝面前,被造物的堕落并无区别可言,所以人本身都是邪恶的,在道德上绝对有缺陷,世界就是盛罪恶的容器。适应它那些毫无价值的习惯就是堕落的标志……。② 由此可见,基督教新教对人性的理解与儒家思想是截然不同的。杜维明先生指出:弗洛伊德用心理学的观点对人的幽暗面作了理解。这个理解是和犹太教、基督教有密切的关系,即相信人性本恶。人性本恶在原始基督教的描写是一种人和造物者之间的异化,这是对人的限制的整体上的醒悟,整体上的了解。人有限制,从这个地方展现出幽暗面。怀疑主义,以及各种不同的客观制度的设置都和人的幽暗面有关。③ 中国的老百姓基于对儒家型政治家自我约束能力的信任和对人民福祉的承诺,通常都会很和顺,不造反;但是当这种信任一旦失去,造反起来也很彻底。这就是"水可载舟,也可覆舟"的观点。④

第二,"有对"与"无对"。

梁漱溟先生认为中国文化较之西方文化体现出一种独特的文化精神,这是西洋近代政治制度在中国不能仿行成功的根本原因。⑤ 他认为民主是一种精神,也是一种生活方式。中国人在日常生活中讲究的"己所不欲,勿施于人"的恕道、团体内彼此平等的精神、平等讲理的原则等都符合民主的精神。但是,中国文化却缺乏个人本位的权利观念,而导致群己权界、人己权界之习惯制度未立。⑥ 这方面的民主精神在中国

---

① 陈弱水:《追求完美的梦:儒家政治思想的乌托邦性格》,见刘岱主编:《理想与现实》,生活·读书·新知三联书店1991年版,第231页。
② 〔德〕马克斯·韦伯:《儒教与道教》,王容芬译,商务印书馆1997年版,第290页。
③ 杜维明:《现代精神与儒家传统》,生活·读书·新知三联书店1997年版,第430页。
④ 同上,第428、442页。
⑤ 梁漱溟:《中国民族自救运动之最后觉悟》,台北学术出版社1971年版,第6—7页。
⑥ 同上,第253页。

之所以缺乏？梁漱溟提出了"有对"与"无对"两个文化概念来分析其中的原因。他认为西洋人的人生态度为有对，形成人与物对、人与人对之格局，这是近代西方发展出民主的主要依据。这一观点在杜维明先生有关西方民主中的"抗衡性"特征的描述中也可以发现。他指出："从罗马的传统以来，律师代表一个都市或社群所需要的共同意识，形成一个共识向贵族或教会的权威抗衡，以争取权益，发展他们带有独特内容的都市政治；同时在政治上也可以形成一个压力集团。这些对法律熟悉的人物，在中国的传统中是相当受歧视的，被叫做讼师。一般人认为讼师专找人家的麻烦，经常无中生有。"① 西方"中产阶级的出现是民主制度发展的主要原因。基本说来，民主制度是一种抗衡制度，是社会上各种压力集团互相抗衡、互相竞争、互相制约、互相冲突的结果。各种阶级互相争取自身的权益，不同的职业集团维护自身的利益领域。宗教和政治之间长期的抗衡，有中世纪的宗教战争，包括百年战争、三十年战争等，这些复杂的社会因素都是民主制度出现的条件。"② "中国的整个社会的价值取向是以受儒家教育的知识精英所导引的。受人文学和古典研究的影响，中国没有法律的传统和抗衡的传统……"③ "公民社会的出现是对政府权威的一种挑战；而且，绝对是要社会力量增强以后，它才会出现。中国的传统社会，因为政治的力量特别强，很难有西方所谓的公民社会。公民社会是从城邦政治发展出来的，有它独特的政治结构。"④

梁漱溟先生认为中国人的人生态度为无对，追求人自身的和谐、人与人的和谐以及人与宇宙的和谐，故能融释物我。这是中国文化的独特之处。⑤ 因此，他主张唯有依据中国本身文化的特殊精神，创造出适合

---

① 杜维明：《现代精神与儒家传统》，生活·读书·新知三联书店1997年版，第87—88页。
② 同上，第88页。
③ 同上，第103页。
④ 同上，第158页。
⑤ 参见〔德〕马克斯·韦伯：《儒教与道教》，王容芬译，商务印书馆1997年版，第280页。

自己的政治制度。国外也有学者观察到了中国文化在这方面的特殊性。普遍和谐的目标要求的是一种道德上的觉悟，而非法律上的计较……为自己或他人努力争得正义，乃是与人生的自然与道德态度所要求的直接相悖的，因为这种活动破坏了关于自然和谐的预设。作为处理人际关系的方式，同情和谦逊才是和谐理想的逻辑结果。由于普遍和谐的观念在中国思想的价值序列中处于最高位阶，包括政府与人民之间关系在内的所有关系都必须在和谐的关系框架中加以考察。① 美国学者费正清、赖肖尔揭示出儒家思想中的中庸特征，为梁漱溟的"无对"思想提供了佐证。他们认为："内在的美德和外在的文雅保持适度的均衡，体现出孔子思想里中庸的特征。在印度和西方，哲学家和宗教领袖通常处事绝对，也就是说他们趋向于强调逻辑和数学上的绝对。孔子是个相对主义者，按照社会和人文的思想方法考虑问题。他确定了东亚的那种总是寻求妥协和中间道路的模式，正如《孟子》中很确切地评述：'仲尼不为已甚者。'"②

西方自近代以来就存在着独立发展的公民社会以及公民社会与国家的二元对立。不受国家支配的公民团体因公共事务聚合民众并以行动影响公共政策，并随时准备防御和反击国家对公民自由的威胁。若国家政权不能服务于公民社会，社会也有权利和能力将之废除。而中国自古以来国家与社会就不存在这样的对立局面。

第三，"精英"与"多元"。

儒家文化主张精英主义。精英主义由儒教政治哲学的核心概念所构成，它强调能力主义、尊重知识、孝等内容。新加坡接受儒家的思想，成为一个崇尚精英治国的国度。李光耀曾认为新加坡的治理是依靠比例上不超过新加坡人口数5%的那些稀缺性人才资源。他们德才兼备，是

---

① Peter Woo, "A Metaphysical Approach to Human Rights from Chinese Point of View", Alan S. Rosenbaum, ed., *The Philosophy of Human Rights: International Perspectives*, Westport, Connecticut: Greenwood Press, 1980, pp. 115 – 120.

② 〔美〕费正清、赖肖尔：《中国：传统与变革》，陈仲丹等译，江苏人民出版社1992年版，第47页。

新加坡第一流的人才，他们是凭着自己的苦干和出色的成绩步入政坛的。他认为，如果让庸才和投机主义者在新加坡掌权，人民就必须付出重大的代价。权力分立制衡、两党或多党轮流执政、价值观念冲突等都是近现代西方国家多元政治的主要特征。例如，权力分立的思想在西方宪政思想史上具有恒久的地位，因为权力分立与维护自由密切相关。法国政治思想家托克维尔指出："无限权威是一个坏而危险的东西。……当我看到任何一个权威被赋予决定一切的权利和能力时，不管人们把这个权威称做人民还是国王，或者称做民主政府还是贵族政府，或者这个权威是在君主国行使还是在共和国行使，我都要说：这是给暴政播下了种子……"① 在西方许多国家的宪政实践中权力分立也是一项重要的政治原则。洛克的"阶级分权"模式、孟德斯鸠的"权力制衡"设计都对现代宪政国家的政治模式产生了重要影响。

第四，"托管"与"放任"。

中国传统上主张凌驾于社会之上的"家长式的政府"，政府通常积极而又强有力的介入社会生活。这与西方自由、放任的价值观相对立。孔子说："爱之，能勿劳乎？忠焉，能勿诲乎？"② 李泽厚先生用现代汉语将孔子这句话译为："爱他们，能够不加以勉励吗？忠于他们，能够不进行教导吗？"③ 这种思想最早来自于古代首领对氏族成员之间的关系，当时就是大家长对儿女之间的关系，在这里孔子讲的既可以是家长对儿女、老师对学生的关系，也可以是政府对老百姓的一种关系。新加坡前总理吴作栋针对自由主义者对新加坡不自由、不民主的批评，认为新加坡实行的不是自由放任的社会制度，而是一种不同于西方的东方式的、亚洲式的"托管民主"制度。他解释为："政府像人民的信托人，一旦在选举中受委托以负责看管人民的长期福利时，它就以独立的判断力来决定人民的长远利益，并以此作为它的政治行动的根据。实际上，

---

① 〔法〕托克维尔：《论美国的民主（上卷）》，董果良译，商务印书馆1988年版，第217、289页。

② 《论语·宪问》。

③ 李泽厚：《论语今读》，生活·读书·新知三联书店2004年版，第381页。

新加坡政府的政策从来就不是由民意调查或人民投票来决定的,因此在执行正确的长期政策时,有时难免会产生'良药苦口'的反应。但是,正因为新加坡采取了这种'托管式民主'模式,它才能成功地推行一些虽不讨好但有利于经济发展的政策。"①

第五,"尚公"与"趋利"。

《礼记·礼运》中讲的"大道之行也,天下为公",《资治通鉴》中讲的"为政之道,莫若至公"、"天地无私,故能有覆载,王者无私,故能容养",都表明了中国古代崇尚"公"的观念。熊十力先生在解释孔子讲的"大道之行也,天下为公"时,指出"此言天下为一家,全人类若一体。故一切共同生活之组织,皆本天下人之公共意力以为之,无有一人得参私意于其间者。"②"尚公"的精神势必与追求"私利"、"功利"背道而驰。《资治通鉴》中引用荀子的话讲:"挈国以呼功利,不务张其义,齐其信,唯利之求;内则不惮诈其民而求小利焉,外则不惮诈其与而求大利焉。内不修正其所以有,然常欲人之有,如是,则臣下百姓莫不以诈心待其上矣。上诈其下,下诈其上,则是上下析也。如是,则敌国轻之,与国疑之,权谋日行而免危削,綦之而亡……"③ 管子也说:"国多私勇,其兵弱;吏多私智者,其法乱;民多私利者,其国穷。"④

"尚公去私"的政治效应,是使百姓和官员效忠于国家,这形成了中国人"国家本位"的价值观念。在中国,国家或政府的权威地位通常情况下是至高无上的。杜维明先生认为:"在当代西方自由思潮的立场,权威主义的含意多半是负面的,但是权威主义的内涵如果进行仔细的分析,包括韦伯对权威的理解,其中确有很多微妙的东西,不能都把它统统讲成是负面的。其实权威这一概念原有健康的层面。"⑤ 当然,"国家

---

① 参见李文:《东亚:宪政与民主》,中国社会科学出版社2005年版,第115页。
② 熊十力:《读经示要(第3卷)》,台北广文出版社1972年版,第179页。
③ 《资治通鉴》卷四。
④ 《管子·禁藏》。
⑤ 杜维明:《现代精神与儒家传统》,生活·读书·新知三联书店1997年版,第396—397页。

本位"不同于"官员本位",官员的行为也必须与国家的意志与利益保持一致。当代新儒家思想家唐君毅先生曾比较过中西社会的不同。他说,西方的社会是权利意识突显的社会;而中国社会是义务观点突出的社会。但义务的观点突出,并不表示只有顺民,因为义务的观点要从领导阶层入手。① 英国思想家洛克认为,自由、生命、财产是神圣不可放弃的。人们参与政治社会、相互协议建立国家是为了保护人们生存、自由和财产,而且他认为私有财产权是一切权力的基础。这是洛克在政治社会中设计政治秩序的根本出发点。

三

自主性是政治学中的一个重要概念,自主国家意味着有能力推行各项既定的政策,依照国家的理念独立构建并保持其社会秩序,不受特定的党派或国内外社会政治势力的控制。自主国家中缺少自治的社会机构在全国层面上抗衡国家的传统,通常存在着相对弱小的市民社会,很少存在有独立的并有能力向国家施加影响的社会政治力量。自主国家强调集体胜于强调个人、强调义务胜于强调权利、强调秩序胜于强调自由、强调和谐胜于强调分歧。②

东亚自主国家在处理国家与社会关系时,继承了传统的治国理念,在社会领域表现出一种善意的"介入"。而后发国家的赶超要求和对于弱社会的扶助,也使得国家必须承担起更大的社会责任。东亚自主国家通常不会无限度地鼓励社会的自由和放任,而是主张政府对社会积极而又强有力的介入,保持和巩固政府的权威性,国家相对于弱小的社会具有相当强的自主性与独立性。中国社会自古以来,就鲜有社会力量能够完全支配国家力量的历史时代,社会发育的水平和程度很大程度上受制

---

① 杜维明:《现代精神与儒家传统》,生活·读书·新知三联书店1997年版,第90页。
② 袁峰:《自主国家的发展逻辑》,载《社会科学》,2008年第9期。

于国家力量的控制和规约，社会被存在的外在力量塑造的社会特征十分明显。美国学者詹姆斯·R.汤森等人在《中国政治》一书中认为："像这样一个持续如此长久并具如此高度自主性的体系，其影响力不可能仅限于自身制度在形式上存在的那段时期。甚至在新体制超出旧类型时，传统价值和行为也可无限长久地持续下去。"① 中国共产党建党伊始以及在中国社会取得执政地位之后，将始终代表最广大人民群众的根本利益作为党的宗旨，党和政府在接受人民的委托后负责任地来代表人民群众的根本利益和长远利益。党和政府在以民主的方式听取并充分考虑受托者（人民）的要求之后，又以集中方式对社会建设和发展进行统一规划。

白鲁恂等学者认为："东亚儒家思想对于人民对权威的理解仍有重大影响，因而限制了政治反对运动的发展。"② 《新加坡人民团体法》规定：任何十人以上的社团必须依法登记，其活动必须限定在申请登记时所规定的范围内。政府如果发现该社团的活动在政治上越界了，可以以拒绝登记或撤销登记的方式使该社团失去合法性。尽管新加坡不存在一个具有很强自主性的市民社会，但在政府部门内部却存在着人民"信访"的机构，来听取民众的意见。新加坡不存在与执政党抗衡的政党，却存在着合法的反对党。这样的政治设计，理由何在呢？我国学者认为："人民行动党在 70 年代鼎盛时期，不是没有力量像东南亚其他国家那样取缔反对党，实行一党政治，但它有意保留了反对党。在人民行动党的领导人看来，一个能提出不同意见的反对党有利于执政者的决策。尽管这些小党不足以与执政党抗衡，但是可以竞争选民，批评执政党的政策，给执政党以一定的压力，使其在政策制定过程中不得不考虑到这一因素。"③

---

① 〔美〕詹姆斯·R.汤森等：《中国政治》，董方、顾速译，江苏人民出版社 1994 年版，第 30—31 页。

② Lucian W. Pye, *Asian Power and Politics: The Cultural Dimensions of Authority*, Cambridge: Harvard University Press, 1987. Peter R. Moody, *Political Opposition in Post-Confucian Societies*, New York: Praeger, 1988.

③ 李路曲：《当代东亚政党政治的发展》，学林出版社 2005 年版，第 35 页。

1980年《越南社会主义共和国宪法》规定：越南共产党是领导国家、领导社会的唯一力量。无论是在越南"革新开放"前后，越南共产党仍然决定着政策方向，拥有制定国家发展方针和社会管理的主导权。在社会管理领域，越南共产党通过祖国阵线等人民团体，加强人民群众与党和国家之间的纽带关系，并帮助实行党和政府的政策。《越南社会主义共和国政府组织法》第7条规定：政府根据宪法规定履行国家管理职能，同越南祖国阵线、越南劳动总工会及其他人民团体相互配合，综合应用各项行政、经济、组织、教育等措施，以实现其职能；第8条规定：在执行任务履行权限时，同越南祖国阵线和各人民团体相配合，为其有效地工作创造条件；第39条规定：政府同越南祖国阵线、越南劳动总工会及其他人民团体相互配合，实现其职能，并指导人民运动，实现政治、经济、社会、国防安全等重要任务。

自主国家的领导者通常强调的是公共的利益、国家的利益和个人的社会责任，而不是西方社会强调的个人权益。政府就像人民的信托人，一旦接受了人民的委托，它就以独立的判断力来决定人民的长远利益，并以此作为它的政治行动的根据。自主国家的领导者不仅要求在道德上严格自律，而且要像爱护自己的子女那样维护百姓的利益。作为一种道德契约，在社会大众接受政府严格管理的同时，领导者必须对民众的需要作出反应，这是自主国家的民主特色。

在英、美等西方国家中，宪政不仅与人们的信仰有关，而且与国家与社会之间的关系相关。在这些国家中，国家与社会的力量对比上，明显倾向于后者。西方民主正是建立在维护个人权利的社会基础之上的。因此，西方民主在政治制度上就会表现为要以宪政的形式来制约国家权力的运用，防范其对个人权利的侵犯。这与自主国家的民主特点显然是不同的。西方政治文明的基础首先产生于国家与教会的二元分立。美国学者弗雷德里克·沃特金斯指出，西方世界在中古末期，就出现了二元的人类社会观，这成为西方政治生活的正常基础。"国家的功能就是以强制力量维持有秩序的社会生活的外在环境，国家用军事防御与警力来维持社会秩序，以保护基督徒生活不受各种形式的暴力干扰。所有国民则应服从国家，供其役使以实现这些目标。不过，国家的活动虽重要，都应以执行而非制定政策为目的；决定人类生存的终极目的并指导国家完成这些目的，乃是教会的正当社会功能，所有信徒都应帮助教会执行这些功能，每一个人都必须尽一己之力对国家施加有效的道德压力，在极端的情况下，世俗统治者若执意不听教会的道德指导，有良知的基督徒甚至应放弃对国家的忠诚，担起建立新政治秩序的革命责任。换句话说，中古的人民相信，国家本身并不是道德目的，而是必须受社会大众良心指导与控制的行政机构。如此明确划分'社会'与'政府'，并且赋予社会组织（与政治组织对照而言）较高的道德权威之观念，是古代社会不曾有的，这种观念的出现代表了西方文明的确立。"① 西方文明经过文艺复兴的世俗化运动的洗礼，逐渐趋向世俗化之后，使人们必须重建二元社会的基础。代表世俗社会大众力量的议会制度逐渐变化为阻挡和制衡近代官僚体系膨胀的有效力量。西方世界从教会与国家的二元分立过渡为社会与国家的分立。随着市场经济的发展，中产阶级实力的增强最终选择以宪政的方式来制约国家。"从英国与欧陆国家的经验来看，洛克、孟德斯鸠的学说或许已成古董，但它们仍是美国政治思想的基础。在革命之际，宪政政府传统在美国保持的生命力，或许要比西方任何地方都多，这使得美国中产阶级有了独一无二的机会，以宪政实验反制绝对民主的危险。"②

  19 世纪 30 年代法国人托克维尔在 271 天对美国的访问中惊叹地发现美国公民参与为数众多的利益团体（不仅有商业、工业的社团，而且还参加了其他的上千种社团）的热情，美国人已经掌握了共同地追求共同的愿望所设定目标的完善艺术。他认为，结社构成了美国民主的根本力量。尽管美国建立了以三权分立为标志的宪政体制，在一定程度上使人们享有了自由权利，但这种内部分权的制度设计还不能充分保障公民远离多数人的暴政。而拥有自主权的多元的公民社会才是保障公民自由

---

① 〔美〕弗雷德里克·沃特金斯：《西方政治传统：近代自由主义之发展》，李丰斌译，新星出版社 2006 年版，第 42—43 页。

② 同上，第 119 页。

的最后一道屏障。托克维尔指出，"在贵族制国家里，贵族社团是制止滥用职权的天然社团，在没有这种社团的国家，如果人们之间不能随时仿造出类似的社团，我看不出有任何可以防止暴政的堤坝"①。达尔也认为："托克维尔提出，一个由多种独立的自主的社团组成的多元的社会可以对权力构成一种社会的制衡。"② 在托克维尔考察美国社会之后的两个世纪里，"联合者的国家"的特征没有发生改变，几乎所有的势力都在一定程度上自发地组织起来，尤其是那些并非属于多数人的退休人员、农民、大学生或西班牙后裔结成的"少数人利益团体"也组织了起来。多年以来，利益团体数量的大幅度增长再次证明了"美国宪法并不希望政府的常规机关不惜一切代价维护它们的权威，而是明确规定它们应当为人民代言的非常规机构进行并不惬意的合作"③。

四

半自主、半宪政国家是以稳定的结合方式混合了自主要素和宪政要素的国家。应当承认，随着这些国家现代化的发展，已经拥有了较为发达的现代工业、科技文化，也获得了培育公民文化的新的机会和可能。工业化的拓展使都市的生产和生活日益丰富，人们的富足程度也在不断增加，中产阶级规模有所扩大，公民的潜力得以释放；教育能够发展公民文化的许多主要的成分，教育水平的提高培养了公民在政治参与过程中基本的知识、能力和素质；社会性团体的发展也提供了除家庭、工作场所之外的社会化机构，使公民文化的发展渠道更加宽广。在政治制度上，也在一定程度上引入了西方宪政模式的多项要素。但是，这些国家

---

① 〔法〕托克维尔：《论美国的民主（上卷）》，董果良译，商务印书馆1988年版，第217页。
② 〔美〕R. A. 达尔：《民主理论的前言》，朱丹、顾昕译，生活·读书·新知三联书店1999年版，第221页。
③ 〔美〕布鲁斯·阿克曼：《我们人民：宪法变革的原动力》，孙文恺译，法律出版社2003年版，第89页。

由于受到宗教文化、民族分裂、社会不安定、政治传统、地方社会基础等因素的影响，国家仍然保持着很强的自主性特征，建立起有效的国家政权，对社会领域保持着相当的控制力和干预力。有的国家正处于社会大转型的阶段，不能没有强有力的政权体系作为支撑；有的国家政治生活中军方势力仍然强大，并随时保持着对政治的干预能力；有的国家尽管已经削弱了传统政治力量，但又建立起一党长期执政的政治格局。在社会领域中，一些国家的腐败现象尽管相当严重，但因为容忍而并没有得到根本解决，同时依附现象依然存在，相当部分民众相信神灵、权威而不去充分发挥个人的主动性。

美国学者加布里埃尔·A.阿尔蒙德和西德尼·维巴认为：缓慢的政治发展可能培育出公民文化，但是世界上新兴国家缺少的，正是为这种逐渐发展所需要的时间。半自主、半宪政国家或者处于同时面临社会变化中大量问题的阶段，或者受到传统社会政治力量和习惯的影响，不可能有充分的时间以稳定、渐进的方式来推进适合宪政的公民文化的建设和发展，因此与宪政国家相适应公民文化的基础往往在这些国家是比较薄弱的。我国学者指出，普京提出的"俄罗斯新思想"实质上是想对传统的俄罗斯民族主义、大国主义、国家专制主义和社会集体主义去芜存精，嫁接上西方的政治自由主义、财产权和人权观念以及市场经济和经营自由等价值观，形成一个特殊的思想混合体。普京强调国家的权威和作用，是对20世纪90年代长期占统治地位的认为市场万能的自由主义的矫正。普京所讲的"社会团结"，实际上是指包括苏联70年在内的俄罗斯传统文化的核心——集体主义，这同在俄罗斯一度泛滥的以"个人主义"为核心的西方文化显然不一样。普京的国家观念表明：俄罗斯即使成为美国或英国的翻版，也不会马上做到这一点。

美国学者亨廷顿在《第三波：20世纪后期民主化浪潮》一书中认为，巴尔干和前苏联地区，这些地方主要的宗教是东正教和伊斯兰教，并不是西方的基督教。因此，这些地方没有体验过西方的封建主义、文艺复兴、宗教改革、启蒙运动、法国革命和自由主义。因此，他认为，这些地方要实现西方式民主存在着文化障碍。尽管在制度上半自主、半宪政国家已经开始向宪政体制过渡，但是在文化上，这些国家的传统文化与传统行为并没有消逝，或对传统权威和民族宗教仍然敬重或羡慕和渴望新的权威的产生，民众对宪政体制尚未确立坚定的信心，时常处于焦躁之中。俄罗斯、泰国、马来西亚都是具有浓厚宗教色彩的国家。俄国学者别尔嘉耶夫在《俄罗斯思想》一书中指出，俄罗斯民族，就其类型和其精神结构而言，是一个信仰宗教的民族。宗教的困挠也是不信教的人所固有的。俄罗斯的无神论、虚无主义、唯物主义都带有宗教色彩。出身于平民和劳动阶层的俄罗斯人甚至在他们脱离了东正教的时候，也在继续寻找上帝和上帝的真理，探索生命的意义……就连那些不仅没有东正教信仰而且开始迫害东正教教会的人，在内心深处也保留着东正教所形成的痕迹。俄罗斯总统普京公开承认自己是东正教的教徒，曾提出要将东正教文化基础课程列入中等教育大纲。泰国国王和马来西亚最高元首不仅是所在国家的主权象征，也是宗教的最高维护者和领袖。俄罗斯的东正教、泰国的佛教、马来西亚的伊斯兰教长期被各自国家的民众所广泛接受并作为传承的信仰。外来的西方政治文明与本土宗教文化的差异性是显而易见的，而这种差异性也是导致这些国家兼有自主国家和宪政国家的特点，属于一种"杂交"形态的国家类型。

比较政治理论建构的一般途径

邢瑞磊[*]

【内容摘要】 30多年的改革开放,为中国学者进行比较政治学研究提供了大量的个案和制度变迁轨迹,正是建构中国本土政治理论的绝好时机。然而,受研究方法相对薄弱这一现状的限制,中国比较政治学者少有重大的理论突破。这一困境的突破需要我们一方面加强方法论的训练,另一方面学习和借鉴国外的相关成果。本文尝试以利普哈特的"共识民主"理论为例,旨在对比较研究和类型学方法理论研究过程中的作用进行分析,希望以此对中国本土政治理论研究有所启发。

【关键词】 比较政治方法;类型学;共识民主

作为政治学学科中一门重要的分支学科,比较政治学正日益引起人们的关注,吸引了越来越多学者研究的兴趣与精力。这种状况的出现,一方面是比较政治学本身所具有的跨越学科界限的沟通与对话能力,以及联结经验研究与理论探讨的创新能力[①];另一方面则是因为比较政治学的研究主题与界限相当模糊,几乎涵括政治学所有的理论与方法,且

---

[*] 邢瑞磊:博士,华东政法大学政治学研究院讲师。
[①] 张小劲:《比较政治学的历史演变——学科史的考察》,载《燕山大学学报》,2000年第1期。

涉及更为广泛范围的政治活动①。比较政治学本身固有的这些特点推动了该学科的快速发展，尤其是20世纪60年代，在美国行为主义革命的影响下，比较政治学遇到了发展的黄金期，几乎垄断了西方学术界的政治学研究。然而或因缺少明确的研究主题以及协调一致的理论和概念，或因比较政治学体现出的美国本土意识②，比较政治学在发展的同时也一直饱受争议，甚至就连其学科地位也受到过质疑。阿尔蒙德坦言："当代比较政治学与其说是一门学科倒不如说其是一种运动"③。当然，乐观的学者则认为这一切都是由于比较政治学发展太快，相应的研究方法与议题暂时滞后导致的，而学界的困惑与迷茫正是比较政治学再度复兴的沃土和基石。④

相比欧美学界比较政治学的跌宕起伏，中国的比较政治学界则沉寂得多，基本上停留在接受海外信息、转译西方著作的阶段，少见中国式的创新性著作出版。出现这种状况的原因是多方面的，缺少一套中国本土的研究范式、理论体系和研究方法是中国政治学界在国际学界集体失语的主要原因之一。然而，30年的改革开放为比较政治学在中国的本土化建构提供了大量丰富多彩的个案和生动的制度变迁轨迹，使本土化研究有了更为明确的对象。⑤ 在这样的历史机遇面前，如何建构中国本土的比较政治学理论就显得极为迫切。

对此，笔者认为相比宏观理论和研究范式的重构，在中层理论和研究方法层面上的探索更为符合当前中国政治学界的现实。正如约瑟

---

① 〔美〕罗纳德·H. 奇尔科特：《比较政治学理论——新范式的探索》，高铦、潘世强译，社会科学文献出版社1998年版，第3页。〔美〕尼考劳斯·扎哈里亚迪斯主编，《比较政治学：理论、案例与方法》，宁骚、欧阳景根等译，北京大学出版社2008年版，译丛总序第1页。

② 张小兵：《美国视角的比较政治学》，载《政治学研究》，2009年第3期。

③ Gabriel Almond, "Comparative Politics", *International Encyclopedia of Social Science*, New York: Free Press, Vol. 13, 1966, p. 331.

④ 程同顺：《比较政治学：走向没落，还是再度辉煌》，载《政治学研究》，1997年第1期。

⑤ 杨雪冬：《关于比较政治学和中国研究范式重构的断想》，载《天津社会科学》，2000年第3期。

夫·拉帕隆巴拉（Joseph LaPalombara）所主张的，比较分析的最佳策略便是发展中层理论，这种理论是构建更具通则性理论的基础。[①] 罗伊·马奎迪斯（Roy Macridis）也认为区域性的中层理论建构更有优势："相对于追求宏观理论，区域性研究为这个领域带来了新的活力，且最终可能为某些统一模型及优先性的发展铺路。"[②] 因此，笔者不揣新学后进，并不打算从事宏观的综述式全景考察，而是尝试以利普哈特的"共识民主"理论为例，旨在分析类型学方法在中层理论建构过程中的作用，并就中国本土比较政治学理论发展谈一些初步的看法。

一、比较政治研究的一般路径与类型学分析

对人类而言，相互比较是一种自然而然的举动。从古至今，世世代代的人们皆试图了解并解释他们所观察到其自身与他人之间的异同。作为研究人类社会联系和活动的社会科学而言，比较研究很自然地成为了学者们选择的方法之一。事实上，比较方法在科学研究中具有普遍性与统摄性特征。一方面，比较方法具有普遍性，自觉不自觉地会用到，是一种理性方法的基础。另一方面，它具有统摄性，在某种意义上弥散性地渗透在各个具体的操作方法中，具有包囊性和渗透性。然而，如何使比较的过程更具科学性呢？或者说国家间的比较如何协助我们了解更为广阔的政治世界呢？对这类重要问题的回应，就需要从事比较政治研究者们以一种更为科学的方法进行研究设计。

一般而言，比较政治研究的一般途径主要有四个步骤组成[③]，首先，

[①] Joseph LaPalombara, "Macro-theories and Micro-application: A Widening Chasm", *Comparative Politics*, Vol. 1, 1968, pp. 52–78.

[②] Roy Macridis, *Modern European Governments: Case in Comparative Policy Making*, Englewood Cliffs, NJ: Prentice-Hall, 1968, p. 22.

[③] 参见陶得·兰德曼：《比较政治的议题与途径》，周志杰译，台北韦伯文化国际出版有限公司2003年版，第7—21页；张小劲、景跃进著《比较政治学导论》，中国人民大学出版社2008年第2版，第93—102页。

背景知识的系统描述（contextual description），比较政治首要目标即是描述特定国家或一组国家的政治现象与事件，经过详尽的描述，学者们对所研究国家有进一步的认识，或强化研究者本身对所属政治系统的了解，或两者兼备。以此让研究者得以窥见其研究对象的轮廓与面貌，并尽量避免种族中心主义的影响。① 虽然这类研究通常被看做是"旧"比较政治学研究的代表，与力图超越仅限描述的"新"比较政治研究相左。然而，所有系统性分析皆始于精确的描述，背景描述是研究过程中重要的组成部分，应当置于其他三个步骤之前。事实上，对"新"比较政治而言，纯粹描述性研究主要当做原始资料使用，但这并不意味着这一步骤可以省略。

其次，分类（classification）在寻求有意义的简化过程中，比较研究通常会建立许多具有概念性的不同分类，以将为数众多的国家、政治系统、事件等变量，归类为各种可资区别并具有共同特征的类别，以降低经验世界的复杂程度，进而为研究者提供有效的咨询平台（data containers）。分类可以是简单的二分法，如权威主义与民主政治之间的区分，也可以是更为复杂且代表不同政权与政府体制的类型（typology）。分类与描述都是系统性比较研究中不可或缺的部分。事实上，它代表着更高层次的比较分析，因为分类能将许多可描述的独立分析单元，归纳成较为简化的类别，从而降低经验世界的复杂程度，并能从中发掘可用的理论性概念，构成理论框架的第一步。

再次，假设验证（hypothesis-testing）。当研究问题经过描述和分类后，研究者便能够进一步寻找解释这些业已描述和分类过之现象的因素。特别是在20世纪50年代起，政治科学家和比较政治学家已开始尝试采用比较分析的方法来界定重要的变量，确立存在于变量之间的相互关系，并列举经过比较的关系，尝试建构与发展概括性的和更为完善的理论。劳伦斯·迈耶（Lawrence Mayer）对比较分析的作用作出过

---

① 对此我们可以从区域性知识这方面来理解，就是说由于我们生活在这个区域里，对于自身的理解通常是在没有第三方参照的时候，对一个生活场景所习惯性地接受了，导致对自身的很多理解往往都是偏大的。因此，在这种情况下有第三方作为参照是非常有意义的。

精辟的概括："比较分析独具的潜力，在于逐步累积并增加若干系统层次的因素，并将之纳入现有的解释性理论，从而促使该理论渐趋完善。"①

最后，比较政治研究的最终目的也是最困难的一步是促使假设的验证产生逻辑性的延伸，也就是说用初步比较所得出的概括性通则为基础，进而在更大范围内进行验证，并对其他地区和国家作出预测，或判断未来的政治结构。

通过对比较政治研究一般途径的分析，我们会发现在这四个步骤或阶段中，分类明显地处于相当紧要和关键的地位：向上是对背景知识描述的一种系统化总结，向下是原初理论和假设产生的基础，甚至分类时标准的设定会决定最终的研究结果。分类在比较政治研究这一承上启下的关键地位，决定了研究者在进行理论建构时必须对分类进行谨慎的操作，否则稍有不慎就会导致前期努力付诸东流。因而，对分类进行系统科学的研究是极为必要的，这样才能将误差控制在可承受的范围，利于后继工作的展开。

分类或者说类型学方法在社会科学与自然科学的应用由来已久，对类型学方法进行专门讨论的著作相当丰富，并且在不同的学科里，发展出了多种型态的类型学方法。目前，在社会科学中应用最为普遍和最为有效的是一种以明晰地既有理论为基础而进行的多维概念分类，我们可以将之称为解释性类型学（Explanatory Typologies）。解释性类型学是相对描述性类型学而言的，当然，这并不意味着两者是完全对立的二元关系，解释性类型学同样具有描述的成分涵括在理论构成部分，或更为精确地说，描述奠定了概念属性类型界定的基础（参见表1）。

---

① Lawrence Mayer, *Redefining Comparative Politics: Promise Versus Performance*, Newbury Park, CA: Sage, 1989, p. 46. 转引自〔英〕陶得·兰德曼：《比较政治的议题与途径》，周志杰译，台北韦伯文化国际出版有限公司2003年版，第11页。

表1 描述性与解释性类型学

	描述性	分类	解释性
分析方向	描述特征界定概念类型	个案归类	根据理论变量进行理论预测;将数据置于相关单元进行相应检测并通过比较决定数据是否支持与理论假设。
回答的问题	概念类型的构成要素	个案的适用性	若理论被证明是可行的,由此可推论出何种结论,且该结论是否符合经验现实。
案例	什么是议会制和总统制民主政体?	英国和德国是议会制还是总统制?	根据民主和平论的观点,是否可以预测议会制民主体制国家的对外政策行为,英国和德国的对外政策是否符合该推论?

根据上面简要的陈述,类型学在政治学的语境中可以界定为,通常是指藉由两个或多个变量间的互动,以创造和描述不同的政治系统群组,并依循那些因互动而产生政治系统的新变量和新分类,或演绎推理,或归纳总结的一种研究方法。① 类型学方法是将比较研究分析对象的相关描述予以简化,精确的分类必须能定义完整的类别,并将所有经验性证据纳入其中。建立类型的各种类别可先详细观察经验证据,再经由归纳而获得;同样,分类也可以通过演绎的过程而产生"理念型"(ideal-type)②,并依此"理念型"对照经验世界,这两种不同的分类逻辑在政治学的研究工作中都极为普遍。

亚里士多德就曾对古希腊城邦政体进行过众所周知的比较研究和类型学分析。当时,亚里士多德在对收集的城邦国家个案资料分析的基础

---

① 〔美〕B.盖伊·彼得斯:《比较政治的理论与方法》,陈永芳译,台北韦伯文化国际出版有限公司2003年版,第94页。
② 〔英〕陶得·兰德曼:《比较政治的议题与途径》,周志杰译,台北韦伯文化国际出版有限公司2003年版,第12页。

上,提出了三个准则或变量,即最高统治者的数量、统治方式和阶级结构①,在对城邦国家进行类型划分时,则选择了两种归类的标准:一方面,区分哪些是"良善"、哪些是"腐败"的政权;另一方面,则以掌握决策权的统治人数多寡作为区分不同政权的依据,综合两种标准得出了六种政权类型,并由此对城邦国家进行分析,得出了纯粹的民主制和纯粹的寡头制属于最不稳定的政体,而最为稳定的政体则是混合政体这一政治学的著名论断。显然,亚里士多德的类型学分析是一种演绎的逻辑,是在政体类型确定后再将之套入实际存在的城邦国家中加以分析②,其方法至今仍有重要的意义。

德国社会学家马克斯·韦伯的研究就借用了亚里士多德的类型学逻辑,作为古典的社会学家,韦伯也是现代比较政治研究的先驱人物之一。韦伯试图从比较的角度,去探讨世界主要民族的精神文化与该民族的社会经济发展之间的内在关系,并在研究中形成了自己独特的研究方法——即"理解"和"理念型"的类型学研究方法,是韦伯社会学理论中最重要的方法论概念之一。③ 在韦伯的研究中,"理念型"可分为两种类型:一是"历史学的理念型";二是"社会学的理念型",前者体现在韦伯的《新教伦理与资本主义精神》一书中,由于这种"理念型"是在特殊的时空条件下形成的,亦即是在一定的历史进程中形成的,因此又被称为"形成过程中的理念类型"④。"社会学的理念型"则是韦伯就权威的基础问题提出的具有开创性意义的分析,韦伯区分了政治权力具有合法性的三种方式:第一种方式涉及传统的神圣性;传统型的权威立基于对假定永存之物的虔诚,传统型的统治者无须证明其权威正当性。第

---

① 参见张小劲、景跃进:《比较政治学导论》,中国人民大学出版社 2008 年第 2 版,第 22 页。
② 〔英〕陶得·兰德曼:《比较政治的议题与途径》,周志杰译,台北韦伯文化国际出版有限公司 2003 年版,第 10 页。
③ 〔德〕马克斯·韦伯:《新教伦理与资本主义精神》,于晓、陈维刚等译,生活·读书·新知三联书店 1987 年版,第 51 页。
④ 参见陈景良:《反思法律史研究中的"类型学"方法——中国法律史研究的另一思路》,载《法商研究》,2004 年第 5 期。

二种方式是超凡魅力型，在这种类型中，对领袖的服从是由于他们能够激励鼓舞那些追随者，而这些追随者又相信他们的领袖即英雄，会拥有特殊的，甚至超凡脱俗的品质。韦伯提出的第三种权威式法理型，在这种权威类型中，服从出自于原则而非个人，政府立基于制度规则而非对个人的忠诚，由此更为合理。韦伯认为，这三种"理念类型"虽在具体的历史进程中很少单独见到，但作为一种抽象原则或典型却又是在任何时空条件下都可能存在的，所以又称为"纯粹的理念类型"。

需要指明的是，亚里士多德和韦伯采用的类型学方法都是建立在规范性的基础上的，现代政治学者进行政体分类时虽仍然依循着亚里士多德的分类方法，却更多采用经验性观察与归纳推论的研究逻辑。萨米·芬纳（Sammy Finer）在其著作《政府的历史》一书中，曾尝试建立在对历史上所有的政府形式系统考证或观察的基础上，界定了四种纯粹的政权类型和逻辑上的若干混合型。萨米·芬纳宣称自公元前3200年以来，所有政府的形式皆可纳入下列四种基本类型：宫廷政体、教会政体、贵族政体和论坛政体四种，各个政体的区别在于统治者的性质，并相应衍生出六种混合类型（参见图1）。①

	宫廷	论坛	贵族	教会
宫廷	纯宫廷政体	宫廷—论坛型	宫廷—贵族型	宫廷—教会型
论坛		纯论坛政体	论坛—贵族型	论坛—教会型
贵族			纯贵族政体	贵族—教会型
教会				纯教会政体

图1　纯粹型与衍生的混合型政体

资料来源：Sammy Finer, *The History of Government*, Vol I: *Ancient Monarchies and Empires*, Oxford Press, 1997, pp. 34–58. 略有修改。

---

① Sammy Finer, *The History of Government*, Vol. I: *Ancient Monarchies and Empires*, Oxford Press, 1997.

萨米·芬纳认为许多政权起初是纯粹型政体，而后在不同的时间点上变成混合型政体。在所有类型中，纯粹的宫廷政体及其衍生的政体形式是史上最为常见的类型。尽管足以代表论坛政体的若干已世俗化的现代民主政体，在当前较为流行，但相对而言，仍是为数较少且兴起于当代的政权类型。

亚里士多德和萨米·芬纳采用的类型学方法虽建立在不同的逻辑基础上，但两位学者都试图由此确认每个类型各自具有的主要相同特征，达到了描述和简化复杂现实世界的目的。因此，可以说类型学方法与比较研究方法都是政治学研究中传统而颇具实效的方法之一，并在现代政治学研究中发挥着重要的作用。

二、类型学方法的典范：利普哈特"共识民主"理论

长期以来，民主问题都是比较政治学研究的重要题域，也是比较政治学理论创新的主要试验场。然而，民主研究的内涵相当复杂和深奥，或侧重于规范研究，或侧重于经验研究，或规范与经验并重，构成了一副相当繁杂的知识体系图谱。如何进行民主研究与创新一直是众学者苦苦思索和不懈努力的方向。在众多问题中，民主概念的界定是引起争论的根源，也是比较研究中的根本性问题，即概念测量时所面临的普适性问题。从已有的民主理论看，以英美为经验基础的多数民主理论长期占据着该题域的主流地位，事实上，现代比较政治理论几乎都是由单一国家（主要是美国）的经验发展起来的，而这样发展起来的理论，因其不时体现出的美国中心意识而受到广泛批评。其实，从这个意义上讲，比较政治理论可以藉由谨慎地检验单一地区或国家而发展[①]，但确立和测量其适用范围才是决定该理论能否经得起考验和批判的关键步骤。

[①] 〔美〕B. 盖伊·彼得斯：《比较政治的理论与方法》，陈永芳译，台北韦伯文化国际出版有限公司 2003 年版，第 96 页。

虽然美国式的民主理论在现代政治学体系中长期占据主导地位，但这并不影响学者们致力于发展区域性的比较政治和民主理论的尝试。其中，类型学方法和比较方法在建立民主理论的过程中起到了不容忽视的作用。1992年，菲利普·施密特与T.卡尔（Philippe Schmitter and T. Karl）就曾试图发展一个适用于某范围内（主要是拉美）各国的民主概念，他们把民主看做成一组放射状（radical）的类别①，也就是说，他们所讨论的每一种民主类型都具有民主的某些基本特性，但同时也具有独特性。在集中考察东南欧和中南美国家的基础上，施密特和卡尔选择国家与社会的相对力量、选举和利益集团参与程度的相对重要性为变量，发展了统合式、民粹式、协合式和选举式的民主类型，希望以此能将该地区多样化的政治系统置于更广泛的民主范畴中，从而发展出了一种具有相当解释力的民主理论。然而，菲利普·施密特与T.卡尔的民主分类主要受阿伦·利普哈特（Arend Lijphart）的影响，而利普哈特的"共识民主"理论更为系统和成功，影响也最大，为我们提供了一个相当严密的民主理论体系。尽管利普哈特的民主理论也受到了尖锐的批评，但不可否认的是，时至今日，利普哈特的"共识民主"理论已经突破了区域性的限制，成为了民主理论中重要的一员。

在笔者看来，"共识民主"理论为中国本土比较政治学发展的最大贡献不在于其理论框架和具体内容如何，利普哈特所采用之构建理论的比较方法和类型学方法才是我们学习和借鉴的主要方面。为了论述的方便，下面将采用类似学术史考察的方法②，对利普哈特"共识民主"理论建构的类型学方法和其不断完善成熟的过程进行系统的回顾与评析。

---

① P. Schimitter and T. Karl, "The Types of Democracy Emerging in Southern and Eastern Europe and in South and Central America", in P. M. E. Volten, eds., *Bound to Change: Consolidating Democracy in East Central Europe*, New York: Institute for East-West Studies, 1992.

② 学科史的梳理有助于通过逻辑的方式"还原"人们在探索和建构这门知识时所经历的认识过程，可以解构这门知识的概念、范畴、理论命题和理论体系的形成；还可以把握内部不同理论见解与学术流派间的承继和替代关系，由此明晰学术争论对这门知识发展和变迁的影响。这种方法也同样适用在对某学者学术生涯的研究。参见张小劲、景跃进：《比较政治学导论》，中国人民大学出版社2008年第2版，第21页。

（一）个案研究基础上的初始理论模型与类型学方法

利普哈特的民主理论体系宣称世上只有两种类型的民主，分别是威斯敏斯特型民主和共识型民主，这两种民主结构包含了所有类型的民主制度在内；两大理念型民主的划分方式，显然与韦伯的方法类似。事实上，大多数的国家都是较为接近这两种理想型中的一种，而理想的纯粹类型在现实世界中并不存在。利普哈特的民主理论是一个将单一个案研究，发展具有相当适应性理论的典型例子，因为利普哈特确实成功地将他在研究荷兰时的发现，延伸为对世界上所有民主政体的分析研究。

利普哈特早期主要研究对象是荷兰的个案，他试图解释尽管存在着深刻的宗教分歧，荷兰还是能保有长期的政治稳定记录的原因。利普哈特之所以关注政治稳定这个议题是与当时学术界的研究兴趣密不可分的。在20世纪50—60年代，已有学者就政治稳定与民主存续间关系和所需条件进行过争论，这个议题也引起了学界的广泛兴趣[1]，进而引发了三个相关议题的讨论。首先，为何一些先进的工业国家尽管恪守各种民主制度，还仍无法避免明显的政治不稳定现象出现？例如，德国魏玛共和国和第二次世界大战之后的意大利等。其次，20世纪为何一些先进国家会放弃民主体制，而向威权政体转型？例如意大利、德国、西班牙和葡萄牙，为何法西斯主义能够影响这些国家？最后，为何在某些特定国家中会产生政治不稳定，并导致内战或无政府状态的出现？例如，北爱尔兰、西班牙和之后的黎巴嫩等。所以，政治稳定的概念在当时的比较政治议题中相当流行。在这样的时代背景下，利普哈特开展了关于政治稳定和民主问题的研究。

1968年，利普哈特所著的《协调的政治：荷兰的多元主义与民主》[2] 这本书，开启了利普哈特对民主稳定条件和民主理论的研究，该书主张世界上存在着另一种不同于典型英美式民主的制度安排，此类体

---

[1] 参见 Gabriel A. Almond, "Comparative Political Systems", *Journal of Politics*, Vol. 18, 1956, pp. 391–409; S. M. Lipset, *Political Man*, Garden City, NY: Doubleday, 1959。

[2] Arend Lijphart, *The Politics of Accommodation: Pluralism and Democracy in the Netherlands*, Berkeley and Los Angeles: University of California Press, 1968.

制称为"协和式民主"（Consociational Democracy）①，强调通过精英之间的协调，协和式民主可以和英美式民主一样保持政治上的稳定。在对荷兰进行个案研究的过程中，利普哈特注意到在荷兰这个宗教严重分离的国家中，不但没有明显的冲突而又确实存在相互合作，政府运行还极有效率。对此，利普哈特从所谓的"分歧框架"（Cleavage Framework）出发，此研究路径将政治视为社会结构的反映，高度的社会断裂状态会引发政治的不稳定性，甚至出现周期性的政府危机甚至政治暴力发生。在荷兰个案中，利普哈特认为荷兰具有三个"支柱"，即天主教、卡尔文教和世俗主义者，他们有效地将各团体原始成员间的互动进行了极小化控制，几乎所有荷兰的社会经济生活都是由这些"支柱"来组织。这样虽然缩小了团体成员间的冲突，但却阻绝了政治系统进行有效管理的可能性，这便需要团体间的合作。利普哈特发现，合作的确出现在荷兰政治的精英阶层之间，因此领导者才得以运作政治和经济系统。这种政治上的协合体系得以运作的原因在于，水平与垂直信任的存在，也就是说，在每个"支柱"中，大众与精英之间存在着垂直信任，从而使精英在彼此协商时有充分的自由度；在精英阶层中，精英间也存在充分的信任，使他们能够达成具有约束力的协定，虽然这样会造成精英间秘密和封闭的协商形式，但却被视为维持荷兰民主其他维度的必要条件。对于在荷兰的发现，利普哈特认为"荷兰的政治是协调的政治，也就是该国之所以成功的秘密。协调意味着当单一社会只存在最小幅度的一致性时，针对各种分歧性议题与冲突所采用的解决办法"②。

随后，为详细阐述和介绍在荷兰个案中的重要发现和其所用的方法论，利普哈特同年又发表了《类型学与民主系统》一文。文中，利普哈特在综述当时国际学术界流行的比较政治学方法时发现，类型学方法在近代比较政治学研究中的应用相当广泛，与柏拉图和亚里士多德研究方

---

① 对协和式民主的系统讨论，可见 Arend Lijphart, "Consociational Democracy", *World Politics*, Vol. 21, No. 2, Jan. 1969, pp. 207 – 225。

② Arend Lijphart, *The Politics of Accommodation: Pluralism and Democracy in the Netherlands*, Berkeley CA: University of California Press, 1975, 2nd edition, p. 103.

法的传统依然契合。然而,奇怪的是类型学方法在当时广为关注的民主问题上的应用却较为少见。更确切地说,当时民主问题研究仅进行过大致的分类,相关次类型的分析等细致的工作却无人尝试,由此利普哈特萌发了以类型学方法对民主系统进行精细考察的想法①,并试图以此方法发展更具普遍意义的民主理论。从方法论意义上讲,利普哈特认为,在类型学分析过程中,政治系统须用两个或多个变量来做分类,接着再根据从这两个变量所获得的分数,置于不同的类别,或者说是由两个或更多的变量互动后而产生的分类系统。从这个意义上讲,类型学是将个案进行分类研究从而达成原初理论(proto-theory)的方法。

		政治精英	
		竞争型	联合型
政治文化及社会	同质型	向心式(英国)	去政治式(瑞典)
	异质型	离心式(意大利)	协合式(荷兰)

图 2　利普哈特的四种政治系统类型

资料来源:Arend lijphart, "Typologies of Democratic Systems", *Comparative Political Studies*, Vol. 1, No. 1, 1968, p. 3. 略有修改。

在利普哈特发展的民主系统分类中,他使用的两个变量为精英政治文化与大众政治文化的本质区别,在每个个案中,文化可能是异质或同质的。利普哈特根据精英与大众政治文化的这两个二分变量的互动发展了四种政治系统类型,如图 2 所示:利普哈特认为此四种类型为民主系统的基本形式,可进一步解释与预测系统中的行为。

在利普哈特的类型学中,此原初理论主张系统中政治本质是由两个文化层次之间的互动,而非单独由任一层次所构成。举例而言,在瑞典

---

① 参见 Arend Lijphart, "Typologies of Democratic Systems", *Comparative Political Studies*, Vol. 1, No. 1, 1968, p. 3。

的个案中，虽然其政治具有个殊性和国家特殊性，但以类型学的逻辑看，瑞典也可被理解为向心式政治的个案。就此而论，其政治便相当类似于其他类型的国家，如挪威和丹麦，并可视为同质性团体。① 因此，这便是将比较政治由专有名词研究，推向以变量与国家分类为基础而完善理论的第一步。② 从这个意义上讲，《类型学与民主系统》是利普哈特就其民主理论研究方法论的系统说明，并深刻影响着其后继的研究，甚至引导了当时政治学研究方法的潮流。

在《协调的政治：荷兰的多元主义与民主》和《类型学与民主系统》中，利普哈特不仅搭建了协和民主理论的初步框架，注意到了英美式民主理论的固有缺陷。更为重要的是，利普哈特在以荷兰为单个个案的深入研究中，在类型学方法的佐助下发展出了"协和民主"的概念，印证了比较政治理论可藉由单一国家个案而发展的可行性，显示了其深厚的方法论功底和敏锐的观察力。

（二）假设验证与多个案的实证研究

从比较政治研究的一般途径来看，利普哈特早期的研究主要集中在背景描述（荷兰个案）和分类（类型学分析）两个步骤，完善的理论构建仍需要假设验证和最终达至预测目的两个步骤的实现。在这种方法论逻辑的指导下，利普哈特随后进入了假设验证的阶段。

1977 年，利普哈特在其《多元分歧社会中的民主》一书中将他的理论作出了更清晰的讨论③，其采用的主要方法是对"深度分歧社会"和"协和式机制"等一组比较性的概念更为精细的阐释。多元分歧社会的概念是对利普哈特提出的"分歧性是社会冲突的主因"这一理论假设

---

① Thomas Elder and D. Arter, *The Consensual Democracies? : Government and Politics of the Scandinavian States*, Oxford: Blackwell, 1988.

② 〔美〕B. 盖伊·彼得斯：《比较政治的理论与方法》，陈永芳译，台北韦伯文化国际出版有限公司 2003 年版，第 95 页。

③ Arend Lijphart, *Democracy in Plural Societies: A Comparative Exploration*, New Haven, CT: Yale University Press, 1977.

方法研究
比较政治理论建构的一般途径

的诠释①,即如果在族群、宗教或阶级分歧性上一个社会出现了大幅度的断裂状态,那么以多数原则为基础的民主制度将无法运作。利普哈特认为"协和式民主可藉由四种特征来界定,其中最首要的成分,是在多元分歧的社会中,所有重要团体的政治领袖所组成的联合内阁"②,协和机制的另外三种类型则分别是相互否决权、符合比例性和自治权,并随后在一些他认为具有协和式惯例的特殊国家进行了实证考察。

从方法论意义上讲,利普哈特在1968年和1977年的工作主要是对自身理论所做的表述,关注于在这些所谓的特殊国家或单个案研究。利普哈特在其1984年的著作《民主政体:21个国家的多数民主与共识民主类型》一书中③,开始将其想法中的主要部分,集合成一套采用比较方法和类型学分析的完整体系,其中包括了所有的民主国家,将民主制度区分为两种类型:共识型民主与威斯敏斯特型民主,以最广泛的方式囊括了所有可能的民主国家。书中,利普哈特发展了九种特征以配合相关性探讨和比较研究,分别对威斯敏斯特民主与共识民主进行了类型界定,并在更大范围内进行实证研究,对其理论假设进行验证。

1999年,利普哈特推出了迄今为止阐述其民主理论最为系统和全面的一本书《民主的模式:36个国家的政府形式和政府绩效》④,在书中,利普哈特系统考察了1945—1996年期间36个国家民主制度的运行,以此为基础划分了民主的两种模式类型,即多数民主和共识民主。随后,利普哈特以类型学方法,将36个国家置于一幅二维的民主概念图中,区别了民主的两个维度,即横向的行政—政党纬度和纵向的中央—地方关系纬度。根据这两个维度的标准,将多数民主和共识民主看做为二元

---

① S. Rokkan, *Citizens, Elections, Parties: Approach to the Comparative Study of the Process of Development*, Oslo: Universitesforlaget, 1970.

② Arend Lijphart, *Democracy in Plural Societies: A Comparative Exploration*, New Haven, CT: Yale University Press, 1977, p. 25.

③ Arend Lijphart, *Democracies: Patterns of Majoritarian and Consensus Government in Twenty-one Countries*, New Haven, CT: Yale University Press, 1984.

④ 参见 Arend Lijphart, *Patterns of Democracy: Government Forms and Performance in Thirty-six Countries*, New Haven: Yale University Press, 1999。

对立的关系，并为二者设定了不同的制度指标（见表2）。

表2 多数民主和共识民主

民主的两个维度		多数民主	共识民主
横向的行政—政党		政府体制由一党组阁	多党联合政府
		议会—政府强行政关系	平衡的议会—政府关系
		两党制	多党制
		多数选举制	比例代表制
		多元主义	合作主义
纵向的中央—地方关系		单一制	联邦制
		一院制	两院制
		柔性宪法	刚性宪法
		议会主权	法院的司法审查权
		非独立的中央银行	独立的中央银行

资料来源：阿伦·利普哈特：《民主的模式：36个国家的政府形式和政府绩效》，陈崎译，北京大学出版社2006年版。

从横向的行政—政党维度来看，多数民主模式政府体制表现为一党组阁，在议会—政府关系上表现强行政色彩，在政党制度上一般实行两党制，在选举制度上更多地采用多数选举制，利益集团制度则奉行多元主义；共识民主模式在政府体制上表现为多党联合政府，在议会—政府关系上表现一种平衡关系，在政党制度上一般实行多党制，在选举制度上更多地采用比例代表制，利益集团制度主要奉行合作主义。

在纵向的中央—地方关系纬度上，多数民主模式主要是在单一制的国家结构形式之中，一般采用一院制议会结构，奉行议会主权思想，以及柔性宪法（不成文宪法）和非独立的中央银行；共识民主模式主要是在联邦制的国家结构形式之中，立法权由两院共享，采用刚性宪法，有法定的司法审查，独立的中央银行。通过对不同国家民主程度的量化考察，利普哈特认为"共识民主"的国家表现出以下特征：多党联合组阁、行政权力与立法权力互相制衡、比例代表制、地方分权的联邦制、立法权由两院共享、法定的司法审查、独立的中央银行等,并最终得出"共识民主国家的绩效比多数民主国家更为突出,无论在哪个阶段、对哪些国家、采用哪种测量手段得到的结果都是如此"① 的论断。至此,利普哈特完整地实现了由单一个案描述开始,通过类型学分析,再进行假设检测,最后发展出具有一定解释力的比较政治理论的过程(其过程和逻辑见图3)。

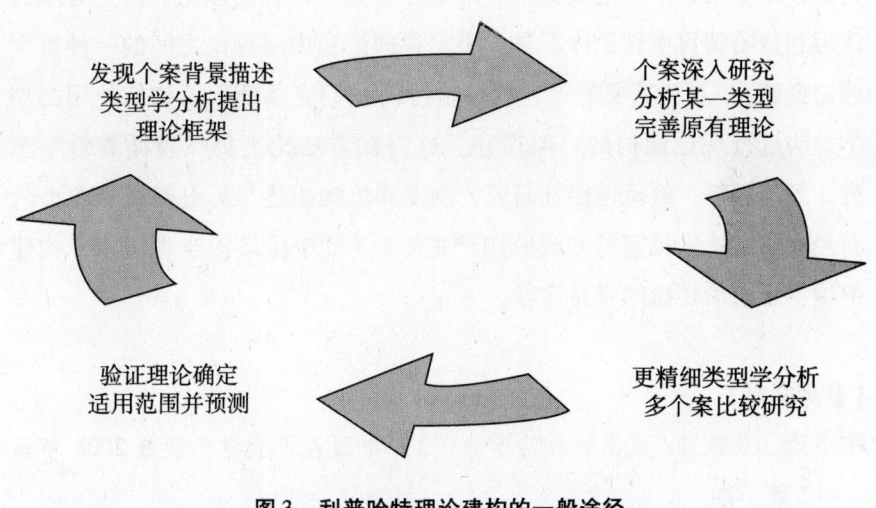

图3 利普哈特理论建构的一般途径

资料来源:作者自绘

"共识民主"理论自雏形显现到最终成熟,国际学界对其关注就不曾停止,支持赞扬者有之,也不乏激烈批评者,特别是利普哈特将多数民主和共识民主模式二元对立的做法,更是使"共识民主"理论成为众矢之的。当然,社会科学研究的性质决定了政治学很难发展出一种涵括所有的"完美理论",从这个意义上讲,利普哈特最大的贡献在于向所有志在政治学研究的学者提供了一种发展理论的途径和方法,这才是我

---

① 〔美〕阿伦·利普哈特:《民主的模式:36个国家的政府形式和政府绩效》,陈崎译,北京大学出版社2006年版,第195页。

们需要学习和借鉴的关键所在。

小 结

利普哈特"共识民主"理论自初步理论框架提出至最终成熟,跨度长达30年之久,实现了由单一个案发展的、适用范围较为狭窄的民主类型,到成为多个案范围更广的系统性、综合性民主理论,甚至有学者认为利普哈特民主理论体系是介于宏观理论和中层理论之间的一种重大理论突破。① 更为重要的是,利普哈特向我们完整演示了如何使用类型学方法进行理论建构的一般途径。这对在方法论上仍然遵循着哲学思辨、经典解释、规范性定性研究、制度和机构描述与历史探索的方法②,而经验研究特别是定量方法应用严重缺乏③的中国政治学者提供了构建中国本土政治理论的有益途径。

【参考文献】

张小劲、景跃进:《比较政治学导论》,中国人民大学出版社2008年第2版。

〔英〕罗德·黑格 马丁·哈罗普:《比较政府与政治导论》,张小劲、丁韶彬、李姿姿译,中国人民大学出版社2007年版。

〔意〕加埃塔诺·莫斯卡:《政治科学要义》,任军峰等译,上海人民出版社2005年版。

---

① 〔瑞士〕简-埃里克·莱恩(Jan-Erik Lane)、斯瓦特·厄斯桑(Svante Ersson):《新制度主义政治学》,何景荣译,台北韦伯文化国际出版有限公司2002年版,第297页。
② 王浦劬:《我国政治学的建设应该着力于三个方面的发展和突破》,载《政治学研究》,1998年第1期。
③ 肖唐镖博士通过对1995—2003年国内政治学研究成果的综合考察发现,在选取的293个论文样本中,规范研究有196篇占所有文章的2/3强;而属于经验研究包括学科理论研究和应用研究的文章仅占1/3弱,而有关政治学研究方法的文章仅4篇。参见肖唐镖、陈洪生:《经验研究方法在我国政治学研究中应用的现状分析》,载《政治学研究》,2003年第1期。

〔美〕罗纳德·H. 奇尔科特：《比较政治学理论——新范式的探索》，高铦、潘世强译，社会科学文献出版社1998年版。

〔美〕尼考劳斯·扎哈里亚迪斯主编：《比较政治学：理论、案例与方法》，宁骚、欧阳景根等译，北京大学出版社2008年版。

〔美〕马克·利希巴赫、阿兰·朱克曼编：《比较政治：理性、文化和结构》，储建国等译，中国人民大学出版社2008年版。

〔美〕加布里埃尔·A. 阿尔蒙德、小G. 宾厄姆·鲍威尔译：《比较政治学——体系、过程和政策》，曹沛霖、郑世平、公婷、陈峰译，东方出版社2007年版。

〔美〕迈克尔·罗斯金、罗伯特·科德、詹姆斯·梅代罗斯、沃尔特·琼斯：《政治科学（第6版）》，林震译，华夏出版社2001年版。

杨光斌：《制度的形式与国家的兴衰——比较政治发展的理论与经验研究》，北京大学出版社2005年版。

任剑涛主编：《政治学：基本理论与中国视角》，中国人民大学出版社2009年版。

〔美〕劳伦斯·迈耶：《比较政治学——变化世界中的国家和理论（第2版）》，罗飞、张丽梅、胡永浩、冯涛译，华夏出版社2001年版。

〔美〕戴维·伊斯顿：《政治生活的系统分析》，王浦劬译，华夏出版社1999年版。

〔英〕大卫·马什、格里·斯托克编：《政治科学的理论与方法》，景跃进、张小劲、欧阳景根译，中国人民大学出版社2006年版。

〔英〕安德鲁·海伍德：《政治学核心概念》，吴勇译，天津人民出版社2008年版。

Arend Lijphart, *The Politics of Accommodation: Pluralism and Democracy in the Nethe rlands*, Berkeley and Los Angeles, University of California Press, 1968.

Arend Lijphart, "Consociational Democracy", *World Politics*, Vol. 21, No. 2, Jan. 1969, pp. 207–225.

Arend Lijphart, "Typologies of Democracy Systems", *Comparative Political*

Studies, Vol. 1, No. 1, 1968, p. 3.

Arend Lijphart, *Democracy in Plural Societies: A Comparative Exploration*, New Haven, CT: Yale University Press, 1977.

Arend Lijphart, *Democracy in Plural Societies: A Comparative Exploration*, New Haven, CT: Yale University Press, 1977.

Arend Lijphart, *Democracies: Patterns of Majoritarian and Consensus Government in Twenty-one Countries*, New Haven, CT: Yale University Press, 1984.

Arend Lijphart, *Patterns of Democracy: Government Forms and Performance in Thirty-six Countries*, New Haven: Yale University Press, 1999.

Alexander L. George and Andrew Bennett, *Case Studies and Theory Development in the Social Sciences*, Cambridge, Mass: MIT Press, 2005.

Gabriel Almond, "Comparative Politics", *International Encyclopedia of Social Science*, New York: Free Press, 1966.

Gary King, Robert O. Keohane and Sidney Verba, *Designing Social Inquiry: Scientific Inference in Qualitative Research*, Princeton, New Jersey: Princeton University Press, 1994.

John Gerring, "What Makes a Concept Good? A Criterial Framework for Understanding Concept Formation in the Social Sciences", *Polity*, 31 (3), 1999, pp. 357–393.

John Gerring, *Social Science Methodology: A Criterial Framework*, Cambridge, Mass: Cambridge University Press, 2001.

Paul F Lazarsfeld and Allen H. Barton, "Qualitative Measurement in the Social Sciences: Classification, Typologies, and Indices", in *The Policy Sciences*, edited by Daniel Lerner and Harold D. Lasswell, Stanford, California: Stanford University Press, 1965, pp. 155–192.

30 年中日公民社会成长与政治发展
——一种比较政治的分析

高奇琦[*]

【内容摘要】 本文对中日传统的国家社会关系、中日公民社会 30 年的发展变化、中日公民社会的制度环境、中日公民社会的发展情境以及中日公民社会变迁与政治发展的关系等问题进行了探讨。通过比较后，对中国的重要启示是，当前中国公民社会与日本 20 世纪末相类似的突破性发展的契机已经显现，目前最为需要的制度变迁是审批注册制度向备案注册制度的转变。同样与日本公民社会变迁之前相似，发展型国家也是中国公民社会发展的主要情境。从日本案例和结合中国政治实践来看，公民社会的成长对中国政治发展的作用将会是积极和良性的。

【关键词】 公民社会；中日比较；政治发展；国家—社会关系

与欧美西方国家相比，日本公民社会的政治环境和政治文化与中国有更多相似之处。更重要的是，日本公民社会的剧烈变迁也只是晚近才发生。这意味着日本案例对于中国公民社会的发展具有更多的借鉴意义。本文试图通过对中日公民社会 30 年发展的比较，来观察当前中国

---

[*] 高奇琦：博士，华东政法大学政治学研究院讲师，华东政法大学法学博士后流动站研究人员。

公民社会发展的关键问题、发展情境及其对政治发展的意义。

一、变迁的起点：中日传统的国家—社会关系

"二战"后的近半个世纪中，中国和日本都呈现出明显的强国家—弱社会的结构关系。就具体特征而言，中国和日本的公民社会有着明显的差异。日本的公民社会表现出明显的双重结构属性，地方和国家层面的公民社会发展状况明显不同。而中国的公民社会则表现出清晰的一元结构属性，地方和国家层面的公民社会都由国家创建和直接指导。但就核心实质而言，中国和日本的公民社会则存在着非常相似的特征，即都是国家主导型的公民社会，国家在公民社会的成长和发展过程中发挥着重要的创建、监督和指导功能。

日本的公民社会存在明显的双重结构属性。一方面，在国家层面，日本缺乏具有全国范围内活动的、可以影响国家决策的大型职业化公民组织。1896年的日本民法典为那些强调独立和自治的大型公民组织的发展制造了制度上的限制。1998年"特定NPO法案"颁布之前，希望获得合法地位的公民组织需要经过政府严格的审批程序，而且还需要经常申报关于财物和人事上的信息，随时可能受到政府的干预和限制。另一方面，在地方层面，日本存在大量小型的邻里型公民社团和稠密的基层社会网络。诸如邻里组织、志愿者救火队、志愿者福利互助组织、妇女组织和老年人俱乐部等小型社区组织普遍存在。地方层面的公民社会却可以通过不注册的方式规避政府的限制。这些小型组织还同地方政府发展了一种共生关系，部分发挥了政府的社会功能。①

尽管日本的公民社会在地方和国家层面的兴盛程度不同，但国家对公民社会的主导在两个层面上都是一致的。在中央层面，国家直接干预

---

① Mary Alice Haddad, "Transformation of Japan's Civil Society Landscape", *Journal of East Asian Studies*, No. 7, 2007, pp. 416–418.

和约束大型公民组织的发展。在地方层面,兴盛的小型组织依附地方政府,承担部分本应由政府提供的公共服务。日本政府对公民社会的选择性约束还体现在将允许发展的公民组织局限在社会服务、医疗卫生和教育宗教等可以补充政府社会功能的领域。因此,日本在塑造市民社会时发挥行动主义的作用,有意地去培植它所期望发展的公民社会组织。

中国公民社会表现出清晰的一元结构属性。无论是在中央层面还是地方层面,中国的公民组织绝大多数由政府创建,并接受政府的直接指导。中国现存的重要公民组织多数都是由某个政府机构直接发起、举办或支持成立的,或者是随着政府机构改革和专业部门的撤销而设立的,与政府行业主管部门存在着相当密切的关系。组织的主要负责人往往由政府官员兼职担任,或者由政府的退休人员担任,因而很多组织保留了政府的行政性色彩。另外,一些重要的非政府组织的活动经费还由政府财政拨款,在经济上完全依赖于政府。

在行政化或半行政化的公民社团领域之外,中国草根民间组织的发展也表现出强烈的国家主导的特征。中国有关民间组织登记和管理条例的规定明确要求,任何民间组织的登记注册,都必须挂靠一个国家核定编制的正式党政机关作为它的主管部门,作为主管机关的党政部门必须对该民间组织负政治领导责任。严格的审批和监管程序大大强化了国家对草根社团的主导。因此,草根民间组织尽管具有很强的社会合法性,但是由于我国审批和监管制度的严格性,使得他们在进入合法的公共领域时困难重重,或者进入后很难保持其独立性和自主性。

二、中日公民社会 30 年之变迁

在行动主义国家的管制和约束下,战后日本的公民社会多数时间处于萎靡状态。虽然在五六十年代反战、妇女和民权运动风起云涌,在 70 年代消费者保护和环境保护运动也一度异军突起,但这些社会运动几乎都是昙花一现,也未形成规模较大和影响较持久的公民组织。从 70 年代末到90年代中期,日本公民社会并未爆发任何在全国范围内有影响的公民运动,然而其公民组织却在缓慢但蓬勃地积蓄力量。70年代末到80年代中后期,援助型国际非政府组织成为公民组织发展的先导。80年代末到90年代中后期,大型基金会如百分之一俱乐部和全球协作基金会等蓬勃发展。根据2000年日本政府的一项统计,2000年时存在的公民组织中有25.4%是在80年代产生的,有42%则是在90年代产生的。① 80年代之后产生的公民社团主要集中在传统组织、商业组织和工会组织之外的领域,这是日本公民社会增长和多元化的重要标志。②

八九十年代积聚的公民社会发展在1995年爆发出来。1995年的神户大地震在传统的公民参与结构上打开了一个缺口。由于日本政府在危机处置中的低效率和反应滞后,日本公民自发组织到灾区帮助受灾民众。日本政府也强烈感觉到市民社会的力量和公民参与的热情,因此将1995年宣布为"志愿者年"。1995年爆发的强大势能并没有终止,经过三年的辩论,关于公民组织活动的"特定NPO法案"颁布。之后,日本政府将2001年定为"国际志愿者年"。约6000个公民组织在这一年进行注册,参与志愿活动的登记人数为3200万,而在十年之前,这一数字仅为400万。③ 多数学者都乐观地认为,90年代中后期是日本公民社会发展的分水岭,之后日本公民社会发展进入一个崭新的历史时期。④

新中国成立后,中国公民社会的发展历程相当曲折,其成长过程曾一度中断。直到改革开放后,公民社会在中国才得以长期健康地蓬勃发

---

① Robert Pekkanen, "After the Developmental State: Civil Society in Japan", *Journal of East Asian Studies*, No. 4, 2004, p. 373.

② Yutaka Tsujinaka, "Japan's Civil Society Organizations in Comparative Perspective", in Frank J. Schwartz and Susan J. Pharr, eds., *The State of Civil Society in Japan*, Cambridge, U. K.: Cambridge University Press, 2003, p. 92.

③ Mary Alice Haddad, "Transformation of Japan's Civil Society Landscape", *Journal of East Asian Studies*, No. 7, 2007, p. 413.

④ Jeff Kingston, *Japan's Quiet Transformation: Social Change and Civil Society in the Twenty-First Century*, London: Routledge, 2004; Koichi Hasegawa, *Constructing Civil Society in Japan*, Melbourne: Trans Pacific Press, 2004; Keiko Hirata, *Civil Society in Japan*, New York: Palgrave, 2002.

展。1978—1989 年是中国公民社会的重新启动时期。随着改革开放的推进，中国社会空间迅速释放，公民社会的活力激发出来，并于80年代中期出现了第一个发展高峰。到 1989 年，全国性社团骤增至 1600 个，地方性社团达到 20 多万个。① 1988 年民政部成立了社团管理司，并启动了相关社团管理的一系列立法工作。

1989—2001 年是中国公民社会的调整发展时期。1989 年"六四风波"出现后，公民社团的发展一度呈下降趋势。然而，在 1992 年市场经济地位重新确立和 1995 年第四届世界妇女大会的影响下，全国范围内公民组织发展的高潮再次出现。这一时期，一些带有官方色彩的公益基金会发起了"春芽工程"、"幸福工程"和"烛光工程"等一些有全国影响的公益慈善活动。在环境保护领域，诸如"自然之友"、"地球村"和"绿色家园"等一些草根的公民组织兴起。较为自主的商会组织和行业协会组织如温州商会此时也大量成立。一些国际公民组织如香港乐施会、救世军和救助儿童会等开始进入中国。然而，"法轮功事件"却导致政府对非法社团进行了新一轮整顿清理工作。2000—2001 年，公民组织出现了短时期的负增长。2001—2008 年是中国公民社会的持续发展时期。改革开放深入后，公共服务需求的增加，促使大量公民社团在社区服务、老人看护、扶贫开发、环境保护和患者协助等与政府社会功能密切相关的领域产生。加入世界贸易组织也促使贸易协会和其他商业利益团体的活动更加活跃。互联网技术的发展则使得原本非常弱势的草根组织可以利用网络来推动民主参与和影响公共决策。新闻媒体在 2003 年启动的中国企业慈善活动排行则使得企业公民的理念进入中国，之后，企业资助的基金会开始出现。

由于不同的统计标准，目前中国公民社团的数量存在不同的数字。2007 年民政部统计的数字为 35.7 万个，清华大学民间组织研究所的统计数字是 200 万—270 万之间，中央编译局比较政治与经济研究中心统

---

① 俞可平：《中国公民社会：概念、分类与制度环境》，载《中国社会科学》，2006 年第 1 期，第 121 页。

计的数字是 300 万个。① 无论哪一个数字都反映了公民组织数量的极大增长。中国公民社会的成长还体现在公民社团所涉领域的多样性上。从文体教育、卫生保健、社会服务、行业管理、生态保护、公益基金、救济扶贫、公共咨询、宗教信仰、国际援助、社区福利、公民互助到情趣爱好，中国公民社团的种类已经基本覆盖了公民社团可能涉及的所有领域。

尽管改革开放以来中国公民组织在数量和涉及领域上有了极大发展，但从公民组织影响社会和政治决策的程度来看，中国公民社会30年的发展还更多处于酝酿阶段。如果说 1995 年是日本公民社会变迁的节点的话，那么中国公民社会转型的节点直到最近才开始显现。进入 21 世纪以来，中国公民社会出现了一些非常有影响的公民社会运动，如厦门 PX 事件和上海反对磁悬浮扩建事件等，但这些都是区域性且仅涉及单个领域的。然而，2008 年的汶川震灾却似乎瞬间点燃了中国公民参与的巨大热情。与日本阪神地震相似的是，许多公民自发组织起来到灾区救助受灾群众。② 一些公民社会组织在这次震灾中联合行动迅速、资源动员有力，让人们突然感受到公民组织的活跃身影。③ 公民参与的热情使那些乐观的观察家们纷纷著文，认为汶川大地震将加速中国公民社会的成长。④ 社会活动家徐永光更是激情洋溢地著文欢呼，"2008 年是中国公民社会元年"⑤。日本阪神大地震催生了日本公民社会的变迁，那中国汶川大地震是否也可以导致中国公民社会的爆发式发展呢？本文将从制度环境和工业化情境两方面来讨论未来中国公民社会健康持续成长的可能。

---

① 俞可平：《中国公民社会研究的若干问题》，载《中共中央党校学报》，2007 年第 6 期，第 16 页。
② 《全民总动员见证中国公民社会的成长》，载《北京青年报》，2008 年 5 月 21 日。
③ 薛芳、谢碧霞：《民间 NGO 的震后契机》，载《南方人物周刊》，2008 年 16 期。
④ 邓事文：《汶川震灾见证中国公民社会成长》，载《新民晚报》，2008 年 5 月 24 日；商灏：《从 SARS 到汶川地震：一个公民社会的成长》，载《华夏时报》，2008 年 5 月 17 日；乔新生：《四川大地震凸现中国进入公民社会》，载《珠江晚报》，2008 年 5 月 23 日。
⑤ 徐永光系南都公益基金会副理事长兼秘书长。徐永光：《2008，中国公民社会元年》，南都公益基金会网站，http: // www. naradafoundation. org/sys/html/lm _ 25/2008 - 06 - 02/092934. htm。

三、中日公民社会制度环境的比较

日本在 1998 年之前的制度环境显然是不利于其公民组织发展的。1896 年颁布的民法典规定了苛刻的管理公民社团的规则,正式的公民组织需要得到政府的批准。这一规定使那些可能会挑战政府政策的公民组织很难存活下来。而且,注册的公民社团有向监管部门报告财务和其他信息的义务,而管理部门则保留有随时调查甚至取消社团合法地位的权力。一个合法的社团必须不断地提交详细的报告,其内容涉及年度活动、资产列表、会员组成、财务记录、来年将要组织的活动及其预算,等等。

然而,1998 年之后,日本公民社会的政治生态却发生了急剧的变化,其制度环境变迁主要集中在以下四个方面:第一,注册管理制度的改革。1998 年"特定 NPO 法案"开启了日本公民社会发展的新时期。在这一法案下,原先非法存在的组织很容易获得法律上的合法地位。在法案实施后的九年中,约 30438 个组织进行了注册。[①] 第二,税收优惠制度的改革。2001 年的税法修正案为公民社团的税收优惠政策奠定法律基础。虽然到目前为止,仅有很少的组织得到政府的税收优惠,但这毕竟是一个根本性的变化。[②] 第三,信息公开制度的改革。新的信息自由法案的颁布也是另一个重要的制度环境。新信息法案赋权公民以了解政治和政府过程中先前不透明的信息。在这一制度框架下,普通公民可以揭开传统"铁三角"之间的那些秘密联系。这明显有利于权力和资源向公民社团和普通民众方向分散。第四,司法制度地位的改革。另一个重要的制度变迁是司法系统地位的上升,这一变化对传统的政府主导机制

[①] Mary Alice Haddad, "Transformation of Japan's Civil Society Landscape", *Journal of East Asian Studies*, No. 7, 2007, p. 425.

[②] John Hopkins Comparative Nonprofit Sector Project, www.jhu.edu/~cnp/pdf/table401.pdf (accessed August 11, 2005).

形成有效的制约。虽然集体诉讼目前仍并不多见，但纳税人可以诉讼滥用公共权力的政府越来越成为深入人心的一种新观念。法律动员也逐渐成为公民社会的一种可以接受的和有效的政治策略。① 新的法律和制度环境为非营利组织的活动提供了新的资源和空间。

中国公民社会目前的制度环境同1998年之前日本公民社会的制度环境非常相似。业务主管单位的审查许可和登记管理机关的登记许可制度，人为地抬高了民间组织申请登记的门槛。登记管理机关和业务主管单位在申请登记、年度检查、违反有关条例规定的查处等方面进行着严格的监督管理。业务主管单位以监督指导的名义对民间组织内部管理进行全面而直接的干预。主管单位在社团管理时采取极为苛刻的同一行政区域非竞争性原则和跨地域活动限制原则。主管单位对民间组织的处罚和撤销拥有非常大的自由裁量权，而民间组织对政府的处罚决定缺乏司法救济途径。与日本相似的是，这些严格的制度规定使得许多公民组织选择体制外生存。②

与日本公民社会制度变迁类似的变化也在中国发生。譬如，在税收优惠领域，2007年颁布的《企业所得税法》提供了两个重要的制度安排：一是企业发生公益性捐赠支出，在其年度利润总额12%以内的部分，准予在计算应纳税所得额时扣除；二是将符合条件的非营利组织的收入列为免税收入。尽管还需要相应的一系列配套措施，现行管理体制也需为此作出必要的调整和安排，但是这项直接针对非营利组织的税收优惠政策，必将对开展各种公益活动的社会组织产生积极的影响。③ 再如，在信息公开领域，2008年5月，《中华人民共和国政府信息公开条例》开始施行。根据条例，中国公众有权依法获知除涉及国家秘密、商业秘密和个人隐私以外的政府信息。尽管在历史信息和重大决策过程等

---

① Jonathan Marshall, "Freedom of Information, Legal Mobilization, and the Taxpayer Suit Boom in Japan", Harvard Program on U. S.-Japan Relations Occasional Paper, 2004, pp. 4-6.

② 何增科：《中国公民社会组织发展的制度性障碍分析》，载《宁波党校学报》，2006年第6期，第26—27页。

③ 王名：《新企业所得税法与我国社会组织发展》，载《中国行政管理》，2007年第7期，第12—13页。

问题上仍可能存有诸多政府不公开的信息边界，但这是我国第一部规范政府信息公开和保障公民知情权的行政法规，这一法规的出台对于公民社会成长具有非常重要的意义。①

然而，审批注册制向备案注册制的转变是公民社会制度环境变迁中最重要的一项，而这一制度变化目前尚未在中国出现。未来中国公民社会持续发展的关键便是在这一制度安排上形成突破。目前中国公民社会发展的最大制度障碍是审批注册制度和双重管理制度。这两个制度的设计初衷源自政府在管理公民组织时的一些顾虑。出于国家安全和社会稳定的考虑，政府考虑到可能会有其他势力介入而做一些对国家整体发展不利的事情。这种顾虑有其合理性，但不能因为这一顾虑而在制度建设面前裹足不前，并且影响到整个公民社会的发展。积极的做法是，将审批注册制度转变为备案注册制度，并将双重管理制度转变为单一管理制度。

四、发展与后发展②：中日公民社会的工业化情境

在变迁之前，日本公民社会处在发展型国家的情境下。美国学者查默斯·约翰逊（Chalmers Johnson）对日本的发展型国家有如下描述："存在一个精英型的官僚政府；议会权力受到限制；国家干预经济；诸如通产省之类的政府机构领航经济发展。"③日本发展型国家的重要特征是强势的官僚政府以发展经济为首要目标，相对漠视和压制社会异议的表达。在发展主义框架下，国家往往通过国家合作主义的方式来处理其与社会的关系。这体现在，在某个部门或领域，国家往往支持一些与政

---

① 中国人权网，《中华人民共和国政府信息公开条例发布》，http://www.humanrights-china.org/cn/zt/xwgzrd/2007/zfxxgktl/。

② 这里使用的"后发展"是指发展之后的状态，与"后工业"是指工业化之后的状态类似。

③ Chalmers Johnson, *MITI and the Japanese Miracle*, Stanford: Stanford University Press, 1982, pp. 317–319.

府关系密切的社团，而这些社团部分承担了国家社会管理的功能，而那些与政府不合拍的社团便成为政府管制的对象，很难获得社会资源，也很难存活。国家合作主义是与工业化情境相一致的。因为在工业化的过程中，物质财富的积累和民众生活的充裕是最重要的，经济增长是社会进步的先决条件，而在经济发展中过度或不当的社会动员无疑会加剧社会和政治不稳定的程度，进而可能影响到经济的持续增长。所以，在牺牲一定程度的社会表达的基础上，实现经济增长的目标是工业发展阶段的某种理性选择。

与战后发展主义最为兴盛的20世纪60年代相比，21世纪初的日本已经大不相同。约翰逊描述的日本发展主义国家的四点特征已经迥然相异。精英的官僚层仍然是精英化的，但其昔日耀眼的光泽已经被丑闻遮去。立法机构在政治决策中的影响日益强大。国家干预经济的市场确认模式则在资本、生产、贸易、信息全球化的今天饱受争议。而通产省（MITI）也在面临重大的组织变迁，在2000年则更名为经济产业省（METI）。后发展主义时代的日本公民社会发展更为迅速。较为重要的变化是新型的公民组织正在巩固其难能可贵的相对独立地位和人格，并在逐步有效地制约着官僚政治对其自治领域的侵蚀。制度环境完善、人口社会变迁、政府权威流失和国际环境诱导等一系列有利于公民组织发展的因素更加成熟。公民组织也开始向公共政策发挥更强势的影响，也在为更为深刻的政治社会变迁积累更充裕的资源。

发展型国家也是30年中国公民社会发展的情境。发展主义意识形态是在1978年党的十一届三中全会上确立的。此后，经济建设的中心地位不断得到巩固，国家的政治合法性基础也较多地集中在经济增长。当社会还处于发展时期，民众还不够富裕时，民众的最大要求并不是独立精神和民主生活，而是丰裕的物质生活。而发展型国家就意味着国家最大限度地保证经济发展，同时可以在一定程度上减弱公民多元利益的表达。这一点清晰地表现在日本的公民社会发展过程中，在日本经济的高速发展时期，其公民社会是相对羸弱和无力的。这一点同样表现在中国。尽管中国在经济发展过程中出现了较为严重的贫富差距、城乡差别、环境污染等问题,但这些问题都未发展为有强大社会影响力的公民运动。

然而,在2002年之后,中国似乎在启动一种超越发展主义的努力。体现在意识形态上就是科学发展观与和谐社会理念的提出。这意味着中国开始强调经济建设和社会建设并重,突出原先相对弱势的以改善民生为重点的社会建设,并通过构建和谐社会的方式来重新调整国家与社会的关系。超越发展主义不是后发展主义,后发展主义必须以工业化的完成为基础。超越发展主义是既处于发展阶段又希望避免发展主义的弊端的一种折中。超越发展主义意味着一种和谐的发展主义,即在丰裕民众生活的基础上也考虑社会利益的多元表达。这种超越发展主义的情境无疑是有利于公民社会发展的。最近的一系列制度变迁如物权法、行政许可法、有利于公益的企业税改革、信息公开条例等都是在这一情境下发生的。中国的民间社会也开始自发地产生一些约束或限制发展主义的声音。这一点在环保领域表现得最为明显,如创建中国首家环保NGO——"自然之友"的历史学家梁从诫就公开声明,自己要向极端发展主义宣战。①

五、中日公民社会与政治发展

中日公民社会对政治发展都表现诸多相似的积极影响,主要表现在以下方面:第一,在促进利益表达方面,中日公民社会都向相对弱势的民众提供了表达和聚合其利益的重要渠道。日本政治长期被自民党、官僚集团和商业精英们的三角联盟所主导,中产阶级和其他相对弱势的群体很难从中分享到充足的社会利益。而在中国,行政机关的强势地位使得国家的政策执行非常有效,而代议机关的相对无力则使民众的政治表达相对欠缺。公民社会的发展和公民组织地位的提速可以使两国公民的

---

① 杨磊:《梁从诫:向极端发展主义宣战》,载《中国经营报》,2008年2月26日。

利益表达都有明显的进展。

第二，在制约政府权力方面，中日公民社会的发展使全能主义的政治行为倾向得到一定程度的削弱。日本公民社会通过曝光政府丑闻和直接监督政府等方式发挥制约政府权力滥用的作用，这一点集中表现在日本公民社团在反政府腐败的过程中。中国民间组织的大量成长和影响力的增强，使得政府权力的制约逐渐由内部制约向外部约束转变。一些民间组织在发现本地或本部门的政府政策明显不合理或者违反国家法律后，有组织地抵制这些政策，在许多情况下可以迫使行为不当的政府改变其政策。

第三，在培育政治文化方面，中日公民结社生活的发展促进政治参与的深化和民主文化的形成。由于日本选举系统中参与率的日益下降，通过民间结社来发展一种更加深度、频繁和切入民众生活的公共参与逐渐凸显出其重要性。日本公民对民间结社的热情表明这一作用在显著地发挥。中国公民组织对民主文化的贡献主要体现在基层民主自治的过程中。村民委员会和居民委员会这两个植根于中国农村和城镇的最广泛的民间组织，日益成为基层民主最重要的载体和训练场。

第四，在推动民主决策方面，中日公民组织都开始较为有力地影响政府决策。在日本，以女性权益保护领域为例，1986年的《同等就业机会法案》是在政府推动下出台的，而1997年该法案关于在工作场所防止性骚扰的修正案则是在女性公民组织的积极倡导下推出的。1997年之后的一系列法案如1999年《节育药物使用的合法化法案》、1999年《性别平等基本法》、2000年《反跟踪法》、2001年《防止家庭暴力法》等，其出台的背后都有日本女性公民组织积极倡导的身影。① 而在中国，80年代后成长起来的众多民间组织，也已经成为影响政府决策的重要因素和推动政府改革的强大动力。尤其是那些专业性学术研究团体，越来越承担起政府智囊的角色，为政府决策提供咨询和参谋。

---

① Jennifer Chan-Tiberghien, *Gender and Human Rights Politics in Japan*, Stanford: Stanford University Press, 2004.

第五，在弥补政党功能方面，中日公民组织正在同政党组织建立起一种新型关系。在日本，独立选民是目前赢得议会选举的关键，而公民组织在独立选民中拥有强大的影响，因此与公民组织合作对政党而言是个非常有吸引力的选择。在中国，发展公民社团也有助于提高中国共产党的执政能力。中国共产党要降低社会管理的执政成本，同时也要提高执政的效益和合法性，最有效的方法之一便是将更多的社会事务交由公民组织来管理。基层民主自治的政治实践便是这一点的明显体现。

中日公民社会对政治发展的影响也表现出一些不同：第一，影响路径不同。中国公民社会的影响几乎都是通过内部路径完成的。无论是在促进利益表达、制约政府权力和推动民主决策方面，公民组织的影响性活动多数都是通过政治游说、舆情吁请和上访申诉等内部途径来完成的。而日本公民社会的影响则越来越表现为内部途径和外部途径的一种结合。虽然内部途径仍然是日本公民社会影响政治发展的一个重要路径，但随着日本公民社会空间的逐步扩大和政府对公民组织体制外方式的容忍，游行示威和政治集会等外部路径也逐渐成为重要路径。

第二，影响程度不同。日本公民社会对政治发展的影响作用更大，这一点尤为表现在制约政府权力和推动民主决策方面。日本公民社会比中国发展的时间较长，发展的程度较为成熟，公民组织已经积累了诸多影响政治的宝贵经验。在环境保护、反对腐败、女性权益、宗教自由、反战和平、外来劳工和少数族群权益等众多政治和社会领域，日本公民组织目前都可以组织相当有影响的社会运动。中国公民社会的政治影响比30年之前已经有了很大发展，但与日本相比还仍然很羸弱和局限。

第三，影响环境不同。日本公民社会是在日本的宪政民主和选举民主都较为制度化的政治生态中影响政治的。日本公民社会还较为深入地影响到日本政治的选举过程中，日本政党同公民社会合作的例子更为有力地证明了这一点，这使得日本的正式政治组织更为尊重地看待公民组织。而中国的政治发展正在经历变迁，选举民主和宪政民主仍在建设之中，这决定性地导致公民社会只能在边缘微弱地影响政治。

这里需要强调的一点是，一些研究者担忧的公民社会可能会导致动员过度和政治失序的问题，并没有在日本出现。这一点对中国有重要启示：如果存在一个健康有效的选举系统的话，这一负面影响产生的可能性则会大大降低。因为制度化的表达可以有效地吸纳政治动员产生的极大社会能量，从而可以避免过度动员后出现的政治失序和动乱。从这一角度讲，高质量的民主政治应该同时包括健康活跃的公民社会和开放多元的选举过程。公民社会的发展应该大力倡导，然而，公民社会的发展需要在政党系统和选举过程同时创新和发展的基础上才可以向民主政治贡献更大更稳健的价值。

六、结 论

日本公民社会在 30 年中取得突破性发展。1995 年阪神地震是日本公民社会发展的重要契机，而 90 年代中后期的制度变迁则是日本公民社会持续发展的关键。日本公民社会爆发式发展的决定性情境是工业化的完成和后发展时代的来临。日本公民社会的成长对其政治发展具有非常积极的影响。在国家—社会关系上，日本越来越表现出同其他发达工业国家相一致的特征。日本日益增长的公民行动主义对其他非西方国家有重要启示。日本的例子表明，在全球化时代，公民民主参与的发展是一种自然发展的结果。有效的自由民主和活跃的公民社会并不是西方世界的独特产物，而这两者都可以在非西方世界产生和发展。

中国公民社会在 30 年中取得长足发展，但突破性发展的节点直到 2008 年才开始显现。2008 年汶川地震发生后公民参与的爆发表明，中国公民社会突破性进展的契机已经出现。近年来中国诸如企业税制改革和信息公开等一系列制度变迁都是利于突破性发展的，然而，最关键的一项制度安排——备案注册制度仍未产生，这一制度供给的缺乏可能会成为中国公民社会发展的瓶颈。发展型国家仍是中国公民社会发展的情境，这意味着公民社会仍需要更长的积聚时间。同时，中国 2002 年后的一系列超越发展主义的努力是非常利于公民社会发展的。

虽然与日本相比，中国公民社会对政治发展的影响在路径、程度和环境方面有诸多不同，但中国公民社会同样在促进利益表达、制约政府权力、培育政治文化、推动民主决策和弥补政党功能等方面产生了诸多积极影响。中国公民社会的发展对中国政治发展的作用将会是非常深远的。随着中国工业化的逐步完成，公民社会的制度环境也会发生更为深刻的变迁，这一切都将会导致中国公民社会的突破性发展。同时，中国公民社会的成长也会进一步推进政治发展。通过对中日公民社会发展的比较可以更加坚定对中国公民社会发展的信心。

中西比较视阈下电子民主发展的现实性介入

阙天舒*

【内容摘要】 在西方国家,电子民主是在"二战"结束与电脑的问世之后逐步发展起来的,它与成熟的代议制结合而具有独有的发展模式,网络投票、网络竞选是其显著特色。中国的电子民主刚开始起步,它的发展是基于技术推动、政治因素和社会动因的结果,协商民主则是其主要表现形式。由于各国民主发展的基础、环境不同,电子民主的发展在现实中也有很大差别。本文从公民权利操作、权力监督的序位、民主发展的态势和制度设计的合理性上,对中西"电子民主"的发展作一个现实性的比较,从而克服西方电子民主发展的弊端,使电子民主逐步成为社会主义民主体系的重要组成部分。

【关键词】 电子民主;发展模式;协商民主;代议制民主

一、西方电子民主的溯源及其发展

从世界各国政治发展的道路和经验来看,民主政治可以有多种模

---

* 阙天舒:博士,华东政法大学政治学研究院助理研究员。

式，而不是一种。英国著名学者戴维·赫尔德在《民主的模式》一书中，概括了西方学术界有关民主的种种模式，包括古典民主、直接民主、保护型民主、发展型民主、合法型民主、参与型民主、自治型民主、共和主义民主、自由主义民主、精英主义民主、多元主义民主，等等。而电子民主则是与信息时代相匹配的民主。过去几十年间，关于电子民主的学术文献的总体趋势是探讨该概念如何与古典民主模式相联系的。其中，大部分文献在以电子民主所主张的目标和价值观基础上，对因使用了信息通讯技术、因特网而产生的政治体制形式进行了论述。亚瑟·爱德华兹（Arthur Edwards）从民主的两个层面（个人主义对集体主义，认知对协商）界别了电子民主的三种视角：一种是民粹主义的视角，一种是自由主义的视角，另一种是共和主义的视角。[①] 道格·舒勒（Doug Schuller）研究了与因特网相关的政治实践是否符合达尔提出的民主的标准。[②] 詹斯·霍夫（Jens Hoff）则使用了传统的公民观念（自由主义、共和主义、共产主义和激进主义），他认为电子民主的四种模式是由于使用了因特网而出现的（用户至上、公民投票、多元主义、参与式）。[③] 扬·凡·戴克（Jan Van Dijk）在考虑了民主的目的（精英选择、舆论的形成、决策）和实现这些目标的手段之后，他提出了电子民主的六种可能的模式（守法、竞争、公民投票、多元主义、参与和自由意志）。[④] 蒂耶里·韦德尔（Thierry Vedel）从不同的角度分析了民主的三种主要视角（精英主义、多元主义、共和主义）下政府是如何使用因特

[①] A. R. Edwards, *"Informatization and Views of Democracy"*, in W. V. D. Donk, I. Snellen and P. Tops eds., *Orwell in Athen: A Perspective on Informatization and Democracy*, IOS Press, 1995, pp. 33 – 49.

[②] D. Schuler, *"How Do We Institutionalize Democracy in the Electronic Age"*, *Communications & Strategies*, 31, 1999, pp. 234 – 245.

[③] J. Hoff, I. Horrocks and P. W. Tops, *Democratic Governance and New Technology: Technology Mediated Innovations in Political Practice in Western Europe*, Routledge, 2000, pp. 78 – 79.

[④] K. L. Hacker and J. V. Dijk, *Digital Democracy: Issues of Theory and Practice*, Sage, 2000, pp. 65 – 76.

网的。① "电子民主借助于信息通讯技术和网络技术，通过公民更切实、全面的政治参与，保持了民主的本质理念，这是电子民主特征的核心所在。"② 特别是当传统代议政治及大众媒体无法充分发挥原有功能时，电子民主在西方似乎是另一种势在必行的民主新方式。

20 世纪 90 年代，美国佛罗里达国家大学凯文希尔和蒙玛斯大学的约翰林斯出版了《虚拟政治学：电子计算机化空间的身份与社区》；美国学者威廉·都顿出版了《网络社会：数字化时代的信息政治学》等。在这些著作里，他们探讨了网络时代民主政治的发展趋势与具体特征。不过，西方以信息技术来推动民主发展的想法并不是在网络时代才出现，而是在"二战"结束与电脑的问世之后逐步发展起来的。在此，我们厘清了三个发展阶段：

电子民主发展的第一阶段起始于 20 世纪 50 年代，其标志是诺伯特·韦恩纳（Norbert Wiener）的控制论的兴起。在这个时期，电脑技术和自动化系统开始被应用，它对"二战"后的政治协商和冲突消弭的过程进行了重新评定。此时，控制论不仅提供一个更好熟悉社会现实的分析框架，而且也显示了社会整形的可能性。这种方法认为，决策的过程体现了一种反馈控制的循环过程，在这过程中有组织的系统对周围的环境的变化进行调整并作出回应。电脑因而被视为一种新介质，它能处理大量的信息，从而可以得出更合理的结论。赫伯特·西蒙（Herbert Simon）指出，这种控制工具能够消除人的感情，克服决策制定者的有限理性。③

不过，这种方法不断受到批评，直至 20 世纪 60 年代末才最终消停。反对者认为这种方法把政治过于简单化了，真正的现实应是，科学系统

---

① T. Vedel, "Internet et les pratiques politiques", in A.-M. Gingras ed., *La communication politique: étatdes savoirs, enjeux et pesrpectives*, Presses de l'Université du Québec, 2003, pp. 189 – 214.

② 宋迎法、肖洪莉：《电子民主构建的条件分析——基于 SHEL 模型》，载《理论与现代化》，2007 年第 6 期。

③ H. A. Simon, *Administrative Behavior: A Study of Decision-making Processes in Administrative Organization*, Macmillan, 1947, pp. 23 – 43.

能通过可预见的方式对环境作出回应,而且可以实现明确的目标,故而它也被称为技术的官僚化。例如,珍·梅诺(Jean Meynaud)认为,政治过程不应被视为一个"黑箱",它通过技术表现出了一个不可消解的复杂性,而这种技术应被政治化。① 其他的批评家,尤其是哈贝马斯,他认为政治权力和政治意愿之间不应被混淆。

尽管电子民主的初次探索并不成功,但从这个阶段开始,电脑的使用大大提高了管理效率并改善了政府的工作。之后,由于电脑的使用,首先在20世纪60年代,像计划程序及预算系统(PPBS)等管理技术的引进,然后是20世纪90年代的电子政府计划的实施,这将使工作更有成效,成本投入的更少。

西方电子民主的第二个阶段是介于20世纪70年代和80年代之间,在这期间有线电视网络和个人电脑出现并普及。在20世纪60年代末期,许多西方的工业国家遭遇了社会危机,其后,新的技术设施在政治上开始被使用。结果,新社会运动开始兴起及新政治概念开始形成。据此,通过地方行动的协调而不是国家中央机构的控制,社会将从下到上得到更好的改造。在这种阿玛蒂·埃蒂斯尼(Amitaï Etzioni)所称的积极的社会中,地方社区成了新政治参与的主要场所。由于技术和政治上所发生的这些变化,远程民主这个词汇出现,它显示出两种新的举措。②

一方面,电视可以对公共听证会、辩论和公民讨论进行转播,而且能够通过电话回拨的方式与观众产生互动,因此电视开始成为选区中的一种新的联系方式和参与形式。与前面一种旨在加强民选官员与公民之间的沟通的举措相反,另一种主要是着眼于促进公民之间的社会联系。此时,地方社区网络日渐兴起,它使得公民在地方上保持了联系。这些网络在美国尤为突出,在20世纪80年代,它又进一步发展成所谓的自由网络。

不过,电子民主在第二阶段的发展遇到了技术上(比如,有线电视

---

① J. Meynaud, *La technocratie, mythe ou réalité*, Payot, 1964, pp. 34–45.

② A. W. Etzioni, *The Active Society: A Theory of Societal and Political Processes*, Free Press, 1968, pp. 16–18.

网络实时交互性的缺乏和计算机联网的不足问题）和媒介的日益商业化等限制。因此，它未能实现目标，即扩大政治上的公共空间。然而，这个阶段推促了以信息和通讯技术来发展民主的潜力，从而为电子民主在第三阶段的发展搭建了舞台。

第三阶段通常与电子民主一词联系最紧密，它涵盖了这个领域中大部分的争论与理解。不仅20世纪90年代因特网的出现使整个新的传播媒介更加廉价、迅捷并易使用，而且也出现了一种新概念，即如约翰·派瑞·巴洛（John Perry Barlow）在1996年所述的信息自由、网络空间的政治独立和虚拟公民。这种视角要求缔造一种新时代，在这新时代中有与网络现象交织在一起的新的政治和公民参与、创造性的个人主义、社会团结、政治自由主义。在这种视角下，因特网不仅成为解决民主问题的新工具，而且也构建了一种新的集结方式与不同寻常的政治制度，它们不再发生于民族国家的疆域内，而是在一个开放的、去领土化的和无等级的空间运作。在这个阶段中，1995年，美国学者马克·斯劳卡提出了网络民主概念，在他看来电子民主可以理解为以网络为媒介的民主，或就是在民主中掺入网路的成分。随后英国学者亚历山大和帕尔在1998年出版了《数字化民主》一书，对网络社会中的民主现象也作了一定探讨。凯恩·桑斯坦在2003年出版的《网络共和国——网络社会中的民主问题》中也从政治学、法学和传播学等角度，论述了一个真正民主的环境和信息多元的重要性。

虽然网络政治的视角涵盖了许多变化，但有两个主要趋势可以彰显。一个趋势是霍华德·莱恩格尔德（Howard Rheingold）勾勒的虚拟社区。他把虚拟社区界定成互联网中的社会集结，此时，众多公民可以长时间进行公共讨论，而且大量的个人感情在网络空间中编织成一张个人关系网。[1] 另一个趋势是由埃丝特·戴森（Esther Dyson）、乔治·吉尔德（George Gilder）、乔治·基沃斯（George Keyworth）和阿尔

---

[1] H. Rheingold, *The Virtual Community: Finding Connection in a Computerized World*, Secker &Warburg, 1994, pp. 56 – 67.

文·托夫勒（Alvin Toffler）在他们的"知识时代大宪章"（Magna Carta for the Knowledge Age）中提出的，即在知识时代中，权力不再以物质属性为基础，而是立足于观念的交换，此时，灵活的、为公众服务的政府鼓励了人们彼此之间的沟通，并以契约的方式对此进行了组织。因此，他们认为："知识丰富与知识贫乏之间的差距在新时代消弭了，国家的中央权力不可避免的式微了。网络民主赋予公民进行决策的权力。"① 总之，这些方法把网络空间确定为新政治制度的开始，并在这方面，他们与电子民主发展第一阶段（完善国家机器）或第二阶段（复兴公民中的社会联系）中所提出的观点是大相径庭的。

二、我国电子民主发展的动因及作用

在中国，互联网得到了迅速发展和普及。有报道说，到 2005 年底，中国网民已经超过 1 亿，而且还在十分迅速地增加之中。可以说，互联网对中国的政治社会生活的影响日益显现，正在以出乎预料的速度和力度发挥越来越重要的作用，直接塑造着我国民主政治的进程。由此，电子民主的意义和作用在中国就表现得更为典型，也更为重要。中国电子民主发展的动因，笔者认为主要是：

第一，现代信息通讯技术和网络技术的快速发展是技术推动力。过去，由于我国地缘广阔，通信技术的限制，使得信息传递受到很多限制，如果实行电子民主将会增加民主的成本，不利于民主政治建设。随着技术的提高，成本的下降与网络较之其他通讯手段的快捷、便利、便宜和信息量大等的优势，计算机开始进入了寻常百姓家，网络遍布了天南地北。据中国互联网络信息中心（CNNIC）发布《第 24 次中国互联网络发展状况统计报告》显示，截至 2009 年 6 月 30 日，我国网民规模、

---

① E. Dyson, G. Gilder, G. Keyworth and A. Toffler, *Cyberspace and the American Dream: A Magna Carta for the Knowledge Age*, 1994, pp. 22 – 26.

宽带网民数、国家顶级域名注册量（1296万）三项指标仍然稳居世界第一，互联网普及率稳步提升。① 互联网所带来的网络信息系统既为我国公民获得信息提供了方便，也为人们表达自己的政治意愿、直接参与政治提供了可能。

第二，我国民主政治的广度和深度发展趋势是政治上的原因。美国学者科恩认为，民主政治无论采取何种形式，其关键都在于政治参与。从长期的眼光看，政治参与在人类政治历史上的不断扩大和加深是不可抗拒的，而且这种趋势也将是全球性的。针对这种情况，民主的发展要从民主的广度和深度发展来确定。民主的广度是由社会成员是否普遍参与来确定的；取得了合理的广度后，民主的深度是要看参与者参与时是否充分、有效。而西方代议制的信任危机使民众参与的热情降低，也成为政治参与发展的瓶颈。我国要想在新时期取得社会主义民主政治建设的伟大胜利，就必须结合时代特色，体察民情，使民众能广泛并深入地表达自己的意愿，真正地参与到与自身息息相关的事情上来。电子民主无疑是一个明智的选择，只有这样才能激发人民的积极性、创造性和自主性，加强对国家事务的监督，从而使政权得到巩固。

第三，网络公共领域的兴起与壮大是社会动因。西方学者一般将公共领域看做是公民自由讨论公共事务、参与政治的活动空间，而这样的活动空间是实现民主政治的基本条件。"在网络时代，四通八达的互联网络组成的网络公共空间，在传统社会的基础上建构了一个新的广阔的公共领域——网络公共空间。网络公共空间的形成过程就是政治民主化的过程。在中国，网络媒体、网络论坛、网络社区等持续快速发展，形成了开放、互动的网络公共空间，为'网络民主'提供了话语平台和条件支持。"目前，中国的网络公共领域的影响力不断提升。比如，截至2006年底，荆楚网东湖社区的注册会员总数已经达到23万多，论坛帖子总数达到近700万，中部崛起论坛在线会员平均1200人左右，平均发

---

① 中国互联网络信息中心（CNNIC）发布《第24次中国互联网络发展状况统计报告》，参见 http://www.cnnic.net.cn/html/Dir/2009/07/15/5637.htm。

帖量2000帖左右。因此，网络公共空间已经逐步成为社会主义民主体系的重要组成部分，是"电子民主"在中国的重要体现。

随着发展，互联网在中国民主建设中的作用越益显示，给中国民主政治建设带来了新气象，具体地说，我国电子民主的作用主要表现在以下几个方面：

首先，保障了民意表达。"民意是现代国家执政合法性的基础，政治参与渠道畅通是民众利益要求得以顺利输入政治体系的重要保障。我国传统公民参与存在的一个突出问题就是民主参与渠道不畅通，相关制度不健全，民众进行意愿和政治表达的渠道十分有限。传统的报纸、电视台和报纸书刊等更多地传递和表达的是国家和党的意志，属于民众的独立表达空间遭到排斥和挤压。"① 网络已经成为公民民意表达的主要手段和渠道，互联网的自由开放为民意的释放和社会不满情绪的发泄找到了一个出口，成为社会的"安全阀"。

其次，加强了公民监督。传统的监督基本上是一种间接监督，在其过程中，时间和信息的损耗在所难免，再加之体制缺陷以及各种非正常因素的干扰，监督效力比较有限。而在电子民主时代，信息公开与透明的力度要比以往更显著，政府部门的工作情况、领导干部的业绩、政策的出台、民众要求解决问题的处理情况等，都会通过网络以最快的速度被民众所获悉，这样在我国就创造了一种更为直接、快捷的监督渠道，扩大了公民监督的广度和深度。

最后，巩固公权力的合法性。电子民主是一种公共生活，公共生活离不开公共权威，公共权威离不开公民认可。公民认可的性质和程度就是所谓的合法性。在我国，电子民主既给公民提供了表达的窗口，也为政府提供了表达的窗口，为政府提供机会，来解释自己的行为。事实证明，利用因特网向公民提供政府信息，为自己行为进行解释的政府能够得到公民更多的同情与支持，从而进一步巩固了合法性。

---

① 赵春丽：《中国网络民主发展特征分析》，载《天津行政学院学报》，2009年第4期。

三、中西电子民主发展的现实性比较

中西电子民主就其共同性来说，都是以获取信息、讨论及在线决策和参与为主轴来明确其研究内容的。不过由于各国民主发展的基础、环境不同，电子民主发展在现实中也有很大差别。在西方国家，电子民主与成熟的代议制民主等紧密结合，形成独有的范式，网络投票、网络竞选是其显著特色。电子民主在修补西方代议制民主缺陷、改进和完善现有民主制度与挽救民主危机方面起到了一定的作用。然而，西方的电子民主在应用中却让人感到许多疑虑，其现实性受到质疑。与之相反，中国的电子民主由于突出协商民主制度的性质和功能更凸显了其发展前景。因此，本文有必要对中西电子民主发展的现实性进行比较分析，以利于我国民主政治的电子民主的发展和完善。

首先，在公民权利的操作上。与密尔（Mill）、洛克（Locke）或托克维尔（Tocqueville）等民主理论家的传统观点一样，西方电子民主理论家通常也认为，公民只有充分掌握信息才能作出合理的决定，而且在网络空间里，"好公民"是非常积极的，他们热衷于通过指尖获取愈来愈多的信息。不过，在西方国家中，只有为数不多的公民想积极参与到政治中，这就对以上的假设构成了挑战。另外，在西方，获取、吸收信息和围绕信息开展行动所不断增加的负担也大大抬高了公民要紧跟"时代资讯"的责限，这就致使不平等在那些具有高智力且有大量空闲时间的公民与其他公民之间逐渐扩大。很明显，信息与民主之间的关系既是明确的也是复杂的。公民的决定不仅在于数据上的计算；还在于对相关信息进行分拣的判断和分析框架。在这里，互联网并没有提供任何特殊的解决办法，反而使得工作变得更为复杂。信息超载甚至可能束缚了公民。

相形之下，我国把公民权利至上作为行政法律制度设计的逻辑起点和我国民主政治建设的根本要求。"互联网上的新名词'网民'（netizen）这个词的本意就是'网络公民'，至少理论上每位'网民'在网络上是权利平等的公民。"① 比如，中国国家主席胡锦涛与网民的在线交流，网民们把胡锦涛称为"中国第一网民"。因此，我国高度重视信息社会的公平问题，积极致力于消除"数字鸿沟"，使得每一个人都具有获得信息的权利和能力。一方面，政府加大投入，逐步提高社区、农村和边远地区的网络接入水平。如我国广州实施的"政企共填数字鸿沟行动"，就是发挥了政府作用，采用"三个一点"（市政府投入、区政府投入和企业赞助）办法，到 2006 年底，已经实现每村皆上互联网络；2007 年，又重点建设上网服务站，目标是在 2011 年，农村每个村都建立起村民上网服务站。从全国范围看，我国的《信息产业"十一五"规划》就是对公民的信息权利的保障进行了战略性部署和安排。另一方面，政府采取相应的措施，加强电子民主相关技术的教育普及，降低公民参与的经济和技术门槛，让人民能够在逐步的实践中接受锻炼，培养民主意识，熟悉电子民主操作，从而适应电子民主这种民主新形式。

其次，在权力监督的序位上。西方电子民主理论家提出，在信息技术环境下，公民有信息透明权。然而，即便是透明，西方国家也可以策略性地阻碍公民获取到信息，例如受众无法消化如此海量的信息；或者，政府也可能通过越来越多的电子跟踪、数据挖掘和其他侵犯个人隐私的方式来控制公民。"美国政府就一直试图通过政府强制性托管密匙的政策，以便在任何必要的时候检查电子记录的内容。尽管政府可以从保障国家安全的角度列举这样做的理由，但从民主的角度看，让政府掌握几乎可以了解个人全部隐私的密匙，对于民主和人权的潜在威胁十分巨大。"② 可以说，西方国家权力进一步演变成西方式的"监视社会"，他们广泛搜集公民私人信息，并在很大程度上滥用这些信息，使公民隐私得不到安全保障。

相形之下，我国政府部门通过多种方式公开其政务活动、信息资

---

① 胡伟：《网络民主：机遇与挑战》，摘自《文汇报》，2009 年 8 月 22 日。参见 http：//whb. news365. com. cn/mzjy/200908/t20090822_ 2439127. htm。

② 同上。

源,允许用户通过查询、阅览、复制、下载、摘录、收听、观看等形式,依法利用其所控制的信息。2008年5月1日,我国的《政府信息公开条例》正式实施,它是新中国第一部将政府置于阳光之下的专门法规。条例确定了"公开为原则、不公开为例外"的基本方略,它将深刻而长远地影响中国各级政府,为"玻璃门"的打破和"透明政府"的建设奠定了基础。而且,我国摆脱了国家权力监督的"嗜好",不断加强与巩固社会的公共监督。广大的网民可以突破时空障碍,跨越监督对象的层级范围,对政府和社会进行全方位全天候的监督效力大为提高。从"邱庆枫事件"中单纯的利用互联网表达公民态度,到"孙志刚事件"中网络舆论的呼声推动了立法,再到"厦门XP案"中网络舆论引发出公共事件,公共领域在网络监督上的作用越来越大。

再次,在民主发展的态势上。一系列围绕电子民主的西方学者的论述主要把重点放在讨论上,从中可见,似乎只有讨论过程才能体现出民主性,而决策过程却被忽略了。许多电子民主的支持者赞同言论自由,而且主张不要对此加以任何限制。不过,这个观念却存在着问题。参与到讨论过程中就意味了需要有最低限度的共同准则和参考标准。然而,事实上,在西方,除了肯定人人平等的原则之外,讨论过程中的民主性并没有得到真正重视。例如,在因特网上,立足于文本的讨论天生就是不民主的,这是因为它偏向于掌握了书面语言的受众。

相形之下,中国政府以正面姿态回应民意,引起互动,影响了政治决策过程,形成良性互动的网络参政议政。我国政府利用网络进行民意调查测验,开展听证咨询,最大限度地集思广益,广泛吸纳民众意见,提高政策的合法性、公共决策的质量和公民对公共政策的理解。从我国电子民主的实践来看,"政民互动"是目前较为重视的功能。从国家主席胡锦涛、总理温家宝上网体察民意,到各省市政府高官开博,网络实现高层决策与民间民意的互动,开始实质地介入到国家的政治生活。普通公民通过网络获取政治信息,对政府要出台的一些政策、决议、法规等进行更直接的沟通和交流,表达自己的意见和建议,并能较为快速地反馈到政府决策层。可以预期的是,随着网络的进一步普及和发展,这种网络互动必将推动中国社会主义民主政治的发展进程,给中国政治改革带来新的契机。①

最后,在制度设计的合理性上。在西方国家,竞争式选举民主的发展较为充分,网络充分应用于竞选活动。在这种情况下,西方电子民主理论家提出,当信息可以畅通无阻进行交换而且公民能直接参与的时代到来时,政党和大型媒体等介质将最终退出舞台。然而,事实上西方国家将新闻界的舆论权力看成是立法、司法和行政之外的"第四权"。公民不仅依靠这些媒体的信息过滤机制,而且媒体还能为大量议题提供参考和分析框架。另外,政党也可以把利益集团和集体意见聚合起来,而且还能选拔和培训当选的官员。因此,网络空间是否有这样的能力取代这些介质并发挥其作用在现实中还是个疑问。

相形之下,我国的选举制度并非西方国家的竞争式的选举,因而在电子民主的发展上,协商民主则成为主要表现形式。"与我国协商民主相适应的是,中国的互联网公共论坛、政治博客等形式的政治参与,是以文字形式发表意见、分享经验,关注和参与主题和社会议题调查,试图影响政治生活。"② 因此,传统媒体可以同时跟进,形成网络舆论与现实舆论相呼应的监督态势,引发决策者和相关职能部门的高度关注与重视,并积极介入到事件的调查与解决中来。另外,我国执政党能主动利用互联网的集聚功能发布通知,组织和动员民众参与各种政治活动,提高带领和领导网民群众与管理网络社会的能力,不断促进政治、经济、文化与社会的和谐发展。

从以上的现实性比较中,我们可以看到,相形于西方的电子民主,我国的电子民主中人民的愿望和要求能够得到最快捷的回应,人们的平等的参与权利和机会能够得到真正的尊重,民主的功效能得到最大程度的发挥,社会主义民主政治所追求的理想状态正在逐步变为现实。不过,由于我国的电子民主刚开始起步,制度化建设还比较滞后,法律和

---

① 赵春丽:《中国网络民主发展特征分析》,载《天津行政学院学报》,2009年第4期。
② 王金红:《民主能力影响政党的生命力》,摘自《南方日报》,2004年9月28日。参见http://www.southcn.com/nflr/llzhuanti/zznl/lltt/200409290319.htm。

道德治理还不足，民主主体整体上还缺乏理性化的思考，因而片面夸大我国电子民主的功效也不是一个合理、现实的态度。因此，中国需要并正在形成自己的政治发展的模式，在我们的民主政治实践中，应该把协商民主和电子民主结合起来，整合社会民主力量，规范网络秩序，挖掘我国民主的独特内涵，提升主体的民主能力，使电子民主逐步成为社会主义民主体系的重要组成部分。

【参考文献】

郑曙村：《互联网给民主带来的机遇与挑战》，载《政治学研究》，2001年第2期。

李永刚：《网络扩张对后发展中国家政治生活的影响》，载《政治学》，2000年第2期。

徐大同：《西方政治思想史》，天津教育出版社2002年版。

〔美〕乔·萨托利：《民主新论》，东方出版社1998年版。

〔英〕戴维·赫尔德：《民主的模式》，燕继荣等译，中央编译出版社1998年版。

中国共产党与西方政党执政合法性资源比较

阮黄南[*]

【内容摘要】 中国共产党与西方执政党既有执政党的一些共性,也存在着本质差别;而且在执政合法性资源及其获得上也是如此。比较两者的异同,对于加强中国共产党的自身建设和进一步探讨"执政党的合法性"都具有重要意义。

【关键词】 执政党;中国共产党;西方政党;合法性资源

在社会主义国家,无产阶级政党在领导无产阶级和广大劳动人民群众推翻旧的统治、夺取国家政权后,就自然成为执政党。俄国十月社会主义革命的胜利,标志着无产阶级政党第一次成为执政党。中华人民共和国成立,标志着中国共产党成为执政党。共产党执政后如何保持执政地位、凭什么继续执政、如何执政的问题,是马克思主义者及其执政党长期探索并致力于解决的一个根本问题,而充分认识和比较不同类型执政党的特点及其执政资源,正是掌握执政规律和执政理论的切入点,也是提高党的执政能力的起点。

---

[*] 阮黄南:中共漳州市委党校教授,长期从事政治学、政党建设理论研究与教学。

一、中国共产党与西方执政党的共性和异性

作为马克思主义执政党,中国共产党与西方执政党既有执政党的一些共性,也存在着本质差别,梳理这两者的异同,对于加强党的自身建设和进一步探讨"执政党的合法性"都具有重要意义。

(一) 执政党一般特征

第一,执政党都必须把国家和社会的发展置于优先位置。作为执政党,中国共产党和西方执政党的一个共同特点就是要通过执政成绩而不仅仅是口头许诺来赢得人心,必须解决国家面临的实际问题。一句话,执政党必须千方百计地促进国家和社会的发展,否则它的执政地位就不能巩固,迟早得下台。在未取得执政党地位之前,政党的一切工作主要围绕获得政权来进行。而执政之后,执政党的任务变成了通过促进国家和社会的发展,来兑现向人民的承诺,这就要求执政党把社会各方面的积极力量都集合起来,共同推进经济发展和社会进步。这一点对任何执政党来说都是如此。中国共产党也不例外。

在取得政权以后,推动社会经济的发展成了党的根本任务。党的一切活动,都要以是否有利于发展社会主义社会的生产力、是否有利于增强社会主义国家的综合国力、是否有利于提高人民生活水平作为出发点和归宿,背离了这个根本目标和任务,党的执政就会迷失方向,甚至失去意义。

第二,执政党都要担负起社会整合的功能。政党的本质是其阶级性,政党的一个重要职能就是要代表并维护所在阶级、阶层或集团的利益、愿望和要求,从而凝聚本阶级、本阶层或本集团的力量,具有鲜明的阶级性。因此,为了维护本阶级的利益,执政党通常要把本阶级的意志集中起来,上升为国家意志。但是,必须明确:执政党所掌握的权力是公共权力,从法理上说,它属于社会各阶层、群体和个人共同享有,

国家政权是国家利益的代表者和执行人。它承担着维持社会稳定和推动社会发展的责任。而现代社会中，由于存在不同阶级、阶层、集团和群体，它们之间的不同利益往往造成了社会的众多矛盾和冲突。所以，国家必须成为超越社会各种利益之上的力量，必须想方设法整合这些利益，这就要求执政党必须以公允的面目来执掌政权，要兼顾和整合社会各阶级、各阶层的利益，正确地协调执政党的利益与国家利益、执政党所在阶级的利益和各阶级各阶层的利益，以维护国家、社会的团结和稳定。如果执政党不能发挥这种作用，无疑就把相当一部分社会力量排除在体制之外，往往造成社会冲突乃至动荡。

第三，执政权都有被"异化"的可能。执政党是指在国家中组织和领导国家政权的政党。执政的党和没有执政的党，如在野党或领导革命的"革命党"，它们最根本的区别在于是否拥有国家权力，国家权力是执政党最大的政治工具。国家权力的获得意味着手中可利用的政治、经济和社会资源大量增加，党施展抱负的渠道和途径更加多样化。既可以运用权力来确定目标，也可以运用权力来实现目标，这些都是其他政党所不具备的优势。

但是，任何事物都是辩证的。权力是一把"双刃剑"，在看到国家权力对执政党施政的有利性时，更要认识到权力与生俱来的腐蚀性、异化性。权力的异化性或许使"执政"成为执政党蜕变的最根本原因。对此，马克思在分析国家权力时便深刻地指出，国家权力形式上表现为公共权力，是超然于社会之上的独特力量。可以肯定，国家权力若不能有效地制约，它必然会异化，会日益与社会相脱离，凌驾于社会之上，由人们用来统治、服务的工具变成统治人的工具。正如列宁所说，权力异变为权力享有者的乐趣，而不是负担。执政党的成员便会为追逐享受来追求权力，而日益堕落的执政党迟早会被人民所抛弃，对此，无论是马克思主义执政党还是西方执政党都如此，古今中外的执政史也充分证明了这一点。因此，执政党要想真正利用好国家权力的优势，就必须在执政党和公共权力之间建立科学的互动机制，以科学的体制、机制来制约权力，从而消弭其腐蚀性、异变性，从而降低执政党蜕变的可能性，巩固执政地位。

（二）中国共产党和西方执政党的区别

第一，内生党和外生党：执政党的产生和获得政权方式的不同。从政党的产生来看，20世纪50年代，法国政治学家莫里斯·迪韦尔热归纳了现代政党的两种产生方式——内生党和外生党。内生党就是从体制内产生的政党，是议会内部的议员在政治活动中逐渐联合起来而形成的政党；外生党则是从体制外产生的政党，是在代议机关之外的政治力量对统治集团发起挑战并要求在代议机关中取得自己席位的党。可以说，西方的政党大都属于内生党，而中国共产党是在体制外产生的，大体上属于外生党，是从国民党统治体制之外产生的政党。

执政党的产生方式在很大程度上也决定了取得政权方式的差异。在西方资本主义国家，因为是先有国家后有政党，所以西方政党一般都是在现有国体、政体的框架内，根据已有的法律规则，通过竞争选举来获得执政地位，而中国共产党是通过暴力革命而夺取政权的党，其领导地位是在革命战争年代自然形成的，是中国人民"用脚投票"的结果。在党成立之初，国家处于四分五裂状态，民不聊生、列强掠夺，民族危机深重，当时的政治制度已是背离人民的意愿，也不是中国共产党活动的前提。因此，中国共产党的目标首先是要推翻这种制度，建立新的制度。

正是依靠党的领导，人民的支持，中国共产党通过艰苦的斗争推翻了旧政权，建立了新国家。所以相比西方国家，在我国是先有党后有国家，党是第一位的。而中国共产党代表广大人民意愿，通过武装斗争取得了政权之后，人民又通过制定宪法，确认它的领导和执政地位。

第二，领导党和执政党：执政党自身角色不同。在西方国家，没有哪个政党先天地处于领导地位，只有经过议会选举或总统选举获胜，才有资格成为执政党，因此西方国家只有执政党和在野党的区别，没有领导党。在我国，中国共产党是居于领导地位的执政党，集领导权和执政权于一身，如前所述，这是由党和国家政权的特殊关系所决定的。没有共产党就没有新中国，中国共产党的领导权是历史的选择和人民的选择。我国宪法上所写的四项基本原则，核心就是要坚持中国共产党的领导。

但是，必须认识到：领导和执政既有区别又有联系。一是在内涵上。党的领导的内涵比执政的内涵要广，党作为"领导核心"，不仅要领导国家政权，而且要领导国家政权之外的经济、政治、文化和其他社会事务。比如，在农村基层虽然没有政权组织，但村党支部仍是村的领导核心。所以，领导涉及党和国家、社会两个关系，而执政只是党的领导在国家政权活动中的具体体现和实现形式。二是在实现途径上。党的领导主要是政治领导、思想领导和组织领导，主要通过制定代表人民利益的路线方针政策；通过加强思想政治工作、组织工作、宣传工作；通过党员干部发挥先锋模范作用来实现。三是在本质上。领导的本质是一种权威，它主要依靠道义、正义来获得人们内心的服从。而执政主要依靠国家权力的外部强制力来得到人们的服从。有权力的党未必有权威，而没有权力的党未必没有权威。例如，在新民主主义革命时期，党虽然没有国家政权，但在人民心中享有极高的权威，人民选择了她，而抛弃了国民党；相反，那时的国民党掌握国家权力，又有美国撑腰，然而终究因为失去民心，失去执政的道义基础而丢失国家政权。中国共产党的本质要求它集权威和权力于一体，要求它把道义、正义放在首位，注重社会大众对它道义的认同，从而自觉地在人民心中树立起权威，仅仅把权力视做为人民谋幸福的一种工具和手段。四是在结果上。由于领导是政治活动，所以它承担的是政治责任，而执政是法治活动，它必须受到法制的规范和约束，所以执政行为不仅要承担政治责任，还必须承担法律责任，因此必须坚持科学执政、民主执政、依法执政，否则，权力的异化会导致权力的使用失去道义基础，最终失去执政权和领导权。五是从地位来看。在政治地位上，领导党高于受它领导的国家机构，对其进行政治领导，而执政党，其地位只能与国家机构相当，不能高于后者。

显然，执政和领导的区别决定了在执政活动中不能简单搬用政治领导的手段和方法，不能把政治领导和执政行为看做一回事。当然，领导是执政的政治前提，执政是党的领导地位在国家政权活动中的必然体现，两者相辅相成、不可分割。

第三，全面执政和部分执政：执政职能的范围不同。西方执政党对政府以间接调控为主，不论是总统制还是议会制，执政党对政府的作用都十分有限。政府权力牢牢掌握在总统或以总理为首的内阁手中，虽然西方总统和总理的决策一般不能超出和违背本党代表大会制定的纲领和原则，一些政策措施也是事先征询本党的全国委员会和议会党团的意见之后作出的，体现了执政党组织的一定指导作用与影响，但在具体实施中，都由总统和总理独立负责，执政党很少以严格的纪律来约束政府的行为，行政首脑有很大的独立空间。

在中央政权层面，西方执政党一般主管行政大权，而议会、军队、司法机关都是相对独立，同时对于行政机关以外的社会团体、文化事业及企业事务，执政党也基本上不介入。但是，中国共产党作为社会主义事业的唯一"领导核心"，对立法、行政、司法等全部国家权力机关实行"总揽全局、协调各方"式的领导，党对国家机关领导的特点是党的领导、人民民主和依法治国相统一。具体做法是：在全国人大、国务院、最高人民法院和最高人民检察院设立党组。中国共产党的各项主张不直接具有法律效力，而是通过各个国家机关的党组成员，按照各自所在国家机关的法定程序，提交法定会议审议，努力使党的各项主张变成法律。

从地方权力层面来看，西方实行联邦制的国家，执政党一般不能控制地方政权，只能施加一定影响。由于联邦成员单位有自己的法律、立法机关、政府和司法系统，因此联邦中央立法、行政和司法机关不能直接控制联邦成员单位的相应机构。实行单一制的国家，执政党对地方政权有一定的控制力，但也只是通过在议会中的多数席位、财政拨款等手段来控制，非常有限。然而，中国共产党作为执政党，对地方政府有完全的控制力。不仅在中央层面，在地方政权，同样采用"总揽全局、协调各方"的领导方式。与对中央政权领导方式的不同只是：中央政权的国家机关领导人只能由全国人大主席团提出，而地方政权的国家机关领导候选人既可由主席团提出，也可由一定数量的人大代表联名提出。

第四，竞争型政党和合作型政党：执政党与其他政党相处方式不同。竞争型执政党是指一国的政党通过竞争选票或议席的方式而上台执政，是两党或多党轮流执政，但不管哪个政党执政，都是代表资产阶级的利益。在长达数千年的封建统治倒台后，中国也曾照搬西方多党制的模式，有过三次多党竞选执政党的历史，但都被证明是行不通的。这"三次"包括袁世凯当政时期国民党试图通过竞选成为执政党，但袁世凯不答应；北洋政府时期以梁启超为首的一批人所作的竞选努力，但北洋军阀不答应；抗日战争时期中国民主政团同盟曾试图以第三党身份实行西方政党政治，但遭到蒋介石国民党的拒绝。所以，三次试图多党竞选的尝试均失败。而近代以来也有过三次多党合作的实践，即国共两党两次合作和民主党派与共产党的合作（至今仍在继续发展），均证明是利国利民。

在前人众多失败的教训基础上，中国共产党把马克思主义基本原理与中国实际相结合，经过长期探索，创造性地建立了一套适合中国国情，由共产党领导的多党合作和政治协商制度，它既不同于西方的多党制和两党制，也不同于苏联的一党制，这主要表现在两方面：一是中国不实行政党轮换的执政体制，中国共产党是居于"领导核心"地位的唯一执政党；二是中国其他各民主党派不是执政党，而是同共产党通力合作、共同致力于社会主义事业的参政党，不是在野党，更非反对党。他们是各自联系的一部分社会主义劳动者和一部分拥护社会主义的爱国者的政治联盟，在共产党的领导下，参加国家政权，参与国家方针、政策、法律、法规的制定和执行，参与国家领导人选的协商等，与中国共产党是"长期共存、互相监督、肝胆相照、荣辱与共"的关系。

显然，作为在新民主主义革命斗争中就逐步形成，在今天日益成熟的中国特色的政党合作制度，无论在马克思主义的发展史上，还是在世界政党发展史上，都是前所未有的理论与实践创新，这种既非多党（两党）轮换、也非一党独霸的多党合作制是中国共产党与西方执政党的一个重大区别。

第五,"松散型"政党和"紧密型"政党:中国共产党与西方执政党内部结构的区别。西方执政党组织的内部结构总体呈现"松散状",内部关联不紧,一般没有严密的组织体系和组织纪律。党员进出自由,没有非常严格的组织手续,党员与政党的关系并不密切。竞选和组阁是政党的中心任务,待到选举落下帷幕,政党便偃旗息鼓,在下一次选举时再度活跃,如此周而复始。实际上,执政党大都分成了以总理、总统为代表的所谓"总统党"(或"政府党"),以议会党团为代表的"议会党"和"全国委员会"三个班子,彼此大都没有直接的上下级隶属关系,谁都不具最高权威,也没有由上而下的直接组织领导。

相反,作为马克思主义政党,中国共产党不仅有鲜明的指导思想,而且有严格的组织纪律,内部结构呈现"紧密状",坚持民主集中制的组织原则,即全党实行少数服从多数、部分服从整体、下级服从上级,党员必须参加党的组织生活,服从党的决议;党员对党的决议和政策若有不同意见,在坚决执行的前提下,可以声明保留并向党的上级组织反映;党内实行讨论自由和行动一致的纪律,等等。此外,中国共产党还实行党管干部的原则,负责制定干部的方针政策和教育管理。而西方国家则孕育出了成熟的文官制度,官员大体由两个部分组成:一是政务官(也称政党型官员);二是非政党型的事务官即文官。前者是由执政党直接或间接推举出来的,并执行执政党的纲领及其总统、总理所制定的方针政策,维护执政党的地位和利益,具有强烈的政党性质。而事务官则在轮流执政的政党之间保持"中立",不参与政党的竞选活动,不与执政党内阁共进退。

第六,坚持党对军队的绝对领导:中国共产党与西方执政党的重大区别。西方国家的军队只向国家而不向政党负责,它产生于政党之前,不是哪个政党缔造的,军队是整个资产阶级的国家机器,是整个资产阶级霸权扩张的机器,与中国共产党领导的人民军队有着本质区别,中国人民解放军是中国共产党一手缔造的,一直是由党绝对领导的,表现为:军队必须无条件地置于党的领导之下,军队的最高领导权和指挥权集中于中共中央和中央军委;不容许军队和军队领导人向党闹独立性;

不允许共产党之外的任何其他政党在军队中建立组织和进行活动；党对军队的绝对领导主要通过政治上、思想上和组织上的领导来实现。

中国共产党对军队的绝对领导是在长期的武装斗争中历史地形成的。在刚进入政治舞台之初，中国共产党没有掌握自己的军队，只是致力于民众运动，但遭到惨痛教训，在第一次北伐战争中作出重要贡献的中国共产党反遭蒋介石国民党迫害，以毛泽东为领袖的共产党人由此形成了"枪杆子里面出政权"的方针，建立自己的军队进行武装斗争，至1929年古田会议，形成了"党指挥枪"的重要思想。毛泽东指出："在中国，每个共产党员都应懂得这个道理：'枪杆子里面出政权'。我们的原则是党指挥枪，而绝不容许枪指挥党，从马克思主义关于国家学说的观点看来，军队是国家政权的重要成分。谁想夺取国家政权，并想保持它，谁就应有强大的军队。"① 坚持党对军队的绝对领导，也是新时期巩固人民民主专政、保卫社会主义的客观需要。中国特色社会主义制度作为新兴的社会制度，尽管是先进的，但是在当前社会主义在世界范围内尚处于弱势情况下，面对国内外复杂形势和西方敌对势力的和平演变，我们别无选择，必须牢牢掌握像人民军队这样的国家机器，用专政的手段保护人民民主、巩固人民政权和保卫社会主义制度。对此，邓小平作了深刻的阐述："无产阶级作为一个新兴阶级夺取政权，建立社会主义，本身的力量在一个相当长时期内肯定弱于资本主义，不靠专政就抵制不住资本主义的进攻。坚持社会主义就必须坚持无产阶级专政，我们叫人民民主专政。在四个坚持中，坚持人民民主专政这一条不低于其他三条。理论上讲清楚这个道理是必要的。"在南方谈话中，邓小平再次语重心长地告诫我们，"历史经验证明，刚刚掌握政权的新兴阶级，一般来说，总是弱于敌对阶级的力量，因此要用专政的手段来巩固政权，运用人民民主专政的力量，巩固人民的政权，是正义的事情，没有什么输理的地方。"②

---

① 《毛泽东选集》第2卷，人民出版社1991年版，第547页。
② 《邓小平文选》第3卷，人民出版社1993年版，第365、379页。

二、执政党的合法性资源及其获得

执政就是通过控制国家权力来实现对社会的政治统治和政治管理。中国共产党的十五大报告指出,共产党执政就是领导和支持人民掌握管理国家的权力,实行民主选举、民主决策、民主管理和民主监督,保证人民依法享有广泛的权利和自由,尊重和保障人权。坚持立党为公、执政为民,要求我们必须明确党执掌的权力来源于人民,牢固树立权为民所有、权为民所用的观念。中国共产党是实现人民利益的工具,中国共产党的党员干部是人民的公仆。因此,立党为公、执政为民,不仅是党的性质和宗旨对党员干部的根本要求,也是社会主义制度本质的体现和要求;同时也是中国共产党能够长期执政的不竭源泉。历史和现实都表明,一个政权也好,一个政党也好,其前途和命运都最终取决于人心向背,不能赢得最广大群众的支持,就要失去其执政的合法性,就必然垮台。总之,马克思主义执政党必须以反映时代要求、代表人民利益、体现人民心声的执政理念来引导人民前进,进而巩固自己的执政资源。

(一)执政党的合法性资源

在现代政治的运行中,任何形态的社会制度、任何性质的政权、任何类型的政党,都必须拥有一定的合法性资源。社会主义制度、社会主义国家及其执政党也不例外。这里强调的合法性,不是法理意义上的合法性,不是分析一个制度、政权或政党的统治是否具有法律依据,是否合法地产生,是否以法治的手段在法制框架里运作。我们所分析的执政党及其执政的合法性,是在政治学层面展开的诠释,它是现代政治学的一个核心概念。这个合法性,就是指人民群众对一定制度、政权、政党及政治秩序的信任、支持、拥护和认同。不少政治学家对此作过分析,利普塞特认为,合法性是指"该制度产生并保持现存政治机构最符合社会需要的这种信念的能力"。① 普拉诺则定义为,"合法性反映了一种认识上的一致,这种一致赋予领导者和国家以权威","合法性是保持社会政治秩序的基础"。② 可见,一个制度、政权或政党,越是能够得到人民群众自愿的追随和依附,说明它以非强制手段维持其政治秩序的能力越强,它的统治地位也越稳固。因此,所有的政权和执政党都十分重视自身合法性资源的保持和再造。社会主义国家及其执政党同样如此,必须始终得到人民群众的信任,拥有丰富的合法性资源。这是保持执政地位稳定的重要条件。一旦出现合法性危机,执政地位就会受到动摇。如果合法性资源急剧流失,那就可能导致亡政亡党的命运。

任何一个执政党的合法性都是建立在对社会政治资源的充分认识和有效配置基础上的。影响执政党合法性的资源可以分为应然性资源、实然性资源和转换性资源,这些资源是否有效最终取决于资源的动员与配置状况。应然性资源指的是能够帮助共同体成员形成普遍价值认同的、理念化的资源因素,其实质是政治意识形态。实然性资源指的是在现实社会活动中执政党的实际作为,或称政绩。对于执政党的合法性来说,这种资源是在共同体成员的实际利益需求得到不同程度的满意后形成的,它在说明执政党行动有效性的同时,又令人们对执政党产生更多、更长远的期待。与应然性资源相比,实然性资源对合法性更具实际的影响力。除上述两种资源外,执政党还能通过另一种资源取得所需的合法性;然而,这种资源是间接的并由特殊途径转换而来,我们称这种资源为"转换性资源"。宪法就是这样一种资源。宪法的一个重要作用就是给政治权力打上合法性的烙印。虽然这个作用是象征性的,但它的实际功效却不容否认。

---

① 〔美〕利普塞特:《政治人——政治的社会基础》,刘钢敏、聂蓉译,商务印书馆1993年版,第53页。
② 〔美〕杰克·普拉诺:《政治学分析辞典》,胡杰译,中国社会科学出版社1986年版,第82页。

（二）执政党的合法性资源的获得

执政党取得合法性的过程，就是通过对资源的积极动员、合理配置消除这种距离，并使资源充分有效的过程。资源具有选择性，它决定了在有效动员和配置各种社会资源时，需要充分发挥执政党的聪明才智，即能动性。就当代中国而言，中国共产党60多年的执政努力，尤其是20世纪70年代末开始的渐进式社会变革，党的执政能力在经历了不同时期的磨炼与考验后不断得到增强，社会基础也因此给予我党以更加充分的认同。但必须清醒地看到，改革的深入发展和世界政治经济形势的不断变化，也在向党的执政能力提出一系列新的挑战，它甚至关系到党的生死存亡。为此，党必须在国家现代化过程中全面推进政治转型，包括党的领导方式的转变和国家权力运作方式的转变，完成建设社会主义法制国家的重任。党也需要有足够的勇气和智慧，通过不断的制度创新，引导广大人民群众实现自觉有序的政治参与。此外，党还必须通过积极有效的公共政策，实现公共资源的合理配置，维护公共利益。

在通常情况下，合法性资源可以通过多种渠道获取。途径之一是意识形态和信仰系统。合法性本质是一种价值判断，认为某种制度、某个政权、某个政党是正当的，是符合人民群众所认同的价值的。所以，一定的意识形态和信仰系统的传播和灌输，会提高人民群众对现存政治体系的认同度。途径之二是传统。传统是一种历史和文化的积淀，对广大的民众有着无形的影响力，如果某个制度、政权或政党代表着某种人民所认同的传统，那么这种传统的神圣性、权威性会持久地渗透于人民群众之中，转化为对既定政治体系的支持。途径之三是领袖的魅力。政治领导人是一定政治体制的人格化代表。他们一方面是某种政治理念和社会政策的组织者和领导者，另一方面又具有着特殊的人格力量。领袖的这种号召力，会吸引群众的追随，这也成为合法性的重要来源之一。途径之四是政绩。执政者在经济建设、社会发展或者国家地位提高等方面的显著成绩，能够向人民群众证明其政治主张的合理性和正确性，它使政治权力的行使变成了合法的权威，人民群众在物质利益和非物质利益得到满足的同时，也大大增加对现存政治体系的信任。途径之五是制度建设。一个功能比较健全、运行比较稳定、法制比较完备的制度或体制，往往会形成一种至高无上的权威感，吻合于大多数人的价值取向，人民群众对它的认同度也会大为提高，因而制度认同也常常是合法性资源的重要组成部分。

以上分析描述了合法性资源形成的大致途径。一般而言，不同国家、不同执政力量，都会根据各自不同的情况，运用其中相应的渠道来增强自身的合法性，强化来自人民群众的拥护和支持。社会主义国家的执政党也不例外，应当努力地通过多种渠道来培植和增强自己的合法性。在当代社会，政党执政的合法性，归根结底，只有从民主政治中才能获得。这不仅因为，最早出现的政党与民主政治的发展相伴相随，政党只是在作为民主政治工具的意义上才获得了无限的生命力；而且因为，不管通过何种手段取得政权的政党，都是高举民主这面旗帜来号召人民的。这里的民主便具有了双重的意义：首先，它是政党的目标之一，政党之所以要起来反抗，是因为现行政治统治缺乏民主，而本党是要争取民主；其次，它是对民众的一种许诺，民众支持这个政党，是因为这个政党答应要实施民主，因而在执政之后必须推进民主。这两方面的意义结合起来，使政党必须靠发展民主政治为目标才能获得民众的持续支持。就此而论，民主政治不仅是执政党应当追求的目标，而且也成为了人们判断执政党合法性的标准。

（三）社会主义国家共产党执政的合法性特点

在现代政治的运作中，社会主义国家执政党同资本主义国家执政党之间，其合法性的获取和保持上存在着很大的差别。资本主义国家的政治运行有其特点：由于普遍实行多党制，一般通过政策比较、选举竞争来完成政府更迭和权力转移。获胜的政党借助法定程序，获得授权，上升为执政党，承担国家治理的职责。在此过程中，它所获得选票的多少往往是合法性的外在标志。一旦其执政失败，就会在下一轮竞选中被淘汰而失去执政权。在这种情况下，某个执政党的合法性与基本制度的合法性被区别开来。也就是说，某个执政党的民众支持率下降和合法性资源流失，并不等于民众对资本主义制度产生怀疑和不满。因此，一般情况下，当代资本主义国家内存在较多的只是一定政府的危机，一定执政党的危机，而不大会产生资本主义政治体系的整体性、制度性的危机。这不能不说是资本主义维持其合法性的一种巧妙的制度安排，这种安排的关键是把统治秩序、基本制度与具体的统治者、操作者分开。根本意义的合法性由统治秩序和基本制度提供，而具体统治者、操作者的合法性只具有局部意义。

社会主义国家共产党执政的合法性有着自己的独特之处：第一个特点是具有天然的合法性优势。社会主义运动就其本质而言，就是大多数人参与并为大多数人谋利益的社会运动。马克思恩格斯早就指出："过去的一切运动都是少数人的或者为少数人谋利益的运动"，"无产阶级的运动是绝大多数人的、为绝大多数人谋利益的独立的运动。"① 社会主义国家是人类历史上第一次由人民当家作主的新型国家。作为执政党的共产党，历来坚持一切为了群众、一切依靠群众的群众观点，坚持从群众中来、到群众中去的工作方法，坚持自觉接受群众监督的作风。执政党的干部也是人民的公仆。马克思恩格斯在总结巴黎公社经验时就指出，公社的干部应当是"社会的负责的公仆"，"应当为组织在公社里的人民服务"。② 毛泽东也一贯强调："我们一切工作干部，不论职位高低，都是人民的勤务员，我们所做的一切，都是为人民服务。"③ 因此，社会主义国家及其执政党的性质、宗旨，决定了它在全心全意为人民服务的实践中必将得到人民群众全心全意的拥护。也就是说，在革命战争胜利后，它拥有几乎天然取之的合法性资源。

第二个特点是合法性的同一性，我们看到，现实的社会主义国家走的是以党建国、以党治国的发展道路，实行的是共产党一党执政、党和国家高度合一的体制。正如列宁当年所强调的："我们是执政党，所以

---

① 《马克思恩格斯选集》第1卷，人民出版社1995年版，第262页。
② 《马克思恩格斯选集》第2卷，人民出版社1995年版，第376页。
③ 毛泽东：《1945年的任务》，载《解放日报》，1944年12月16日。

不能不把苏维埃的上层与党的上层融成一片。它们现时在我国融成一片，而且将来也会如此。"① 在这样的政治和政党制度架构下，社会主义基本制度的合法性与执政党的合法性非常紧密地联系在一起，两者呈现出高度的同一性。这一特点会导致两种情况的出现：一种情况是，执政党在执政过程中的每一个行动，既要考虑争取执政党本身的合法性问题，同时又要考虑证明社会主义制度的合法性。一旦执政党的执政失误，不仅执政党的合法性出现危机，同时也构成对社会主义基本制度的负面效应；另一种情况是，如果社会主义制度在其初级阶段存在若干不成熟不健全之处，或者社会主义实践的某种基本模式出现严重缺陷甚至失败，那么社会主义制度的合法性资源会有所流失。这时尽管执政党在努力执政，但其执政的合法性资源也会受到前者的消极影响而同步流失。

苏联东欧的社会主义国家及其执政党为我们提供了这方面的反面教训。长期以来，他们在思想认识上并不重视合法性问题。他们认为，社会主义条件下不存在合法性的危机，因为社会主义革命的胜利和社会主义国家的建立一劳永逸地解决了合法性问题。社会主义的基本制度和社会主义国家的执政党天然地代表着人民群众的利益，人民群众会本能地给予无条件拥护和支持。与此同时，他们在执政实践中，也不注意从各个方面去充实和增强自身的合法性资源。在意识形态方面，他们不愿进行艰苦的理论探索和创新，没有在实践中丰富和发展马克思主义，为执政党的指导思想注入新的活力，相反，思想领域充斥着对马克思主义教条式的理解和附加的错误。这就使人民群众对国家和党的意识形态的信仰发生严重的动摇，在价值观上与执政党日益疏离。在执政绩效方面，经济发展出现停滞现象，人民生活状况没有持续的改善，与资本主义国家的综合实力差距不断扩大，社会主义的内在优越性始终无法给出令人信服的证明。这必然使人民群众对执政党和社会主义制度的信念和信心出现危机；在领导层方面，他们在一段时间里推行个人崇拜，把个别党

---

① 《列宁全集》第43卷，人民出版社1987年版，第371页。

和国家的领导人神圣化。同时，执政党的干部发生严重的蜕化变质，形成了脱离人民、享有特殊利益的权贵阶层。在这一现实面前，人民群众对执政党的信任、对领袖的拥戴当然要发生逆转。实际上，在苏联东欧社会主义国家共产党执政的后期，人民群众的支持度和认同度急剧下降，出现了危及党和国家生存的严重的合法性危机，以至于当苏联东欧各社会主义国家解体和共产党失去执政地位的时候，没有人民群众挺身而出来捍卫这个基本制度和执政党。这一令人扼腕痛惜的现象，有力地证明了合法性问题的至关重要性。任何以为我们党天然地拥有执政合法性的思想，而且还将永远拥有却不用再造的思想都是极其危险的。

综上分析表明，社会主义国家及其执政党必须高度重视合法性问题，高度重视合法性资源的巩固、培养和增强问题。这一问题对社会主义国家的稳定，对执政地位的巩固，对执政党的长治久安，都有着至关重要的影响，是执政党建设的重要方面。同时，在考虑合法性问题时，必须从社会主义国家及其执政党的合法性的特点出发，有针对性地形成应对之策。

中国政治体制改革的历史贡献
——兼驳西方马克思主义的"法学空区"论

佟德志*

【内容摘要】 马克思主义法学理论的建立经过了以马克思恩格斯为代表的理论初创阶段和以列宁、毛泽东等人为代表的实践探索阶段,到以邓小平为代表的社会主义现代化建设新时期,最终确立了"依法治国"的理念。中国政治体制改革的理论与实践极大地丰富了马克思主义法学理论,成为马克思主义中国化过程中的创造与贡献。

【关键词】 政治体制改革;依法治国;马克思主义

无论是进入建设时代的中国政治,还是进入建设时代的中国政治学,实践的展开与理论的思考均建立在马克思主义理论的基础上。抛开口号式的自我喧闹,中国政治与政治学的追问可能在于:马克思主义能否为我们提供一个建设性的理论体系?如果从中国政治与政治学的主体性角度来看,一个更为深层的追问可能在于:我们应如何把马克思主义理论同中国特色社会主义建设的伟大实践结合起来,从而以马克思主义的中国化为马克思主义理论体系作出贡献?在此,本文仅就西方马克思

---

* 佟德志:天津师范大学政治与行政学院副院长,教授,耶鲁大学麦克米兰中心访问学者。本文是国家社会科学基金重大项目"全面建设小康社会阶段的政治文明建设"(04&ZD016) 的前期成果。

主义对马克思"法学空区"的批判入手,从依法治国视角分析中国政治体制改革的理论与实践对马克思主义法学理论的贡献。

一、马克思主义法学理论与"法学空区"

不但德拉—沃尔佩学派的继承人鲁希欧·科莱蒂（Lucio Colletti）一口认定马克思主义缺少真正的政治学理论①，而且法兰克福学派的第二代领军人物尤尔根·哈贝马斯（Jurgen Habermas）亦批评马克思主义缺乏一个令人满意的法学传统，存在"法学空区"。哈贝马斯断言，马克思除了"预计在'过渡时期'将不可避免地实行无产阶级专政以外，他无法想象别的建制形式"。②

马克思突出了阶级、国家、革命等要素在政治中的地位，这毋庸置疑。然而，据此认为马克思主义的政治理论仅限于革命的理论，存在"法学空区"，缺乏建设的内涵显然并不全面。早在1844年，在《关于现代国家的著作计划草稿》中，马克思计划从11个方面对政治文明展开论述。③由于种种原因，马克思没有把这一写作计划变成现实，使我们无法完整地看到马克思政治文明理论的全貌。然而，从马克思已经完成和将要着手的理论工作来看，马克思并不是缺乏对现代政治文明的认识。在这部大纲中，马克思突出了权力与权利两个主题，其中人权的宣布与选举权等内容构成了权利主题的两个方面，即政治权利与个人权利；而立法权力、执行权力、司法权力等内容构成了权力主题的三个方面，即立法、行政、司法等三个方面的权力。从权力和权利两个方面入手阐释了现代国家，体现了马克思政治观念的现代性特征。

仔细分析马克思的写作框架，我们会发现，马克思对现代国家的描

---

① Lucio Colletti, *From Rousseau to Lenin*, New York: Monthly Review Press, 1972, p. 185.
② Jürgen Habermas, "What does Socialism Mean Today? The Rectifying Revolution and the Need for New Thinking on the Left", *New Left Review*, Sept. / Oct. 1990, p. 12.
③ 《马克思恩格斯全集》第42卷，人民出版社1979年版，第238页。

述已经涵盖了政治文明的基本内容，直到今天仍然对我们研究政治文明有着重要的指导意义。透过这一体系，我们可以看出，除了强调国家与市民社会的分离等内涵外，马克思主义政治文明强调了民主、法治与政党等基本主题，并把这些主题作为马克思主义政治文明的基本框架。

我们看到，在这一写作计划中，马克思强调了民主的重要性，立法权力、选举权、代议制等主题均属于这一范畴。马克思曾经提出过两种民主形态，即"无产阶级民主"和"社会主义民主"。从革命的角度出发，马克思主义强调了民主与专政的共生性，这构成了无产阶级民主的基本形态；然而，马克思主义在此之外又提出了"社会主义民主"，注重这一民主同生产力发展和权利保障的关系。这种社会主义民主存在于阶级已经消灭的历史时期，旨在保护和巩固已经建立起来的社会主义生产关系，发展生产力；与此相适应，社会主义民主的专政要求也逐渐淡化，民主的主要任务变为扩大人民群众的民主权利，完善民主制度。①从无产阶级民主向社会主义民主的转变体现了马克思主义对革命与建设的双重关照，而后者更能体现其建设政治学的精髓。

虽然我们无法得知马克思关于现代政治更多的结论，但是我们看到，在这样一本为写作现代政治而设计的草稿中，马克思并没有提到专政，却多处强调了法治。其中，人权的宣布和国家的宪法、司法权力与法、代议制国家和宪章等内容基本上体现了马克思对法治的充分重视。在以往的著作当中，马克思更注重从批判的意义上分析资产阶级的法，典型地体现在《黑格尔法哲学批判》和《共产党宣言》等著作当中。然而，在这一写作计划中，我们发现，马克思将人权与宪法、司法权力与法、民主与法联系起来，甚至还提到了权力分开的制度设计。从"专政"向"法治"的转变体现了马克思主义法治理论由革命向建设的转向。

不仅如此，马克思还关注了民主与法治的关系，在第4部分突出了

---

① 事实上，这里的"社会主义"更是一种"理论社会主义"。参见王沪宁主编：《政治的逻辑——马克思主义政治学原理》，上海人民出版社1994年版，第327页。

两个主题:"立宪的代议制国家"和"民主的代议制国家",体现了马克思对代议制国家的民主与法治给予的充分关注。这种关注在一定程度上表明了现代国家在政治制度方面的两个特性,即"立宪"和"民主",也就是宪政民主的制度。

我们看到,这一纲要突出了现代政治的政党性,强调民族、人民等重要问题,并从其总的倾向出发保持了政治和政治学的革命性。然而,仅就基本纲要和散见于《马克思恩格斯全集》各处的论述来看,马克思主义政治理论一直贯穿着一条民主、法治的线索,这成为马克思主义对于革命胜利以后的社会主义国家政治制度作出的理性筹划,而政党、民主、法治的问题则成为其制度设计的核心。比照我国政治体制改革提出的"党的领导"、"人民当家作主"与"依法治国"三大主题,我们不得不感叹马克思主义现代政治文明理论的惊人洞见,他跨越时空,同当代中国的马克思主义形成对照。

二、马克思主义法学实践的初步探索

就社会主义国家政治制度建设进行初步探索与实践的是列宁。在社会主义政治体制的问题上,列宁强调了阶级斗争的作用,突出了专政的重要性。在列宁看来,专政是"直接凭借暴力而不受任何法律约束的政权",而无产阶级的革命专政则是"由无产阶级对资产阶级采用暴力手段来获得和维持的政权,是不受任何法律约束的政权"。①

与这种认识一脉相承,毛泽东亦从民主与专政的角度理解宪政。这种从专政或民主的角度理解宪政,强调在革命、民主的基础上建立起来的宪政法制体系我们称之为革命法制。革命法制以革命的宪法为核心,强调民主、专政与宪政的高度一致,为我国改革开放前的社会秩序提供了基本的制度保障。

---

① 《列宁全集》第35卷,人民出版社1985年版,第237页。

在民主与宪政的关系上，毛泽东基本上认同了吴玉章的看法，认为所谓的宪政即"民主的政治"、"专政的政治"。他进一步指出："什么是新民主主义的宪政呢？就是几个革命阶级联合起来对于汉奸反动派的专政。"① 可见，在当时的历史条件下，毛泽东主要是从民主与专政的角度来理解宪政的。

这种宪政概念是毛泽东根据当时中国"革命尚未成功"，"尚无民主政治的事实"的基本国情提出来的。也就是说，革命法制是革命的后果。早在1940年，毛泽东就认为："世界上历来的宪政，不论是英国、法国、美国，或者是苏联，都在革命成功有了民主事实之后，颁布一个根本大法，去承认它，这就是宪法。"② 在评价1954年宪法时，毛泽东进一步发展了革命法制的基本认识，即以宪法确认民主，从而实现宪政。据此，他认为，1954年宪法的原则性就体现在"用宪法这样一个根本大法，把人民民主和社会主义原则固定下来"。③ 这是毛泽东关于社会主义宪法的基本理解，即以宪法来确定民主革命成功的事实，这一认识构成了革命法制的理论基础。

群众运动式的"大民主"是革命法制的基础。毛泽东在批判资本主义的"大民主"时借题发挥地指出："我们是爱好大民主的，我们爱好的是无产阶级领导下的大民主。"④ 在这里，毛泽东认为，所谓的"大民主"即轰轰烈烈的"群众运动"，他不但可以用来对付阶级敌人，而且可以用来对付官僚主义。事实上，革命的成功在某种程度上需要调动人民群众的积极性，实行所谓的"大民主"。然而，在革命成功之后还一味地强调民主的"大"而"纯"，不但不会推动民主化的发展，而且会在一定程度上掩盖法治的必要性，形成无视法制与秩序，甚至是排斥法制的民主。"文化大革命"就是一个明显的例子。

维护革命秩序，否认法制对权力的限制是革命法制的另一典型特

---

① 《毛泽东选集》第2卷，人民出版社1991年版，第733页。
② 同上，第735页。
③ 《毛泽东文集》第6卷，人民出版社1999年版，第328页。
④ 《毛泽东选集》第5卷，人民出版社1977年版，第323页。

征。毛泽东所谓的"守法"就在于"不要破坏革命的法制","我们要求所有的人都遵守革命法制"。① 这亦得到了周恩来的认同。周恩来认可了毛泽东革命法制、革命秩序的说法,明确指出:"我们无产阶级,为什么叫法律拘束自己呢!我们应该体会毛主席对法的指示精神,例如毛主席不赞成四大自由和巩固新民主主义秩序的说法,而赞成维护革命秩序的说法。"②

事实上,强调无产阶级专政、社会主义民主与社会主义法制的高度一致性,在特定的历史时代起到了重要的作用。从法制方面讲,革命的爆发就是对旧的法制秩序的否定,就合法性而言,其基础"不是过去的法统,而是革命本身"③。在新的法制体系没有建立起来之前,在没有法制可循的状态中,革命不会也不能受旧法律体系的制约,试图在旧的法律体系中夺取政权常常是不切实际的幻想。而且,刚刚掌握政权的新兴阶级亦需要"用专政的手段来巩固政权"④。由此,我们看到,在革命阶段或是革命初期,运用革命法制来夺取和掌握政权是有其合理性的。

与革命时代的特殊情况相适应,我国形成了革命法制,其特点是以群众运动式的"大民主"为基础,维护革命秩序,对我国社会主义革命的完成起到了重要的作用。当革命已经完成,时代主题发生重大变化后仍然坚持"革命法制"就有可能造成严重的后果:一方面,公民通过民主制度的建立获得了进入国家领域的公民权;另一方面,国家权力与公民社会之间的界限却没有划清,依法行政、保障公民权利的制度还没有建立起来。由于无法整合民主与法治,中国的政治现代化在革命后的进一步发展中面临着这样一个困境:民主确立了,但保障民主制度稳定、健康运行的制度化与法律化体系却并没有扎根。

---

① 《毛泽东文集》第7卷,人民出版社1999年版,第197—198页。
② 黎国智:《马克思主义法学论著选读》,中国政法大学出版社1993年版,第240页。
③ 夏勇:《中国宪法改革的几个基本理论问题》,载《中国社会科学》,2003年第2期,第5页。
④ 《邓小平文选》第3卷,人民出版社1993年版,第379页。

三、"依法治国"与中国政治体制改革的贡献

革命的政权需要"革命法制"作支撑,然而当革命基本完成,国家进入建设阶段时,确立法制地位,依法治国就成为首要任务。中国社会由"革命"向"建设"的转换成为我国由"革命法制"走向"依法治国"的根本动力。就这一区别,在中国共产党第八次代表大会的政治报告中,刘少奇曾就此有一段明确的论述:

> 在革命战争时期和全国解放初期……斗争的主要任务是从反动统治下解放人民,从旧的生产关系束缚下解放社会生产力,斗争的主要方法是人民群众的直接行动。因此,那些纲领性的法律是适合于当时的需要的。现在,革命的暴风雨时期已经过去了,新的生产关系已经建立起来,斗争的任务已经变为保护社会生产力的顺利发展,因此斗争的方法也就必须跟着改变,完备的法制就是完全必要的了。①

刘少奇等老一辈无产阶级革命家已经看到,革命完成后,国家管理面临着方式的转变,这一转变就是由"人民群众的直接行动"转向"完备的法制",依法治国。改革"革命法制",实现"依法治国",这一过程实际上早在毛泽东时代就已经提出,它是在阶级矛盾基本得到解决,矛盾重心开始转向人民内部矛盾的情况提出来的,经由"文革"的曲折发展,最终由以邓小平同志为核心的党的第二代中央领导集体完成。

随着我国社会由革命时代进入建设时代,我国的法制建设亦由"革命法制"进入"依法治国"时代。在发扬民主的基础上,邓小平特别强调了民主的制度化与法律化。在《解放思想,实事求是,团结一致向前

---

① 《刘少奇选集》下卷,人民出版社1980年版,第253页。

看》的讲话中，邓小平明确指出："为了保障人民民主，必须加强法制。必须使民主制度化、法律化，使这种制度和法律不因领导人的改变而改变，不因领导人的看法和注意力的改变而改变……"① 这成为我国民主与法制建设协调发展的起点。在坚持民主的同时加强法制建设成为邓小平处理民主与法制关系的基本出发点，同时也成为我国政治体制改革的"两只手"②。在这一思想的指导下，政党法制化、人民代表大会法制化等一系列重要的改革取得了成功，我们党亦得出了政党要在宪法和法律的范围内活动、任何组织或者个人都不得有超越宪法和法律的特权等重要结论，为我国民主与法制良性协调发展提供了理论基础。

依法治国是以符合宪法规定的"小民主"为基础的。这种"小民主"抛开了盲目的群众路线，主张通过法制与说服的手段尽力化解群众中不同利益之间的冲突。邓小平认为，"小民主"为化解"大民主"提供了基础，正是有了"小民主"，才能避免"大民主"，保证稳定。从法制建设出发，邓小平还建议修改宪法，取消宪法中关于"大鸣"、"大放"、"大字报"、"大辩论"等"四大"的规定。

在邓小平理论的指引下，我国的法制建设在十一届三中全会以后获得了突飞猛进的发展。1982年宪法明确规定："全国各族人民、一切国家机关和武装力量、各政党和各社会团体、各企事业组织，都必须以宪法为根本的活动准则，并且负有维护宪法尊严、保证宪法实施的职责。"1982年宪法明确规定了我国宪法的法律地位和作用，确立了政治法制化的目标，提高了宪法的权威与尊严，为我国法制建设的进一步发展奠定了基础。

我们看到，正是因为在加强民主建设的同时厉行法治，我国的政治体制改革才在推动发展的同时保持了稳定。从这个角度看，改革开放30年的社会主义政治文明建设的进程是一场民主化的进程，同时它更是一场民主"制度化、法律化"的进程。据不完全统计，从1979年到1997

---

① 《邓小平文选》第2卷，人民出版社，第146—147页。
② 同上，第189页。

年的 18 年间，我国制定法律 225 个，有关法律问题的决定、决议 87 个，以宪法为基础社会主义法律体系逐渐形成。

随着我国法制建设的不断深入，中国共产党在第十五次全国代表大会的报告中明确提出了"依法治国"的方略，并确立了中国特色社会主义政治的基本内涵，即"在中国共产党领导下，在人民当家作主的基础上，依法治国，发展社会主义民主政治"。① 随着我国民主与法制建设的不断发展，中国共产党的领导人适时地提出了"政治文明"的概念，进一步将民主与法治整合在一起，将我国政治体制改革的目标提升到一个新的高度。在 2001 年 1 月全国宣传部长会议上，江泽民明确地将"法治"作为政治文明的重要组成部分；在十六大前夕，江泽民在 5 月 31 日的讲话中明确地将建设社会主义政治文明作为我国社会主义现代化建设的重要目标，并再一次重申了"坚持党的领导、人民当家作主和依法治国"三位一体的政治文明内涵。

民主与法治协调发展的精神在中国共产党第十六次全国代表大会的报告中得到了充分的体现。该报告将坚持和完善社会主义民主制度、加强社会主义法制建设、改革和完善党的领导方式作为我国政治建设和政治体制改革的主要任务。② 更为有意义的是，融合了民主与法治的"政治文明"概念被正式写入党章，并通过十届人大二次会议写入宪法，与物质文明、精神文明并列，成为我国社会主义现代化建设的三大任务。这不但是经济体制改革、精神文明建设与政治体制改革统筹兼顾，科学发展的要求，同时也表明了我们党坚定不移地进行政治体制改革的决心。十六大进一步巩固了自十一届三中全会以来形成的民主与法治均衡发展的局面，为进一步健全和完善"依法治国"打下了基础。

民主与法治关系的准确定位对我国社会主义现代化建设与马克思主义理论的发展产生了重大影响。在实践中，强调法治在政治现代化进程

---

① 江泽民：《高举邓小平理论伟大旗帜，把建设有中国特色社会主义事业全面推向二十一世纪》，见《江泽民文选》第 2 卷，人民出版社 2006 年版。

② 江泽民：《全面建设小康社会，开创中国特色社会主义事业新局面》，见《江泽民文选》第 3 卷，人民出版社 2006 年版。

中的作用，注重民主的制度化、法律化正是我国社会主义民主政治得以健康发展的重要原因。就我国政治发展的方向来看，只有在人民当家作主的基础上实现依法治国，建设社会主义政治文明，才能使我国走出政治体制改革的困境，走上政治现代化的道路。就马克思主义法学理论来看，民主的"制度化、法律化"理论创见填补了西方马克思主义者所谓的"法学空区"，成为邓小平理论、"三个代表"重要思想对马克思主义学说的重大贡献，整合了民主与法治的政治文明概念更进一步丰富了马克思主义的国家学说与政体理论。

我们看到，中国政治体制改革中"党的领导、人民当家作主和依法治国"三位一体内涵的确立正是对马克思主义政治文明理论的进一步发展，而邓小平在改革开放之初提出来的"民主的制度化、法律化"正是中国政治体制改革的第一面旗帜，同时它也是中国政治体制改革最丰硕的成果。尤其引人瞩目的是，在中国政治体制改革的实践过程中，这些理论更多的是同具体的政治实践密切地结合在一起的，就理论上来讲，它们不仅是马克思主义中国化的重要成果，同时也丰富了马克思主义的政治理论；而就实践来讲，它们是中国政治体制的基本原则，是中国政治体制改革能够取得成功的最重要原因。

从总体上看，随着我国政治体制改革的不断深入，民主与法制建设正在逐渐走向均衡，更深层次的民主与法治关系还在进一步的调整中。"民主的制度化、法律化"得到一定程度的落实，而"加强检察机关和司法机关"还需要做进一步深入而细致的工作，宪法诉讼、司法审查等一系列问题成为我国法制现代化建设的当务之急。这些问题的解决必将进一步发扬政治文明，推动我国的政治发展。

当代中国政治体制的模式特征论析

齐卫平[*]

【内容摘要】 政治体制是政治发展道路的基本构成,政治体制的构造反映着政治发展道路的样式。政治体制选择的自主性是现代社会国家主权的象征。建立在本国国情和社会性质基础上的当代中国政治体制,已经显示出其模式特征。经济发展离不开政治体制的支撑,政治发展理应进入讨论中国模式的视野。在社会主义市场经济体制逐渐走向成熟的过程中,政治体制的匹配问题将越来越显示其重要性。政治体制改革的发展理路有待进一步厘清。

【关键词】 当代中国;政治体制;模式特征

改革开放以来,与经济体制改革相适应,我国的政治体制也发生了许多方面的变化。不管人们对政治体制改革的程度抱持什么样的看法,有一个事实是十分清楚的,即它的发展进步总体上适应了改革开放后经济体制改革的需要,对经济和社会发展具有促进作用。当代中国的政治体制虽然还需要进一步改进和完善,但它既与西方国家的政治体制截然不同,也与传统社会主义国家政治体制迥然有异。在中国特色社会主义

---

[*] 齐卫平:华东师范大学政治学系主任,教授,博士生导师。

建设实践中，政治体制已经呈现独立探索的模式意义。

一、政治体制与当代中国政治发展道路的选择

当代中国政治体制建构的基础奠定于 1949 年中华人民共和国确立的基本模式，从基本原则、主体架构和运作机制等内核看，60 多年来并未发生根本性的变化，社会主义的制度属性贯穿着政治体制演变的始终。但 1978 年改革开放促进的社会转型必然影响政治体制的变化，曾长时期受到苏联模式影响的政治体制①，也随着改革开放实践进程的推进而发生了许多方面的重要变化。这些变化与中国政治发展道路的当代选择紧密相联系，在开创中国特色社会主义建设新格局中具有极其重大的意义。

只有社会主义才能救中国，只有中国特色社会主义才能发展中国，这是党和人民在历史和现实实践中得出的一个重要结论。具体到政治发展道路的选择上，核心的问题是两个：一个是主导力量，即要不要坚持共产党领导的问题；另一个是方向坐标，即要不要坚持社会主义的问题。改革开放后围绕政治体制改革的争议集中在这两个核心问题上。经过 30 余年实践检验，回过头去看改革开放抉择所面临的风险，中国政治体制处在十字路口的境遇就看得更加清楚了。表现在国内，一方面，苏联模式传统政治体制的弊端随着解放思想和拨乱反正的深入为人们所认识；另一方面，传统政治体制与经济体制改革不相匹配的问题日益突出，如邓小平所说的"重要的是政治体制不适应经济体制改革的要求"②。这两方面的因素使政治体制的疑惑开始出现。表现在国际上，东欧社会主义国家改革过程中政治体制的崩溃和 1991 年苏联解体引发对社会主义的拷问，形成对我国政治体制的巨大冲击波。这两方面的因素

---

① 1986 年 9 月，邓小平会见波兰统一工人党中央第一书记雅鲁泽尔斯基时说："我们两国原来的政治体制都是从苏联模式来的。看来这个模式在苏联也不是很成功的。"

② 《邓小平文选》第 3 卷，人民出版社 1993 年版，第 176 页。

在冷战结束之初交织在一起,加强了西方国家企图逆转中国政治体制的咄咄逼人之势。"改革开放初期,西方一些人士为中国开了很多'处方',核心是两条:一是在政治上搞多党轮流执政、搞'三权鼎立',也就是搞西方那一套政治体制;二是经济上搞私有化。"① 因此,如何选择正确的政治发展道路,始终关系到党的事业、国家的命运和民族的前途。

邓小平从 1980 年就提出政治体制改革的问题。他指出:"为了适应社会主义现代化建设的需要,为了适应党和国家政治生活民主的需要,为了兴利除弊,党和国家的领导制度以及其他制度,需要改革的很多。"② 他还指出:"我们提出改革时,就包括政治体制改革。现在经济体制改革每前进一步,都深深感到政治体制改革的必要性"③,并阐述政治体制改革的目的、内容和意义。在 20 世纪与 21 世纪之交,党中央在坚持以经济建设为中心的前提下,高度重视政治体制改革问题,江泽民指出:"要积极稳妥地推进政治体制改革,这是我国社会主义政治制度自我完善和发展的内在要求,也是我们党总结历史和现实经验作出的重要决策"④,"进行政治体制改革,就是要兴利除弊,建设有中国特色的社会主义民主政治"⑤。以江泽民为核心的党中央领导集体对推进政治体制改革的战略意义、目标任务、遵循原则、内容要求、方法步骤和评判标准等问题,都作出了详细的阐述,从而使我国政治体制在国内外形势变化的严峻挑战下,遇险不惊,出乱不慌,经受住了一波世界性社会主义曲折的考验。2002 年党的十六大以来,以胡锦涛为总书记的新一届党中央推进政治体制改革的决心毫不动摇。党的十六大报告第五部分专门阐述了"政治建设和政治体制改革"问题,强调"中国共产党和中国人民对自己选择的政治发展道路充满信心,将坚定不移地把中国特色社会

---

① 《十六大以来重要文献选编》(中),中央文献出版社 2006 年版,第 263 页。
② 《邓小平文选》第 2 卷,人民出版社 1994 年版,第 322 页。
③ 《邓小平文选》第 3 卷,人民出版社 1993 年版,第 176 页。
④ 《江泽民文选》第 2 卷,人民出版社 2006 年版,第 258 页。
⑤ 《江泽民文选》第 1 卷,人民出版社 2006 年版,第 111 页。

主义政治建设推向前进"①。胡锦涛总书记在党的十七大报告中指出："政治体制改革作为我国全面改革的重要组成部分，必须随着经济社会发展而不断深化，与人民政治参与积极性不断提高相适应。"② 2008年2月27日党的十七届二中全会上，胡锦涛总书记将发展社会主义民主政治提升到战略思想的地位上作了重点强调，他说："我之所以要强调这个问题，是因为以什么样的战略思想来谋划和推进我国社会主义民主政治建设，是管根本、管方向、管全局、管长远的。只有进一步把发展社会主义民主政治的战略思想认识清、把握准、贯彻好，才能增强发展社会主义民主政治的自觉性和坚定性。"③ 2010年3月，温家宝总理在"两会"上作政府工作报告指出："我们的改革是全面的改革"，"没有政治体制改革，经济体制改革和现代化建设就不可能成功"，显示出政治体制改革的任务已经提到刻不容缓的地步。以上表明，改革开放以来历届党中央在政治体制改革必要性的认识上是一脉相承的，推进政治体制改革的决心是一以贯之的。

政治体制是政治发展道路的基本构成，什么样的政治发展道路决定了什么样的政治体制，同时政治体制的构造反映着政治发展道路的样式。党的十七大报告在揭示中国特色社会主义道路的内涵中，"巩固和完善社会主义制度"、"建设社会主义民主政治"两项规定与政治发展道路直接有关。这两项规定具体反映到中国特色社会主义政治发展道路上，就是"坚持党的领导、人民当家作主、依法治国的有机统一，坚持和完善人民代表大会制度、中国共产党领导的多党合作和政治协商制度、民族区域自治制度以及基层群众自治制度，不断推进社会主义政治制度自我完善和发展"④。胡锦涛总书记指出："中国特色社会主义政治发展道路是中国共产党领导中国人民在长期实践中走出的一条符合我国国情、顺应时代潮流，能够实现坚持党的领导、人民当家作主、依法治

---

① 《十六大以来重要文献选编》（上），中央文献出版社2005年版，第29页。
② 《十七大以来重要文献选编》（上），人民出版社2009年版，第22页。
③ 同上，第234—235页。
④ 同上，第22页。

国有机统一,能够为国家富强、民族振兴、人民幸福、社会和谐提供根本政治保证的政治发展道路。"①

按照中国特色社会主义政治发展道路的要求,我国的政治体制从总体上说是符合现实发展需求的,与改革开放的进程和社会主义市场经济体制大体相适应。这是应该坚持的基本判断。但是,应该看到,不适应的地方还很多。例如,一定程度上和一定范围内"官本位"的现象、权力监督体系的不完善、某些领域严重的腐败滋生、社会利益诉求机制的欠通畅、公民政治参与渠道的不足、人民行使民主权力的制度化程度不高等,这些问题的存在,既有封建主义遗毒清除不力、缺乏民主和法制的传统、社会主义实践时间较短而且还经历了严重曲折等历史因素,又有社会转型、结构调整、阶层变动、时代影响等新情况新问题的现实因素。当代中国政治体制与经济体制向纵深推进的要求还不完全适应,与经济、文化和社会建设发展还存在较大差距的事实十分明显。它显示出加大力度推进政治体制改革的必要性和紧迫性。

二、政治体制的中国模式特征

政治体制是一个综合的整体概念。与政治体制相关的概念有政治制度、政治机制等,这些概念既相联系又有区别。政治制度的含义主要体现为法规章程的层面,制度用于规范、调整和处理各种政治关系。政治机制的含义主要体现为运作规范的层面,机制包括机构、组织或某些与政治运作相关的载体。从含义上看,政治体制的概念涵盖政治制度和政治机制。因此,要健全和完善政治制度,像干部制度、人事制度、行政机构、团体组织以及与政治生活相关的法制规章等方面的改革,都属于政治体制改革的范围。

---

① 胡锦涛:《在庆祝中国人民政治协商会议成立60周年大会上的讲话》,人民出版社2009年版,第16页。

审视当代中国政治体制的模式，应侧重制度和机制两个层面。从制度层面看，人民代表大会制度、多党合作和政治协商制度、民族区域自治制度和基层群众自治制度，是我国根本和基本的政治制度构成。这四项政治制度规定着国家政治生活中的一些根本原则和价值取向，并由此形成各种政治关系的主体框架。这些政治制度涉及人民与国家权力的关系、政党之间的关系、执政党与社会各种群体、阶层之间的关系、各个民族之间的关系、基层政府权力与自治团体的关系，覆盖了政治生活中政党、国家、社会关系的主要方面。在根本和基本政治制度下，还有各项具体的政治制度，如党的领导制度、民主集中制度、集体决策制度、领导干部选拔任用制度，等等。具体政治制度生成于根本和基本政治制度，体现为政治生活处置的具体指导。从机制层面看，执政党和参政党组织的纵横设置、各种社会团体的功能发挥、思想舆论的主流引导、政治取向的价值评判、利益群体的诉求表达、阶层政治参与的动员和组织、干部与群众的联系渠道、民意收集吸纳反馈的系统、各种风险的预警和突发事件的应对等，围绕这些方面建构的机制都属于政治体制的范围。机制的种类繁多，有大有小，涉及的方面广泛。机制受制度的制约，因此机制必须与制度相匹配，制度的有效性建立在机制的规范性之上，有健全的制度而无规范的机制，制度执行力就会大打折扣。因此，思考当代中国政治体制问题，必须将制度建设与机制建设结合起来。

政治体制选择的自主性是现代社会国家主权的象征。"文明应该尊重各国自主选择社会制度和发展道路的权利，相互借鉴而不是刻意排斥，取长补短而不是定于一尊。"[1] 当代中国政治体制是独立自主地选择政治发展道路的结果。建立什么样的政治体制本来是一个国家自己的事情，但是由于各种复杂的原因，政治体制选择的外在因素影响常常压倒选择的自主性。比较常见的有两种情况：一种是受国外强势力的威逼甚至是在外国军事颠覆下，丧失政治体制选择的自主权力；另一种是受某种思想束缚而采取机械仿效的方式，照搬别国的政治体制。胡锦涛总书

---

[1] 《十六大以来重要文献选编》（中），中央文献出版社2006年版，第997页。

记指出:"一个国家实行什么样的政治制度,必须与这个国家的国情和性质相适应。中国的社会主义民主政治,之所以是最适合中国国情的民主政治,是最能够把中国十三亿人民的意志和力量凝聚起来共同奋斗的民主政治,关键在于它植根于中华民族几千年来赖以生存和发展的广阔沃土,产生于中国共产党和中国人民为争取民族独立和国家富强而进行的伟大实践。"① 建立在本国国情和社会性质基础上的当代中国政治体制,已经显示出其模式特征。

第一,政治体制的利益同构性。从政治学的视角看,国家、政党、社会构成国家政治生活中的三维关系。政治体制的建构离不开这三维关系的调适。现实表明,改革开放释放出中国活力的表现之一是这三维关系张力的松动和缓解。如政府与政党权力边界的明晰、有限政府的规制、行政权力与市场经济法则的划分、社会中介组织的生长,都直接影响着政治体制从高度一体化转向适度分离,从统一集权化管理转向相对自主性管理。然而,这种张力的松动和缓解并未影响当代中国政治体制的一个根本性特征,即三维关系在利益取向上的高度吻合。在社会主义制度下,国家、政党、社会的利益是完全相一致的。社会主义国家的利益取向在于保障广大人民群众的福祉,发展和解放生产力的目的是为了不断提高人民的物质文化水平。而这正是执政党的宗旨,也是人民对社会的期盼。执政党的意志代表最广大人民群众的利益,它必须通过人民代表大会制度上升为国家意志。人民将信任寄予中国共产党,将社会的公权力授予各级政府机关,是基于国家、政党、社会利益同构性的认同。

第二,政治体制的基础统一性。政治体制的建构需要相应的基础作支撑。当代中国政治体制的基础统一性特征可以从两方面认识。首先,公有制占主体地位的基本经济制度使政治体制具有统一的物质基础。在多种经济共同发展的社会主义市场经济条件下,主体地位的公有制经济奠定了社会主义政治体制的根基,放弃公有制的主体地位,政治体制就

---

① 《十六大以来重要文献选编》(中),中央文献出版社2006年版,第231页。

必然悖违社会主义的方向。其次，由国家、民族、执政党、意识形态等构成的政治认同，奠定了当代中国政治体制统一的政治基础。社会主义政治体制的选择和取舍必须符合人民的共同意愿，必须建立在国家认同、民族认同、执政党认同和意识形态认同的普遍性基础上。当代中国社会的多元发展和价值取向的多样性与政治体制选择的普遍性是不矛盾的，原因在于普遍的政治认同使政治体制具有统一的基础。

第三，政治体制的功能稳定性。在巨大变革和迅速发展中保持社会稳定和政治稳定，是中国特色社会主义建设的要求，中国共产党长期执政的使命也要求以社会稳定和政治稳定为前提。诚然，政治体制改革必然带来一系列改变，但这是为了使政治体制不断适应社会发展变化的要求，不断给政治体制添加科学性、民主性、法治性的时代新元素，而不是去否定它、替换它。政治体制的主要功能是保障政治系统有序和有效地运转，规避社会动荡的风险。政治系统包括政治动员、公民参与、组织协调、资源配置、利益处置、决策程序和社会监督等各个方面，体制方面的任何一个环节出现功能失调，都有可能影响社会稳定和政治稳定。改革开放30多年来中国社会取得迅速发展业绩的成功，与政治体制的功能稳定性有着密切的关系。

第四，政治体制的构造独特性。构造独特性是选择自主性的必然结果，中国特色社会主义民主政治发展道路决定了政治体制具有自身特色。中国共产党领导革命、建设和改革的实践中，一方面有着坚决反对仿照西方国家政治体制的斗争经验，另一方面也有过照搬苏联模式政治体制的历史教训。当代中国政治体制是在走自己道路的摸索中建构起来的，其构造独特性主要体现在国家权力的统一性、政党关系的合作性、人民代表的广泛性、民主形式的多样性、权力监督的体系性和利益关系的和谐性。与西方国家政治体制相比，构造独特的当代中国政治体制具有社会主义的制度优势，它有利于集中全国的人力物力财力，有利于整合社会的经济、政治、文化资源，有利于团结方方面面的力量，有利于和谐社会的建设。

三、推进中国政治体制改革的发展理路

当代中国得益于改革开放而获得的快速发展已经引起普遍的关注，"中国模式"的话题也越来越热起来。然而，围绕这个话题的研究往往更多地聚焦在经济模式上，很少讨论政治发展模式问题。这是毫无道理的。经济发展离不开政治体制的支撑，很难想象，一个不成功的政治体制能够造成一个成功的经济发展结果。因此，政治发展和政治体制的问题理应进入讨论中国模式的视野。

诚然，当代中国政治体制尚处于改革变迁的过程之中，离模式确定还需要时间。1992年邓小平在南方讲话中说，"恐怕再有三十年的时间，我们才会在各方面形成一整套更加成熟、更加定型的制度。在这个制度下的方针、政策，也将更加定型化"①。这一讲话距今近20年，离设想的时间还有10多年。从语气来看，邓小平说30年，当然是一种谨慎的预估，不是刻板的框定，但它蕴含着两层极其重要的意思在里面。一是从发展目标上提出了必须在不断的实践摸索中将我国的制度加以定型；二是从发展过程上强调了制度定型不是短时间可以完成的。由此而言，这里讨论政治体制的中国模式都还只是进行时态而不是完成时态，就是说我们并不认为这样的模式已经确立。但是，中国政治体制模式特征的显示已经清晰起来，从模式的角度去研究政治体制如何进一步改革和完善的理路很有必要。

认识当代中国政治体制，不能脱离历史和现实。肯定当代中国政治体制的优势绝不是说它没有缺陷，当代中国政治体制存在的问题更加值得重视。这是因为当代中国政治体制建设既有历史的欠账，又有现实的困境，任务十分艰巨。当代中国政治体制建设，既有跨越"卡夫丁峡谷"的超常规发展造成的政治基础薄弱、国情和传统遗留的历史包袱、

---

① 《邓小平文选》第3卷，人民出版社1993年版，第372页。

社会主义建设经历曲折的发育不成熟等缺陷，又有改革开放促使社会转型、时代变动深刻影响国内、快速发展形成矛盾集中挤压等新情况新问题。这样的多重因素下，当代中国政治体制虽然不必重起炉灶，但却必须更新打造。在社会主义市场经济体制逐渐走向成熟的过程中，政治体制的匹配问题将越来越显示其重要性。当代中国推进政治体制改革的重要性和必要性，在认识上已经不成问题，关键是需要进一步厘清政治体制改革的发展理路。

第一，提升政治体制改革紧迫感，确立政治体制改革任务的战略地位。任何时候都要坚持以经济建设为中心，这是国家建设确定不变的基本路线。然而，这并不排斥政治建设的重要性。如果说在特殊情况下暂时放缓政治体制改革是情有可原的话，那么在正常情况下尤其是当经济体制的发展变化向政治体制提出相应的改革要求时，忽视政治体制改革则将酿成严重的后患。经济发展是硬道理，政治发展也是硬道理。从战略地位看，深化经济体制改革与推进政治体制改革不可重此轻彼。经济体制改革与政治体制改革上走取一舍二的单向路径，结果不仅将使社会发展呈瘸状畸型，而且这种单向路径走下去也会很快陷入困境并走入死胡同。新时期新阶段，政治体制改革在决策上既要谨慎又要果断，在步骤上急不得，但也慢不得。操之过急会翻船出问题，等闲视之也会误事遭曲折。从战略上重视政治体制改革的紧迫性是当务之急。

第二，将政治体制改革与建设法治型国家战略紧密相结合，努力营造政治体制改革的法制环境。政治与法律紧密相连，体制与法制不可分离，政治体制改革只有在优良的法制环境下才能健康向前推进。从1997年党的十五大提出"依法治国"基本方略，到2010年形成中国特色社会主义法律体系，法治型国家建设的取向为政治体制改革揭示了前进的方向。改革开放以来我国政治体制改革走过的历程表明，制度化、程序化、规范化建设正在成为政治体制改革向前推进的路轨。中国历史上缺乏民主和法制传统，社会主义建设中人治现象、政策主导、特权强势、监督缺位、任人唯亲等问题又不同程度地与政治体制的缺憾有关。政治体制的制度化、规范化、程序化，是建设法治型国家的内在要求，当代中国政治体制改革需要在制度化、规范化、程序化建设上加快步伐。

第三，进一步加强政治体制改革的力度，坚决排除政治体制改革的阻力。改革政治体制无疑是件啃硬骨头的事情，邓小平把改革称为"第二次革命"，含义十分深刻。这个话讲了30年，把它用到政治体制改革的认识上则还有点费劲，接受起来也不是那么容易。邓小平当年主要是从解放生产力的角度强调改革显示的革命含义。其实，无论是革经济体制的命，还是革政治体制的命，背后都是利益问题。改革开放实践表明，经济体制改革是一场资源重新配置和利益格局调整的革命，导致利益得失损益的事实十分明显。从实践看经济体制改革，收入差距的发生和扩大虽然会有公正公平的问题，但旧体制和新体制的经济效力比照，则铺垫了社会整体承受力。政治体制改革同样是资源重新配置和利益格局调整的革命，但与经济体制改革不同之处是，它在更深的层次上涉及人们的权利保障，涉及各个社会阶层的身份认同、价值取向和地位差异，尤其是影响某些既得利益者的现实关系。因此，政治体制改革所遇到的阻力要比经济体制改革大得多，难度也高得多。改进和完善中国政治体制，绝不能受某些既得利益者的牵制，绝不能顾忌少数群体、个别阶层的承受力而瞻前顾后，而必须从中国社会发展进步的要求出发，坚决排除各种阻力，不断加强改革力度，推进政治体制的良性发展。

第四，树立政治体制改革的民主取向，突出民主建设的核心内容。从根本上说，社会主义政治体制就是为了保障民主，其优越性表现为民主化程度的显示。如邓小平所说，必须从多个方面对政治制度进行改革，"这些改革的总方向，都是为了发扬和保证党内民主，发扬和保证人民民主。"① 民主发展与政治体制建设紧密相关，政治体制改革没有新的举措、没有大的力度、没有好的成效，民主建设就难以迈出步伐。世界上社会制度的多样性和差异性决定了民主认知上的不统一，坚持中国特色社会主义政治发展道路决定了我国民主建设具有自身的别样性特征。就政治体制而言，坚持以民主建设为核心内容的改革，主要任务是

---

① 《邓小平文选》第2卷，人民出版社1994年版，第372—373页。

进一步改进和完善既定的政治制度，提高政治制度的民主含量；不断丰富民主形式，扩大公民有序政治参与的渠道；形成党内民主与人民民主的良性互动，以党内民主带动人民民主，以人民民主促进党内民主；加强基层民主，发挥好人民群众在民主发展中的主体作用；构建社会主义监督体系，显示各种监督方式的合力制约功能。

第五，有待进一步明确政治体制改革的关键环节，找到政治体制改革的突破点。改革开放以来，我国政治体制改革取得的成绩有目共睹。例如，党和国家领导干部终身制的废除、党政关系的厘清、人民代表大会制度的完善、多党合作和政治协商制度的加强、政府职能的转变、干部选拔任用制度的改革、基层群众自治的发展等，都是政治体制在改革进程中留下的足迹。毫无疑问，中国政治体制的现实状况已经与改革开放之前和初期有了明显的改观。然而不容忽视的是，当代中国政治体制改革尚未形成明确的突破口。体制改革的关键是找准突破口，我国经济体制改革之所以成效显著，就是因为实现了从计划体制向市场体制的改革，这是牵一发而动全身的关节突破，市场体制的目标明确了，整个经济运行都跟着发生变化。我国政治体制改革曾尝试各种路径寻找这样的突破口，但认识还不一致，成效也不够显著。如有的将党政分开视为政治体制改革的突破口，有的看重乡村自治等推动的基层民主，有的强调应从选举制度改革入手，有的主张应大力培育公民社会，等等。本文以为，既然当代中国政治体制改革方向已经明确，道路也已经清楚，那么关键是如何在技术、手段、方法和步骤等具体层面上，找到并确定政治体制改革瓶颈的着力点和突破点。只有解决了从何处着手、向哪里突破、用什么手段、取何种方法等问题，政治体制改革才能获得显著成绩的效果。

经济特区的政治逻辑
——献给深圳经济特区 30 周年

黄卫平　郑　超[*]

【内容摘要】 深圳经济特区的发展是改革开放决策层不断探索中国特色社会主义理论与实践的过程。考察深圳经济特区建立和发展的政治效应和政治意义，反映了中国经济体制改革和政治体制改革的内在联系。"经济特区"的重大意义从表象看似乎在于"经济"，但本质上却在于"政治"。作为"在政治上获中央授权改革的先行试验区"，深圳经济特区不但引领和推动着国家的市场经济体制改革，而且若隐若现地成为渐进推进中国政治体制改革的"火力侦察点"。

【关键词】 深圳；经济特区；政治改革

深圳经济特区 30 年发展是改革开放决策层不断探索中国特色社会主义理论与实践的过程。"经济特区"的重大意义从表象看似乎在于"经济"，但本质上却在于"政治"。

---

[*] 黄卫平：深圳大学当代中国政治研究所所长，教授。郑超：深圳大学中外政治制度专业 2009 级研究生。此项研究获深圳市哲学社会科学"十一五"规划 2007 年二类委托项目资助（项目编号 115D008），以及 2009 年度深圳大学人文社会科学基金项目（团队创新类）资助（项目编号 09TDCX04）。本文是系列研究成果之一。

一、中国为什么要创设"经济特区"?

30年前,邓小平审时度势,高瞻远瞩,综观时代风云,总结"文革"悲剧,规划改革蓝图,深谋远虑地倡议办特区,不仅是在为摆脱当时"国民经济面临崩溃边缘"的经济危机,更是在为社会主义政治制度谋未来。他指出:"还是叫特区好,陕甘宁开始就叫特区嘛!中央没有钱,可以给些政策,你们自己去搞,杀出一条血路来。"[①] 就是希望特区能够成为中国市场化改革的"试验场"和向发达国家、地区开放的"窗口",使深陷计划经济泥潭和"极左"政治深渊的共和国能够夺路而出,以重建共产党领导的社会主义政治制度的经济基础,为中国特色社会主义闯出一条新路。因此,邓小平总是强调他对经济问题的讲话"都是从政治角度讲的","政治问题要从经济的角度来解决"[②]。而"陕甘宁边区"恰恰是一个"政治特区",是在全国范围还是由国民党执政的条件下,一小块由共产党领导的"飞地"。

改革开放初建特区时,之所以要创设的是"经济特区",主要原因大致有四:

其一,为了在全国实施计划经济的总体条件下,允许在特区内率先试行面向国际市场的"出口特区",推行以市场经济为导向的特殊政策和灵活措施,即"率先试行市场经济的特殊地区"。

其二,为了推动和促进特区市场经济的发展,在一定的时间范围内,中央给予特区在税收、引进外资和先进技术等方面享受区别于国内其他地方的优惠经济政策,即"享受特殊优惠经济政策的地区"。

其三,为了降低推动经济体制改革的政治及意识形态阻力,在策略上强调建设的只是经济改革的"经济特区",而不是"政治改革"的

---

① 中共中央文献研究室编:《邓小平年谱(1975—1997)》,中央文献出版社2004年版,第510页。
② 《邓小平文选》第2卷,人民出版社1994年版,第195页。

"政治特区"。据说当年北京曾传来一句议论:"他不懂!陕甘宁是政治特区,不是经济特区。"受这句话的启发,广东方面决定将当初设想的"出口特区"改称"经济特区"。① 邓小平后来也表示"开始的时候广东提出搞特区,我同意了他们的意见,我说名字叫经济特区,搞政治特区就不好了"②。其实邓小平很清楚"只搞经济体制改革,不搞政治体制改革,经济体制改革也搞不通……"③ 他老人家正是通过运用经济政策来解决政治问题的高手。正如江泽民曾指出的"兴办经济特区,是推动改革开放和现代化建设的重大举措,充分体现了邓小平同志和我们党勇于创新、高瞻远瞩的革命胆略和政治智慧"④。

其四,为了推动对港澳台地区的和平统一工作。改革开放之初,在广东和福建两省建特区,也是力图尽快通过体制改革来发展经济,缩小与港澳台地区的生活水平差距,以体现社会主义制度的优越性,促进港澳台地区的和平统一。邓小平曾表示:"将来台湾回来,香港收回后,也是特区。"⑤ 江泽民也指出,"当初,党中央建立深圳经济特区,一个重要的考虑,就是为保证1997年香港的平稳过渡和保持香港的繁荣稳定,创造条件,起到更有力的促进作用,实际上深圳一直在积极有效地发挥这个作用。"

二、"经济特区"是否现在还存在?

第一种意义上的"经济特区",随着深圳经济特区前十年取得的巨大成功,早在邓小平1992年"南方重要谈话"和中共十四大充分肯定

---

① 田纪云:《改革开放的伟大实践》,新华出版社2009年版,第437页。
② 《邓小平文选》第3卷,人民出版社1994年版,第239页。
③ 同上,第164页。
④ 江泽民同志在接见深圳市负责人时的讲话,http://www.lw23.com/paper_78278881_8/,1995年12月7日。
⑤ 广东省政协文史资料研究委员会编:《经济特区的由来》,广东人民出版社2002年版,第557页。

社会主义市场经济是中国经济体制改革的目标模式后，在全国市场化改革的趋势中，经济特区作为"率先试行市场经济的特殊地区"，事实上已不再特殊了。这不仅具有重大的经济改革意义，而且从根本上改变了简单用"计划经济"定义"社会主义"的特定政治意识形态，深刻地改变了传统"社会主义"政治制度的经济基础，具有极其重大的政治意义。

第二种意义上的"经济特区"，随着胡鞍钢教授在1994年上书中央，主张在全国发展市场经济的条件下，要调整对经济特区的政策，取消各种减免税和优惠政策，以利于缩小地区差别后，中央就不断调整政策。直至2001年，在深圳经济特区20年大发展的基础上，时任总理朱镕基在答香港记者问时，明确表示"现在特区已经不'特'了，已经没有什么特别优惠的政策了，全中国都是一样的"时，也就在事实上正式宣布"享受特殊优惠经济政策的地区"的所谓"经济特区"也已不复存在了。这标志着中国经济特区为社会主义市场经济进行"政治探险"的历史使命圆满完成，市场经济已成为中国的基本经济制度，当初为体现共产党领导下的市场机制优越性的深圳经济特区，早已实现了超常规的经济增长，从而更有利于市场经济在全国的健康发展。朱镕基表示，国家决定"不按地区来优惠，而是按产业来优惠。对需要发展的一些产业，如高新技术产业，我们会采取优惠政策，不管它们在什么地方都一样"[1]。

第三种意义上使用"经济特区"的现象，则在深圳特区发展30年后，还普遍存在。但凡涉及改革深入发展的一些复杂、敏感问题时，尤其是涉及发展社会主义民主法治等政治体制改革的尖端性、实质性问题时，无论是想要刻意回避或阻挠此类改革者，还是想要精心保护和渐进地推动此类改革者，大都会特意强调或反复声明：深圳是"经济特区"，不是"政治特区"。广东省委书记汪洋在2008年3月强调深圳应在民主法治建设方面走在全国前列时，也还特别指出，"在深圳坚定不移地发

---

[1]《朱镕基答记者问》，人民出版社2009年版，第397页。

展社会主义民主政治,不是要搞什么'政治特区',而是坚持党的领导、人民当家作主和依法治国的有机统一,在民主法治的具体实现形式和运行机制上率先探索,取得突破,积累经验"。这种现象十分耐人寻味,本身就有着极其智慧的政治考量和谋略。

至于中国最早的四个"经济特区":深圳、珠海、汕头、厦门,由于分别毗邻港澳台地区的特定地理位置,曾在促进中国和平统一方面发挥过特殊作用,但随着香港、澳门已分别在1997年和1999年回归祖国,而中国内地经过30年改革开放,综合国力已极大提升,广东省的经济总量也早已超过了港澳台地区。因此,第四种意义上的"经济特区"的政治功能也不再彰显。

三、中国为什么还保留"经济特区"?

如果说"率先试行市场经济的特殊地区"和"享受特殊优惠经济政策的地区"等意义上的所谓"经济特区",实际上都已不复存在,而随着香港、澳门的相继回归祖国,中国的和平崛起已势不可挡,当初为了推动"一国两制","和平统一"对特区的某种政治需求也相对降低了,那么中国政府为什么还保留"经济特区"的"品牌"?我们以为大概有以下两方面的考虑:

一方面,是充分考虑到经济特区的广大干部、群众,曾经为中国改革开放,为共产党领导的社会主义政治制度条件下发展市场经济体制所承受的极大政治风险和作出的巨大历史性贡献,经济特区,尤其是深圳经济特区早已成为中国特色社会主义的成功典范、著名"品牌"乃至"价值符号"。正如1995年江泽民所说,"深圳和其他经济特区的确起了探路和示范作用,为推进全国的改革开放作出了历史性的贡献"[1]。2005

---

[1] 江泽民十数次在特区发展关键时刻莅临深圳给予亲切关怀和悉心指导,见深圳新闻网,http://www.sznews.com/zhuanti/content/2008-11/13/content_3551218_4.htm,1995年12月6日。

年，温家宝总理也指出，"深圳经济特区的成功实践，是邓小平理论和'三个代表'重要思想的光辉结晶，是我国改革开放以来实现历史性变革和取得伟大成就的一个精彩缩影，是中国特色社会主义具有强大生命力的生动反映"[①]。为更有利于保护和激励广大特区干部群众的改革积极性，更有利于中国改革开放基本国策的连续性、稳定性，"经济特区"不仅还要办，而且要办得更好。

另一方面，更重要的是充分考虑到"经济特区"本来就不是所谓纯"经济"的特区，而是中国改革开放和现代化事业的"试验田"，因此时任中共中央总书记江泽民在1994年就提出，"要把发展经济特区贯穿于社会主义现代化建设的整个过程，基本实现国家的现代化要搞多久，经济特区就要搞多久"[②]。由此，中国的现代化建设和经济特区建设被正式统一起来，经济特区的建设要贯穿于现代化建设的始终，这是对经济特区原创时期的经验总结，也表明中央对经济特区在现代化建设中的特殊"试验"和"示范"作用寄予厚望。中国经济特区在原创性"特区时代"的历史使命，即"为建立社会主义市场经济探险"的功能完成后，就开始逐步转换和升级为所谓"新特区时代"的新历史使命，即成为"中国特色社会主义现代化"的"开路先锋"。因此，胡锦涛总书记要求深圳"加快发展、率先发展、协调发展，继续走在全国的前列"[③]。

但这种功能不再是少数"经济特区"专有的，更不是深圳经济特区独享的，自从上海浦东新区、天津滨海新区建设以来，国家批准了重庆市和成都市等全国统筹城乡综合配套改革试验区，以及武汉城市圈和长株潭城市群成为国家资源节约型和环境友好型社会建设综合配套改革试验区等也纷纷建立，给中国在新世纪的改革发展注入强劲的动力，也给深圳经济特区带来了巨大的竞争压力。最近国家批准《珠江三角洲地区

[①] 温家宝：办出新特色 发挥深圳经济特区作用，见新浪网，http://news.sina.com.cn/c/2005-09-19/20456983876s.shtml，2005年9月19日。

[②] 《江泽民文选》第1卷，人民出版社2006年版，第374页。

[③] 胡锦涛视察深圳时的讲话，见深圳新闻网，http://www.sznews.com/zhuanti/content/2008-11/11/content_3374040.htm，2003年4月。

改革发展纲要（2008—2020）》中，深圳市被"允许在攻克改革难题上先行先试，率先在一些重点领域和关键环节取得新突破"，深圳市也相应制订了《深圳综合配套改革试验总体方案》的"三年实施方案"。由于深圳经济特区的发展史，就是建设中国特色社会主义的探索史，以胡锦涛为总书记的党中央提出科学发展观的精神是明确的，国家有关部门也已经充分授权了，深圳经济特区还要能够真正有所"特"，就必须要在探索中国特色社会主义现代化的道路上，继续保持和发扬敢"闯"敢"冒"的创新精神，提出"特"的思路，作出"特"的规划，推出"特"的举措，为增强中国特色社会主义的制度优势，不断提升我们国家在世界上的影响力、吸引力、竞争力而作出特别重要的贡献。中共中央政治局委员、广东省委书记汪洋2008年就深圳的民主法治建设发表了不同凡响的讲话，就是启发深圳的广大干部群众思考：在中国改革开放中曾经独领风骚的深圳人，不仅要在经济建设、文化建设、社会建设方面走在全省全国的前列，更要在民主政治建设方面真正走在中国全面现代化的前列，才能不辜负党中央对深圳寄予的厚望。

因此，中国改革开放历史条件下的"经济特区"的本质，绝不在"经济"而在"政治"。所谓"特区"，其准确的定义，我们认为不只是"率先试行市场经济的特殊地区"，也绝不仅是"享受特殊优惠经济政策的地区"，更不是什么"特别能改革的地区"，而应该是"在政治上获得中央授权的各类改革先行先试地区"。

四、特区的本质是"在政治上获得中央授权的改革先行试验区"

因为在中国这样一个高度中央集权，实行"压力型"体制的国家，如果没有中央充分授权，地方政府想要突破原有体制的重大改革举措是根本不可能的。改革开放需要思想解放，而最重要和最有实质意义的思想解放是改革开放最高决策层的思想解放。

这就可以解释为什么1980年广东省人大在通过《广东省经济特区条例》后，还要报国务院提请全国人大常委会审议并批准的重要原因。广东省的领导清醒地认识到，"特区是中国的特区，在广东举办，所以广东的特区条例是中国的条例，我们是社会主义国家，要搞特区，没有全国人大常委会通过，正式授权，是无法创办的"。时任全国人大常委会委员长叶剑英对此给予了充分理解和重要支持。① 当年在第五届全国人大常委会第十五次会议上作关于在广东、福建两省设置经济特区和《广东省经济特区条例》的说明者，正是时任国家进出口管理委员会、国家外国投资管理委员会副主任兼秘书长，后来曾任中共中央总书记的江泽民同志。

而1985年中央决定调时任国务院副秘书长李灏到深圳市任主要领导，当时的国务院总理与李灏有过一次关于深圳经济特区的功能与改革权限的"非常重要和关键"的谈话。据李灏回忆："总理找我谈话时，我向他提了这样几个问题：一是'深圳是否仍是改革开放的试验场'，他明确回答，'这是深圳特区的重要功能任务'。二是如果深圳是改革开放试验场，深圳是否在改革开放中有一定的权力，允许突破一些不合时宜的、束缚生产力发展的规章制度。总理也明确回答当然可以。三是对一些重大的紧急的问题和政策措施，深圳特区可否在报广东省委、省政府的同时，直接向中央、国务院及总理请示报告。总理回答说当然可以，特区与一般行政区有区别，这样做是允许的。对于以上几点指示，我问是否可以向国家体改委和省里传达，我还特别提出到那时为止，国家体改委还没有把深圳的改革列入议程。我说希望得到这些部门的及时指导。总理表示同意，要我直接找安子文同志（时任国家体改委党组书记、常务副主任）。总理这段谈话非常重要，它关系到深圳还是不是开放窗口和改革试验区，深圳能否大胆突破和制度创新。"李灏认为他到

---

① 广东省政协文史资料研究委员会编：《经济特区的由来》，广东人民出版社2002年版，第334页。

深圳特区任职,"如果说有尚方宝剑,也许就是这一项吧"①。

至于中国共产党第二代领导集体的核心邓小平更是中国创办经济特区的积极倡导者和坚定支持者。他不仅直接推动了深圳经济特区的建立,发表了许多力挺深圳经济特区的重要指示,并在1984年和1992年两次视察深圳,对中国改革开放产生了极其重大的影响。他在1984年首次视察深圳后就指出,"深圳的发展和经验证明,我们建立经济特区的政策是正确的",并强调"我们建立经济特区,实行开放政策,有个指导思想要明确,就是不是收,而是放"②。当深圳经济特区面临诸多困难和质疑时,又是邓小平为深圳的改革探索辩护,认为"深圳经济特区是个试验,路子走得是否对,还要看看。它是社会主义的新生事物,搞成功是我们的愿望,不成功是一个经验嘛"③。1987年,他更明确表示,"现在我可以放胆地说,我们建立经济特区的决定不仅是正确的,而且是成功的。所有的怀疑都可以消除了"④。1992年,邓小平再次视察深圳后又指出,"深圳的重要经验就是敢闯","对办特区,从一开始就有不同意见,担心是不是搞资本主义。深圳的建设成就,明确回答了那些有这样那样担心的人。特区姓'社'不姓'资'"⑤。他还深情回顾,"1984年我来过广东。当时农村改革搞了几年,城市改革刚开始,经济特区才起步。八年过去了,这次来看,深圳、珠海特区和其他一些地方,发展得这么快,我没有想到。看了以后,信心增加了"⑥。

在中国改革开放进程中,深圳不断得到邓小平的激励,就是因为经济特区正是邓小平同志代表党中央授权探索中国特色社会主义道路的试验场。

---

① 中共广东省委党史研究室编:《广东改革开放决策者访谈录》,广东人民出版社2008年版,第343—344页。
② 《邓小平文选》第3卷,人民出版社1994年版,第51页。
③ 同上,第130页。
④ 同上,第239页。
⑤ 同上,第372页。
⑥ 同上,第370页。

五、深圳经济特区的政治效应

深圳经济特区历经 30 年发展，不仅创造了本市生产总值年均 26.4% 的高速增长，2009 年人均 GDP 已达约 9.3 万元人民币（1.38 万元美金），全年本市生产总值 8201.23 亿元，居中国大中城市的前列。深圳经济特区市场经济的迅速发展也产生了重要的政治效应：

第一，深圳经济特区成为中国特色社会主义政治制度的有效性和合法性的重要证明。江泽民曾盛赞："深圳及其他经济特区的发展变化，是党的十一届三中全会以来路线方针政策带来的伟大成就的一个生动反映，是我国 20 多年来实现历史性变革一个很好缩影，也是对中国共产党正确领导和社会主义优越性的一个有力印证。"① 正是深圳经济特区的成功探索为中国的改革开放和社会转型开辟了道路，证明了共产党领导下的市场经济的有效性，深刻地改变了传统"社会主义"的内涵，而发展了中国特色社会主义实践。广东省委书记汪洋则进一步要求，深圳特区要"率先探索完善中国特色社会主义的制度模式，着力建设中国特色社会主义示范市"，以"增强中国特色社会主义制度的影响力、吸引力和竞争力"，成为"展示中国特色社会主义制度优势、制度魅力的窗口"。

第二，深圳经济特区推动中国政府长期探索行政体制改革。作为中国大陆市场经济的先行先试地区，促使深圳市政府率先在国内进行一系列转变政府职能、调整政府机构的行政改革，从 1981 年起至 2004 年，深圳市经历了七次政府机构改革，以适应市场经济的发展。2009 年深圳再次为"转变政府职能，完善管理体制，按照职能有机统一的原则，优化政务流程，整合政府机构，完善大部门管理体制，实现政府职能、机

---

① 江泽民在广东考察工作强调：紧密结合新的历史条件加强党的建设始终带领全国人民促进生产力的发展，见人民网，http://www.people.com.cn/GB/channel1/10/20000630/124554.html，2000 年 12 月 29 日。

构与人员的合理配置"进行了新一轮的"大部门制"机构改革，从而再次引领中国行政体制改革的潮流。①

第三，深圳经济特区涉及国家权力结构体制的政治改革被决策层不断提上议事日程。伴随中国市场化改革的进程，深圳的蛇口工业区早在1983年至1986年就进行了全体职工通过票决来测评、选举乃至直接竞选领导班子的"民主试验"②。1999年初，深圳市龙岗区大鹏镇又曾进行了有竞争性的"三轮两票"制镇长选举方式改革探索。③

中共深圳市委市政府也在中国地方政府中罕见地曾经两次尝试为深圳的政治体制改革提出"路线图"和"时间表"。先是在2000年时任中共广东省委副书记、深圳市委书记张高丽领衔，以省市联合课题组的形式，在《跨世纪发展的历史使命——深圳建设有中国特色社会主义和率先基本实现现代化示范市研究》中，规划了未来十年"深圳市率先实现直选镇长"，甚至"有可能在个别的区实现直选区长"。④后又在2008年通过互联网公布了《中共深圳市委、深圳市人民政府关于建设社会主义示范市的若干意见（征求意见稿）》和《深圳市近期改革纲要（征求意见稿）》，前所未有地提出要将"民主法治建设"置于其他各项改革之首，并规划了在未来三年内"创新人大工作体制和机制"，"探索试行区级人大代表直接竞选制度"，"在党内选举中引进竞争机制，逐步扩大基层党组织领导班子直选范围，完善市、区两级党委差额选举制度"，以及"力争在全国率先实行市区党政领导干部财产申报制度"等改革设想，可以说是准备提出一项中国地方性的政治体制综合改革方案。⑤

虽然，由于复杂而敏感的政治原因，蛇口工业区"试管"里的"民

---

① 深圳市史志办公室编著：《深圳改革开放纪事：1978—2009》，海天出版社2009年版，第124、751页。

② 同上，第104页。

③ 《中国基层民主发展的最新突破——深圳市大鹏镇镇长选举制度改革的政治解读》，社会科学文献出版社2000年版。

④ 《跨世纪发展的历史使命——深圳建设有中国特色社会主义和率先基本实现现代化示范市研究》，广东经济出版社2000年版，第182—183页。

⑤ 黄卫平、胡学亮：《2008年深圳"政改草案"解读》，载《社会科学研究》，2010年第1期。

主尝试"在勉强维持了近十个年头后黯然凋零；大鹏镇的选举改革也在三年后悄然回归传统体制。而深圳市两次试图为政治体制改革制订"路线图"和"时间表"的尝试，也均最终未被决策层正式采纳，无疾而终。但深圳市有关方面为适应经济社会发展的需要，一直在中央关于发展基层民主和党内民主的宏观精神指引下，在经济改革的基础上，试图主动引导政治体制改革进程的良苦用心依稀可见；并且事实上成为中国地方政府探索政治体制改革的"火力侦察点"。正如中共中央政治局委员，广东省委书记汪洋所指出的："深圳经济社会比较发达，多元化社会结构比较完善，人的素质比较高，民主法治意识比较强，加上有各级党组织的坚强领导，在经济体制先行先试的基础上，继续在民主法治建设上先走一步，既是有基础有条件的，也是非常必要和急需的。"

第四，深圳经济特区公民意识逐步觉醒，公民社会逐渐成长，基层群众自治制度不断发展。随着深圳经济体制改革的深入，特别是率先进行了居民住房制度的市场化改革，使深圳成为全国范围内住房市场化程度和商业化物业管理覆盖率最高的城市，房产往往成为很多深圳人倾其一生的积蓄，甚至透支未来而拥有的主要财产和核心利益所在。于是，为了维护自己的经济利益，他们最早自发地组织起来，中国城市住宅小区的业主委员会应运而生。① 这种在契约化的市场机制基础上，公民社会要求自主治理和维护自己私有产权的维权活动很快风靡全国的大中城市，对传统计划经济基础上的城市基层治理体制形成强力冲击，于是社区治理体制的改革势在必行，出现了如下三种趋势：

其一，公民自主推动。由公民自主组织起来的部分小区业主，为了维护自己的经济利益，放大自己的利益诉求，以最原始的组织形式，借助业主委员会的力量，自主地开始提出自己的政治要求，在2003年深圳市的区级人大代表选举时，就曾出现了高频度、多发性的业主为"维权"而主动参与"竞选"基层人大代表的政治现象。②

---

① 唐娟主编：《城市社区业主委员会发展研究》，重庆出版社2005年版。
② 唐娟、邹树彬主编：《2003年深圳竞选实录》，西北大学出版社2003年版。

其二，政府主动推动。为了适应市场化条件下的社区治理新形势，深圳市盐田区政府主动推进居委会的"去行政化"的改革尝试，试图还原居委会的法定"群众自治组织"的地位。① 深圳市南山区政府则主动推进和谐社区建设，以"嵌入"与"吸纳"的双重变奏，努力将体制外公民自发政治参与的冲动尽可能纳入体制内来有序释放，并更积极地将体制内的政治资源想方设法嵌入到体制外去代表民意，整合利益，引领社会。②

其三，公民与政府互动。在公民的主动推动下，政府给以积极回应，双方形成互动之势。典型案例是深圳市南山区月亮湾片区的人大代表工作站。最初就是在业主维权中，业主委员会某主任在长期与政府的博弈中，发现借助体制内的渠道，更有助于解决问题，就主动创建人大代表工作站，通过向人大代表提出利益诉求，来引起政府的关注。而基层政府也发现，把在业主中有重要影响和很有代表性的意见及其业主委员会某主任及其所创建的人大代表工作站纳入体制，是很有效的社区治理体制改革。因此，人大代表工作站就在深圳被政府逐步推广，这是对现行人大制度的重要改革举措。③

结　语

深圳经济特区作为"中央授权改革的先行试验区"，从建立初"杀出一条血路来"，经过30年的发展，不但在引领和推动国家的市场经济体制改革方面发挥着无可替代的重要作用，而且作为政治体制改革"试验田"的深层意蕴也不断地若隐若现。通过考察深圳特区建立和发展的

---

① 侯伊莎主编：《透视盐田模式》，重庆出版社2006年版。
② 唐娟主编：《嵌入与吸纳：深圳市南山区和谐社区建设制度创新研究》，重庆出版社2008年版。
③ 邹树彬、陈文主编：《构建和谐社区——深圳市月亮湾片区"人大代表工作站"个案研究》，重庆出版社2007年版。

政治效应和政治意义,反映了经济体制改革和政治体制改革的内在联系,也折射出了决策层在政治体制改革方面的审慎理性。

一方面,改革的决策层在积极推进市场化的进程中,不仅必须千方百计地进行各种可能的行政体制改革,以转变职能,提高效率,适应经济社会的发展;而且清醒地认识到进一步推进政治体制改革的必然性。因此,从未放弃过政治体制改革的承诺与尝试,以使人民群众不断地抱有希望和充满期待。

另一方面,出于现实政治利益的考量,确保政治稳定,以利于经济社会的发展,决策层又尽可能地推迟实质性的国家权力结构体制的改革,寄希望于经济持续、稳定的高速增长,能成为政治稳定的基本前提。特别是近年源于西方发达国家的金融危机,再次暴露了资本主义制度的弊端,而凸显了我国现行制度的某种优势,表明我国现行政治体制的合法性似乎仍可能不断地从执政的有效性中汲取资源,从而也在某种程度上缓解了政治体制改革的压力。

但在市场经济基础上,人民群众对发展民主政治,以广泛参与的文明方式来协调利益关系,缓解社会矛盾的历史需求有其必然性。民生建设可以部分置换民主政治的某些功能,或推迟民主政治的实践进程,但不可能完全替代民主政治发展的必然逻辑。政治体制改革的部分内容可以隐含在行政体制改革内逐步推出,但只搞行政改革,不搞政治改革,行政改革最终也搞不通。各种机构调整、职能转变,如果只在狭义的政府内部转圈,而不涉及国家权力结构体制,只能是隔靴抓痒。

就深圳经济特区的进一步发展而言,如要继续在中国现代化进程中发挥"辐射"、"示范"作用,就必须正式获得中央授权成为政治改革试验区。正如广东省委书记汪洋所言,"深圳不仅要在经济建设、文化建设、社会建设方面走在全省全国的前列,而且要在民主政治建设方面走在全省全国的前列","深圳作为特区要探索中国特色社会主义道路,必须在这个最尖端的问题上有所作为,在这个问题上有所作为,深圳特区就能够特起来"。中国的经济特区也许只有在政治改革上有可能寻求新突破外,已无其他真正意义的重大体制改革发展空间了。

值得关注的是 2010 年 4 月，在迎接特区建立 30 周年之际，正筹备召开中国共产党深圳市第五次党代表大会，首次在部分基层党委探索我国副省级以上城市党代会代表的"公推直选"。也就是"先公开推荐候选人，然后直接差额选举"，即通过在基层党员群众中公开推荐初步候选人，经基层党委审核、考察后，在党委或党委扩大会议上差额票决出正式候选人，然后提交基层党委的全体党员大会进行无记名差额票决，并在正式投票选举前，由正式候选人发表"竞选"演说，表达希望当选的愿望和准备履职的设想，当场回答党员群众提出的问题。①

中共深圳市委的此项改革举措意义重大，只要不断坚持和完善，将进一步推动中国共产党的党内民主发展，逐步将党章等文本制度规定的党员权利在党内政治生活中不断落实到位，并由此引领、推进和规范人民民主的发展进程。具体来说，主要表现在以下方面：

第一，这是具有中国特色的"公推直选"形式的民主选举模式在更高层次的延伸，表明了中共深圳市委在庆祝经济特区建设 30 周年时，继续保持着旺盛的改革热情，以创造性地贯彻落实党中央科学发展观的实际行动，在成功完成了为中国特色"社会主义市场经济探险"的历史重任后，继续发扬敢"闯"敢"冒"的精神，保持"特"的意识、作出"特"的思考，提出"特"的举措，再一次主动承担起为中国特色"社会主义民主政治开路"的艰巨使命。

第二，这对深圳市的政治发展而言，不仅将极大地直接推进党内民主的实践，也将间接地推进人民民主的发展。如果说副省级城市的党代会代表已可以部分探索由基层全体党员"公推直选"，那么区一级乃至更基层的党代会代表和基层党委选举的改革步伐，就更可以沿着"公推直选"的模式继续扩大探索的范围。如果说党内的"公推直选"选举模式能够全面协调可持续地不断发展和完善，那么就会给地方各级人民代表大会的代表选举方式改革，提供示范和经验。

---

① 参见《深圳成功"试水"公推直选市党代表》，载《深圳特区报》，2010 年 4 月 26 日第 A2 版；《深圳党代表公推直选直击》，载《南方日报》，2010 年 4 月 20 日"深圳观察·时政/民生版"。

第三,这对中国的政治发展而言,将有助于不断探索党的领导、人民当家作主和依法治国有机统一的中国特色民主政治。对于我们这样一个有着几千年封建专制统治历史积淀,而缺乏民主传统的国度,需要不断地探索适合中国国情民意的政治治理体制。而市场经济的发展所推动的社会转型和利益分化的加剧,在客观上迫切要求我国建立起适应市场机制、文明协调社会利益矛盾的一整套体制、机制、程序和规范。对于"公推直选"这样一种植根于中国基层政治改革的民主选举模式,如果在中国共产党内政治生活和人民基层政治生活中不断完善、反复实践,逐步普及,使广大党员干部和公民在长期的基层民主实践中学习民主知识、熟悉民主程序、养成民主习惯,就将为中国特色的民主政治奠定坚实的基础。而深圳对于第五次市党代会部分代表的"公推直选"改革尝试,一定程度上也反映了党对循序渐进地逐步探索和发展党内民主的决心,因此也将有助于坚定人民群众对发展社会主义民主政治的信心。

深圳经济特区在完成"为建立社会主义市场经济探险"的历史使命后,应努力成为探索中国特色社会主义民主法治的开路"先锋"。

我国政府职能转变问题的反思

何 颖[*]

【内容摘要】 本文以 30 年改革开放历史为线索，对 30 年伴随着中国政府机构改革的政府职能转变问题进行反思，认为我国政府机构改革的核心是政府职能的转变；30 年来，随着政府机构改革，职能转变经历了由政治职能为重心向以经济职能为重心的转变；由偏重经济职能向更加注重社会管理和公共服务职能的转变这两个阶段；在政府机构改革过程中，政府职能转变的具体内容概括起来，大致经历了政府职能下属化、政府职能外化、政府职能弱化、政府职能分化、政府职能综合化的过程；然而，反思中国政府职能的转变，由于政府机构的改革是艰难的、曲折的、复杂的，因而政府职能转变也必然存在着不可否认的问题与缺失：通过政府机构改革来转变政府职能，使政府职能转变仅仅囿于政府机构改革的范围与内容，实质上限制了政府职能的转变，同时也使政府职能转变具有了功利性色彩。

【关键词】 职能转变；政府机构改革

改革开放 30 年使中国发生了天翻地覆的变化。中国用 30 年时间走

---

[*] 何颖：博士，黑龙江大学哲学与公共管理学院教授，博士生导师。

完了西方100多年完善市场化的道路，把西方100多年的发展压缩到30年，矛盾则是不可避免的。中国30年的改革是纷繁复杂、千头万绪的。在这千头万绪的改革中，总体上是以经济体制改革为先导，主要解决三个矛盾问题：一是国家和社会的矛盾（涉及横向分权）问题；二是中央和地方的矛盾（涉及纵向分权）问题；三是劳动和资本的矛盾（涉及要素分权）问题。然而，伴随中国政府机构改革的政府职能转变无疑是解决上述三个矛盾的重要的物质承担者，因而毫无疑问的成为中国改革、中国行政体制改革的重要内容之一。回溯30年政府职能转变的过程我们认为：政府职能转变的动力在于服从服务于经济体制改革的需要，政府职能改革的重点在于调整政府与社会、政府与市场、中央与地方的关系，政府经济职能的转变成为政府职能转变的核心问题。

一、政府机构改革与政府职能转变

我国政府职能的转变是与政府机构改革紧密相连的，政府机构改革的核心内容是政府职能的转变。回顾30年政府机构改革的历程，可以看到我国政府机构改革的内容是紧随着不同历史时期的党的主导政策及经济改革的不同需要而决定的，大致呈现出三个不同时期的改革内容：一是精简机构：处理机构内部部门数量与人员数量的关系；二是转变职能：调整政府与社会、政府与市场、政府与企业之间的关系；理顺中央与地方之间及条块之间的关系；三是政府职能整合：理顺政府经济职能与公共服务职能之间的关系，理顺政府部门之间的关系，加强政府自身对全球化及深化政府体制改革的应对能力。

在这政府机构三个阶段的改革内容中，前半程（1982、1988、1993年）政府机构改革的内容是在技术层面上，注重的是政府机构本身的结构与数量的调整；后半程的政府机构改革（1998、2003、2008年）的内容上升到政治层面，注重政府职能转变、政府体制改革及政府转型。伴随着政府机构改革内容不断深化的过程，通过政府职能的不断转变与调整，政府的类型大致完成了由全能型政府向有限型政府（1982、1988、1993、1998年）的转变；由管制型政府向服务型政府（2003、2008年）的转变。

从上述政府机构改革的内容中可以看出，政府机构改革的核心内容是政府职能转变。中国政府职能的转变是一个历史过程。政府职能转变的过程与内容是十分复杂与艰难的。如果将政府职能转变划分为阶段来看，30年来，随着政府机构改革，政府职能转变经历了由政治职能为重心向以经济职能为重心的转变；由偏重经济职能向更加注重社会管理和公共服务职能的转变这样两个阶段。

从政治职能为重心向以经济职能为重心的转变。1978年，党的十一届三中全会作出了把全党工作重心移到社会主义现代化建设上来的战略决策，提出了中国政府职能要从以政治职能为重心向"以经济工作为中心"的历史性转变的问题。1980年，国务院《关于经济改革的初步意见》提出了中国经济体制改革要自觉运用经济规律，把单一的计划调节改为计划指导下充分发挥市场调节的作用。随着经济体制改革的逐步深化，经过1982、1988、1993年，特别是1998年的政府机构改革，政府职能逐渐沿着市场化方向前进，完成了由政治职能为重心向经济职能为重心的职能转变。

从偏重经济职能向更加注重社会管理和公共服务职能的转变。经过20多年的改革开放，进入21世纪，我国步入了工业现代化进程。一方面，伴随着经济全球化的到来，伴随着我国市场经济体制的不断完善与经济体制改革的不断深化，要求政府职能从以偏重经济职能向更加注重社会管理和公共服务职能。另一方面，在改革的过程中也暴露出政府工作长期"以经济建设为中心"的不足：生产安全事故频发、腐败现象严重、贫富差距过大等。这些现象的存在要求政府进一步转变政府职能，在继续抓紧抓好经济调节、市场监管的同时，要更加注重社会管理和公共服务，更加重视民生，让广大人民群众共享改革开放成果。2008年的政府机构改革则顺应了这种社会发展的需要，由偏重经济职能向注重社会管理和公共服务职能转变，以推进政府从过去经济建设型、行政控制型的治理模式向服务型的政府模式转变。

二、30年来我国政府职能转变的内容分析

在中国改革开放的30年中，政府职能转变的内容是伴随着我国经济、社会的发展变化而变化的。概括起来，30年来的政府职能转变大致经历了政府职能下属化、政府职能外化、政府职能弱化、政府职能分化、政府职能综合化的过程。

政府职能下属化。我国在1988、1993、1998年的政府机构改革中，政府职能转变主要集中体现在政府职能的地方化，即权力下放方面。为适应经济体制改革的需要，改变政府原有的计划经济体制下的职能特征，政府管理职能尽可能地向下一级政府转移。下一级政府愈来愈多地承担了教育、科技、公共事业等公共职能，同时将一些具体的经济管理职能下放给企业与社会。

政府职能的外化。政府职能的外化主要表现为政府职能向社会组织及国际组织的职能让渡。随着市场经济的不断成熟和公民社会的不断发展，社会组织结构发生了变化，社会中介组织不断增加，社会管理的事物越来越多，单靠政府无法承担不断扩张的社会管理任务，因此政府的职能就必须向社会转变，使原来由政府承担的具体的经济管理职能、公共职能和公共事务管理职能不断外移，企业与社会和多元化的投资主体承担了越来越多的经济管理事务与公共事务，政府不再直接管理企业，由其自主经营。1998年的政府机构改革充分体现了这一点。由此，政府职能的领域在客观上缩小了，这为不断减少政府机构奠定了职能基础。

随着经济全球化进程的推进，使得国际分工和专业化协作程度越来越高，国际组织通过建立世界范围的生产体系，迫使政府调整国内的产业结构和产业政策，从而将政府的国内经济调控职能部分国际化，从而使各国政府向国际组织让渡部分的政府经济管理职能，2003年的政府机构改革就是为此所做的组织准备与职能调整。

政府职能弱化。在1998、2003年的政府机构改革中注重政府职能由直接管理到间接管理，职能转变的重点是弱化政府直接管理的职能。职能转变要求政府不断解放生产力，去掉束缚社会生产力发展的过度的政府管制，这就必然要求政府调整机构设置。在这种情况下，政府只有放弃对企业乃至产业和社会的过细、过度的监管，并改变以行政命令的直接管理方式来进行具体事务的管理的现象，实行政府职能的整合，将政府工作的重心放在制定政策和提供服务上，这是促使政府部门实行大部制的重要动力。

政府职能分化。2003与2008年的政府机构改革中，政府职能转变的内容转向政府自身，主要是理顺政府内部的职能关系，即政府职能的决策、执行、监督职能的分化。这两次政府机构改革开始涉及政府体制改革的深层问题。政府自身改革最大的问题不是减少机构和精简人员，关键是要围绕推进政府改革的大方向，加强中央政府的决策职能与监督职能。只有将政府决策、执行和监督职能分离开，并相互制约，才能形成良好的权力运行机制。

政府职能综合化。随着机构改革中政府职能下移、外化、弱化与分化，随着市场经济的不断完善和公民社会的不断成熟，使原来由政府承担的具体职能和公共事务不断外移，政府管理的职能范围不断缩小。随着现代社会的发展，政府综合事务在政府事务中的比例不断上升，要求政府实施综合决策、综合执行与综合管理，以便加强对政府事务的综合协调与战略管理。因此，要求政府职能转变不断的趋于核心化、中心化和综合化。2008年，政府机构改革中实行大部制就是职能核心化、中心化和综合化的体现。

纵观上述我国30年政府职能转变的过程与内容，我们认为其特征表现为：

政府主导职能转变。由于我国在现代化过程中是后发国家，这就决定了我国的发展是赶超型的发展。在发展过程中政府是发展的主体，是推动社会发展的动力。因此决定了在政府职能转变过程中，政府是职能转变的主导力量。在我国基本上没有其他的社会力量参与职能转变，而完全是政府出于自主意识的一种自觉行为，政府是制度供给的主体。政府职能转变的本质是政府以自己为中心对政府与市场、政府与社会关系进行调整，即政府通过职能转变的形式来规范政府与市场、政府与社会的关系。政府通过职能转变这种自觉行为。使政府权力逐步地、有选择地退出经济和社会领域，通过强制性制度变迁的形式明确政府权力运行的限度，从而实现政府与经济和社会的领域分离。由此决定了调整政府与市场、政府与社会的关系构成了政府职能转变的基本内容。

政府职能由功能性向结构性的转变。在原有的经济体制下，政府职能的价值取向是以政府的管理和规范为主体的，因而政府职能的功能是集权的、单一的、整体性的政府权能，政府职能在功能上突出政府整体的需要，政府职能的范围广泛，政府职能的运行方式以政治性、行政性、直接性为主，同时政府职能的权能运行仅限于政府条块体系之内。通过30年的政府职能的转变，伴随着经济全球化与经济体制改革的不断深化，政府职能进行了结构性的调整，即从传统的、单一的、整体的政府功能性职能向分散的、多元的政府职能转化，打破政治与经济，国家与社会一元从属结构模式，收缩和限制政府职能运行的范围，建立政府与社会的二元职能结构，着力理顺政府与社会、政府与国际组织、政府内部中央与地方之间的关系，以经济性、法律性、间接性的职能运行方式取代传统的政府职能运行方式，建构适合市场经济发展的政府职能结构。

需要指出的是，在理论界理解政府职能转变是有误区的，一谈到政府职能转变就会被理解为政企分开和权力下放。这种对政府职能转变的理解是不全面的，它仅局限在对职能转变的功能性理解上，即把职能转变理解为简单的政企分开和政府内部的简政放权。而没有认识到在经济全球化与市场经济体制不断完善的背景下，政府职能的转变并不局限于政府体系内部，而是要冲破政府体系，在结构上调整和重新规范政府职能，处理好政府与国际组织、政府与社会、政府与市场、政府与企业、政府与事业单位的权利关系，以政府职能在结构上的调整来保证政府职能的功能发挥。

三、我国政府职能转变存在的问题与缺失

中国政府职能转变取得的成果是不争的事实。然而,中国政府职能转变的过程是艰难的、曲折的、复杂的。回首反思,中国政府职能转变存在着不可否认的问题与缺失。

政府职能转变的理论准备与事先设计不足。纵观我国 30 年的政府机构改革与政府职能转变没有形成自成一体的改革理论,也没有完备的理论支持,没有理论的前瞻性指导,没有超前的制度设计与制度安排。30 年的改革,我国处在社会与经济的转型时期,在由计划经济向市场经济转型的过程中,尽管充满了新权威主义和市民社会理论的争论,但我们对政府在转型过程中,究竟发挥何种作用?作用发挥到何种程度?政府职能转变到什么程度?转变的方式与方向是什么?却没有清晰的认识,更没有形成符合我国国情的政府改革理论。这就构成我国政府机构改革具有随意性、反复性、成本高、具体目标不明确的原因所在。由于机构改革与政府职能转变没有理论的支撑与前瞻,每次改革均缺乏事先具体的设计,改革的基本程序没能遵守,本应事先设计职能,后建立机构,再安排人员,而在历年改革的现实中则是先合并机构与人员,再设计职能,因人设事,职能设计不科学,出现职能缺位、越位、不到位及重复设置等现象,严重影响了政府行政管理的效能。

政府职能转变囿于机构改革,难以突破体制的羁绊。机构改革是政府职能转变的物质承担者。我国政府职能的历次转变都是随着政府机构改革而提出的,随着政府机构改革而实施的,是以机构改革为切入点来转变政府职能。通过政府机构改革来转变政府职能,使政府职能转变仅仅囿于政府机构改革的范围与内容,实质上限制了政府职能的转变,同时也使政府职能转变具有了功利性色彩,这也导致政府职能的转变不彻底。一个可以观察到的事实是,几乎每次政府职能转变后,政府职能机构的设置很不稳定,常常是职能转变中分开的部门在改革后又重新合并

在一起；改革中被裁减的职能部门在改革后又重新设置，政府职能转变则流于形式。政府职能转变的关键在于对行政权力格局的深层次的调整与制度设计，这是一个要有全局性、超前性、引领性、深刻性的制度创新问题。政府职能转变作为创新的制度安排应指导政府机构改革，而不是政府机构改革引领政府职能转变。

注重经济职能调整，忽视社会职能、公共管理职能的建设，导致社会发展不协调。由于我国政府机构改革是政府主导型的，改革的目标是适应经济体制改革的需要，因此政府机构改革历次调整均以经济职能为主，而管理调节收入分配、化解社会矛盾、维护社会公正、保持社会稳定、强化危机管理的社会职能与管理公共基础设施、公共教育、公共卫生、就业、社会保障的服务职能相对较弱。这是造成社会不和谐，贫富差距大的重要原因。

政府职能转变没有制度保障。政府职能转变是一个解构和重建的过程。在政府职能转变的过程中，一方面旧有制度渐趋解体，一方面新的制度不断建立。只有保持制度解构和制度重建之间的平衡，政府职能的转变才不致产生紊乱。与经济紧密结合的政府权力缺乏必要的制度约束，从而导致政府职能行为的失范：如大部制整合职能没有制度依据；决策、执行、监督职能三分没有制度依据，因此政府机构行使职能的行为缺乏制度化和规范化，充满了随意性和不确定性。之所以如此，原因在于政府职能转变缺乏法治基础，即没有以法律的形式和法的精神来巩固政府职能转变的成果，而常见的形式是以政府文件的形式来宣示政府职能转变的成果，而不是上升到法治的高度，如此，政府职能转变就容易流于形式。

例如，1988年撤销了国家经济委员会，90年代初以生产办的名义恢复了，1993年改称国家经济贸易委员会，1998年变成了一个超级大委，2003年又把它撤掉了。又如，能源管理职能，到底要不要有一个政府机构来统一管理，也经过了多次反复。1982年是行业部分设，1988年单设能源部，1993年恢复行业部分设，1998年降格为经贸委代管的行业局分设，2003年撤销所有的能源管理机构，2008年成立了两个机构：一是国家能源委员会，属于高层次议事决策机构；二是国家能源局，由国家发改委管理。可见随意性导致我国政府机构改革的高成本低效率，同时也使得政府职能的转变有很大的随意性。

社会力量薄弱。社会力量的成长与壮大是政府职能转变的必要条件。一方面，一个社会在包括经济、政治、文化生活等各个领域具有了足够的自主性和自治力，意味着社会自身的成熟与完善。由于社会具备了较强的自我管理、自我协调、自我服务的能力，能够通过社会自身的力量与机制化解社会矛盾，解决社会问题，满足社会需求，因此社会对政府的诉求减少。另一方面，由于社会主体性力量得到充分发展，使社会形成了对政府行为的巨大约束力、社会需求的增长固然是政府规模扩张的基本动力，然而成熟的社会系统同样也可以制约行政机构的膨胀与政府职能的越位。如果社会具有较强的自我满足机制与功能，那么它可以限制政府规模扩张的倾向。显然，社会自身的自我管理、协调和服务机制的缺失或者失效，才是政府规模扩张的直接原因。由此可见，政府职能转变与政府转型的真正实现，必须以社会力量的健全为前提，社会必须具有足够的自治能力以便承担起从政府机构分离出来的职能。否则，政府职能转变和机构改革都不可能真正成功。由于我国一直以来存在的是"强国家"、"弱社会"的社会形态，国家和政府掌握所有的社会资源，并对社会生活进行全面的干预，社会严重依赖于政府，丧失了自主自治的能力。虽然在30年的改革中，社会在不断成长，但是远没有达到社会自治的程度。在改革过程中，政府通过职能转变放弃了一些公共事务的管理权，但职能转变并不等于职能消失，政府原有的职能为新的职能所取代，而原有的职能必须有新的承担者。由于社会没有相应的力量和机构或没有足够的能力去承担这些分离出来的职能，反而增加社会的混乱与失序，最终政府还是不得已要自己重新担起对这些公共事务的管理职能，因而使得职能转变的目的无法达到，反而重新陷入"精—胀"的循环。可以说，这正是我国历次机构改革成效不大的症结所在。由此可见，对于中国而言，要使政府职能转变取得突破性的进展，必须使社会自身的自我管理、自我协调、自我服务的能力得到充分的发展和完善。

路径依赖问题。政府职能转变在某种意义上讲就是制度变迁。在制度变迁中，一定的制度产生后，后始的制度变革会对初始的制度安排产生依赖，即沿着初始的制度变迁路径走下去，这就是制度的惯性与制度的路径依赖。同样，我国的政府职能转变也具有路径依赖问题。我国政府职能转变都是在原有管理体制和管理模式基础上的理顺关系，而不是从构建科学合理的权力结构和创新管理模式角度来理顺关系。现有的行政体制是在高度集中的计划经济体制下形成的，这种体制的弊端是每一级政府都大而全，职能配置不尽科学，机构设置上下对口；各行业系统又是封闭运行，集决策、执行、监督职能于一身，各自为政，权力很难制约。这种集权体制强化了等级制，有利于上下管理的控制，但弱化了权力的制衡关系，忽视了地区间发展不平衡所带来的管理差异性，以及决策、执行、监督职能作用的区别。因此，在原有体制中进行职能转变，只能是关系的调整，而不可能产生制度的变革与跃迁。这也是为什么我国政府职能转变与政府机构改革不断出现反复的原因所在。

综上所述，中国政府职能的转变是一个历史过程。政府职能转变的过程与内容是十分复杂与艰难的。尽管如此，但是中国政府职能转变的历程终将是一个不断前进的过程。

仁护民主

——中国的民主传统及其当代意义

储建国[*]

【内容摘要】 中国政治学者需要突破对民主的教条主义理解，走出外来民主的概念化框框，进而从中国本土的政治传统与现实经验中去寻找民主资源，提炼民主思想。本文将通过对仁护民主的描述，通过与自由民主、人民民主的比较，论证发现仁护民主在当代中国，乃至在当代世界仍然具有生命力。对当代中国来说，仁护民主的复兴希望在于和人民民主进行有效的对接和融合。

【关键词】 仁护民主；中国民主传统；人民民主

20世纪末，世界范围内出现了新一轮民主浪潮，给学术界带来很大的兴奋。但随着时间的推移，尤其是进入21世纪，这种浪潮出现了很多挫折，促使学者们对移植外来民主进行更加深入的思考。比较政治研究者威亚尔达认为，西方的传统生产了一种狭义的民主定义，这种定义在非西方地区出现了水土不服的问题，那里需要一种广义的、内涵更加丰富的民主定义。[①] 中国政治学者需要突破对民主的教条主义理解，走

---

[*] 储建国：博士，武汉大学政治与公共管理学院政治学教授，博士生导师。
[①] 霍华德·威亚尔达："民主与民主化：西方传统的产物抑或普遍现象？"，见〔美〕霍华德·威亚尔达主编：《民主与民主化比较研究》，榕远译，北京大学出版社2004年版，第8页。

出外来民主的概念化框框，进而从中国本土的政治传统与现实经验中去寻找民主资源，提炼民主思想。有越来越多的学者发现，中国政治传统中存在丰富的民主因素，目前存在进一步理论化的可能。①

一、仁护民主的含义

中国政治传统中存在民主因素，这并不是一个新鲜的命题。自从遭受西方政治文明冲击之后，中国第一流的知识分子就认识到，民主是中国古代先贤的追求。

在近代知识分子挖掘中国民主思想传统的过程中，康有为是最有力的代表。他认为中国古代经典阐发了民主的含义，并认为孔子的政治理想是太平之世，那是一种高度民主的状态。他说："太平之世，人人平等，无有臣妾奴隶，无有君主统领，无有教主教皇。孔子所谓'见群龙无首'，天下治之世也。"② 他进一步认为，孔子心中有了民主发展的宏观路线图，那就是从据乱世到升平世，再由升平世到太平世，"孔子拨乱升平，托文王以行君主之仁政，尤注意太平。托尧舜以行民主之太平"③。这句话表达了仁护民主的核心含义，也就是通过仁政来实现民主，不过，仁护民主有着比这更丰富的含义。

孙中山尽管走了一条不同于康有为的道路，但他同样认为中国古代存在民主的传统，指出"共和者，我国治世之神髓，先哲之遗业也"④。

---

① 李铁映的《论民主》一书认为中国古代思想中存在民主性因素，当代中国的民主发展要与中国传统文化相连接。参见李铁映：《论民主》，人民出版社2001年版，第317页。国外学者如安乐哲、贝淡宁等认为中国传统中不仅存在民主思想，而且这种思想拥有西方自由民主思想所不具备的优势。参见安乐哲、郝大维：《儒家民主主义》，中国文化书院，http://www.iafcc.org/qingdian/anlezhe02.htm，2001-05-17；贝淡宁：《超越自由民主》，上海三联书店2009年版，第8—9页。
② 康有为：《大同书·去礼界致太平》，中州古籍出版社1998年版。
③ 康有为：《孔子改制考·孔子改制法文王考》，中华书局1958年版。
④ 孙中山：《中国必先革命而后能达共和主义》，见《国父全集》（第四册），台北近代中国出版社1989年版，第451—452页。

孙中山不仅将民主观念上溯到中国远古时期，而且在民主制度设计上吸收中国古代政治制度之优点。他的五权宪法中的考试院和监察院就是中国政治传统的创造性转换。

他们的民主道路在当时的实践中都没有取得预想的成功，但他们将民主政治接上中华传统精神命脉的努力是值得后人思考的。我们不能只是把他们的努力当做政治上的一种权宜和策略，而应该认真地探讨中国古代究竟存在什么样的民主思想，这种思想对于当代究竟有何意义。

笔者曾从共有、共治、共享三个层面对中国古代的共和观念进行了梳理。① 古代共和观念其实就是古代民主观念，它们出自不同的古代语言，但表达的是类似的政治事实。达尔在《论民主》一书中认为，从词源上讲，民主（democracy）与共和（republic）均是指一种曾在古希腊、罗马和意大利历史上出现过的性质相同的政体，前者为古希腊人所用，后者为罗马人发明，它们所反映的是一种希腊语和拉丁语的不同，一种不同的来源而已。② 笔者认为，民主在很多民族的古代传统中都有过朴素的表达，在中国古代，这种表达更为显著，更为精练，并呈现出不同于西方传统的特点。

共和思想中的共有、共治、共享对应着民主思想中的民有、民治、民享，尽管前者可以包含更多的政治型态，但它们最终的指向是一致的。在中国古代，共有、共享的思想与民有、民享的思想基本相同，但共治的思想与民治的思想则存在比较大的差异。中国古代的共治可称之为仁治，而非强调大众参与的民治。因此，中国古代民主思想可以总结为"民有、仁治、民享"的思想。

这种思想集中地表达在《礼记》中的一段话："大道之行也，天下为公。选贤与能，讲信修睦，故人不独亲其亲，不独子其子，使老有所终，壮有所用，幼有所长，矜寡孤独废疾者，皆有所养。"③ 这就是中国

---

① 储建国：《先祖的呼唤：中国的共和传统》，见徐大同主编：《中西文化论丛》，2009年版。
② 〔美〕罗伯特·达尔：《论民主》，林猛、李柏光译，商务印书馆1999年版，第20页。
③ 《礼记·大同》。

古代的民主理想，它不是指向未来的一种乌托邦，而是对远古时代民主经验的一种理想化表达。古代先贤认为这种民主大道存在于过去，后来衰落了，所以孔子感叹说："天下无道也久矣。"①

在古代经典中，这一段话的含义是比较清楚的。为了能够进一步准确把握这种古代的民主思想，我们需要通过各种表述来相互比照，相互印证。

"天下为公"的解读

首先，"天下为公"表达了中国古代的"民有"思想。这个词的基本含义至今仍然很明确，以致没有太大的争议。它表明天下是大家共有的，不是哪一个人或一群人独有的。然而，仅仅这种表达还构成不了现实政治的明确指针，因为当时的现实生活中出现了人与人之间的等级、公有与私有之间的分野、邦国与邦国之间的冲突，等等。天下为公的观念如何与这种分裂性的现实相适应呢？古代思想家便来做理想与现实之间的调和工作。

关于人与人之间的等级，古代先贤并不认为是天经地义的。相反，在中国古代思想中，有一种天生平等的观念。《尚书》中说："皇天上帝，改厥元子。"② 元子是众子之长，但元子并非生下来就定了的，而是可以更改的，也就是说，元子与众子之间的地位差异不是生来就有的，不是固定不变的，元子本为众子之一员。这种平等思想更多地被带有平民色彩的思想者所继承。墨子言："官无常贵而民无终贱"，就很好地概括了这种平等精神。③ 陈胜、吴广的"王侯将相，宁有种乎？"也是这种精神的彰显。梁启超说："质言之，则人人皆可以为天子也。此种人类平等的大精神，遂为后世民本主义之总根芽。"④

然而，这种平等思想是一种间接的表达，是用人人都有资格获得等

---

① 《论语·八佾》。
② 《尚书·召诰》。
③ 《墨子·尚贤上》。
④ 梁启超：《先秦政治思想史》，东方出版社1996年版，第36页。

比较视野下的中国政治
仁护民主

级中的职位来说明的。以孟子为代表的儒家则将这种资格解释为德性能力，也就是天爵。孟子言："人皆有不忍人之心"①，肯定"人人皆可以为尧舜"②。孟子强调这种德性能力，实际上是在肯定人类平等的同时，为不平等的等级安排提供了正当性说明。他否定了那种凭借出身而形成的等级，肯定了依据贤能差异而形成的等级。共同拥有天下，与差别拥有某种资源是可以共存的。

关于公有与私有之间的分野，古代先贤在"天下为公"观念与现实私有制之间进行了妥协。各民族的早期历史中，都有一种朴素的公有观念，它接近于一种无主所有的状态。当人类发现排他性土地有很大的好处时，强力掠夺便开始了。这样来的结果便是强者拥有沃野千里，弱者则无立锥之地。孟子看出，如果私心不能消除的话，那么就必须明确公产、私产，让它们都得到保护。所以，他说："夫仁政，必自经界始。经界不正，井地不均，谷禄不平。是故暴君污吏必慢其经界。"③ 所谓"经界"也就是今天所说的财产权利之边界。这个界怎么划呢？孟子描述了井田制的状态，"方里而井，井九百亩，其中为公田。八家皆私百亩，同养公田。公事毕，然后敢治私事"④。这是在公有优先前提下对私有的保护，这个原则一直延续至今，当前中国农村土地制度就有井田制的影子，有人认为它是孟子经济思想的最新版本。⑤ 这种制度保证了人民的基本福利不受侵犯，并且需要国家的保护。贝淡宁认为，这是东亚民主不同于西方民主的关键之点，那就是物质福利具有压倒性价值。⑥ "仁护民主"的首要任务就是看护人民的基本福利，这也正是"夫仁政，必自经界始"所要表达的意思。

关于邦国与邦国之间的冲突，在古代先贤看来，是一项令人苦恼的

---

① 《孟子·公孙丑上》。
② 《孟子·告子下》。
③ 《孟子·滕文公上》。
④ 同上。
⑤ John E. Schrecker, *The Chinese Revolution in Historical Perspective*, New York: Greenwood Press, 1991, p. 186.
⑥ 〔加拿大〕贝淡宁：《超越自由民主》，上海三联书店2009年版，第226页。

事实。一个邦国凭借暴力占据一块领土，在中国古代，得不到什么合道性理论的支持。孟子说："今之事君者曰：'我能为君辟土地，充府库。'今之据为良臣，古之所谓民贼也。君不乡道，不志于仁，而求为之强战，是富桀也。'我能为君约与国战必克。'今之所谓良臣，古之据为民贼也。君不乡道，不志于仁，而求为之强战，是辅桀也。"① 古代先贤的理想世界是一种"天下"的民主秩序，康有为所说的"去国界"准确表达了这种理想。其途径是通过有德之人的表率作用，带领大家过上更加文明的生活。在暂时不能改变邦国边界的情况下，以儒家为代表的先哲认为需要说服君主行仁政，以感化天下，实现民主的大一统。因此，无论是孔子，还是孟子，都有辅佐君主的志向，希望他们能够改变自己的行为，向道归仁。这就是"以道事君，不可则止"②的原则。西周先王古公亶父不忍心人民被屠杀，放弃对戎狄部落的战争，并发表了"有民立君，将以利之"③的著名演讲。从这种政治表达中，可以清晰地看出古代民主天下的观念：天下是人民的天下，邦国、君主都是人民的工具，而不是像后来那样神圣不可侵犯。

如果从"天下为公"的理想出发，人类应该平等地拥有整个天下，但这个只能作为终极的参照，无法为现实政治提供有意义的指导。因此，先贤就采取妥协方式，在平等的理想下，容纳合理的等级；在公有的理想下，容纳有限的私有；在天下的理想下，容纳善治的邦国。这三个层次的内容回答了什么人拥有什么东西的问题，从本原的意义来说，平等之人共同拥有天下的资源；从现实的意义来说，差别之人分别占有这些资源。这种妥协在逻辑上并不顺利，为什么有的人占有更多的资源，这很难得到合道性的解释。不过，现实层面与理想层面之间还是可以看出明显的联系。在中国古代政治现实中，有两项事实与"天下为公"的理念有关。首先是私有财产被允许发展，但是受政治上的限制，尤其是豪富家族常常受到打击；其次是政治上不断追求统一，邦国的分

---

① 《孟子·告子下》。
② 《论语·先进》。
③ 《史记·周本纪》。

裂状态总是被认为不正常。这两项事实持续两千多年，不因时代而改变，如果没有一种强大的观念作为支撑，就难以产生这样的效果。这种强大的观念就是"天下为公"，从这个角度来看，不理解古代理想层面的东西，也就很难理解现实层面的东西，尤其是现实中具有持久性的政治规律。如果要寻找中国的民主传统，那么"天下为公"就是这个传统的根基，它既可以解释经济上的所有，又可以解释政治上的所有。

"选贤与能"的解读

在中国古代的政治传统中，的确缺乏公民普遍参与的雅典式民主。古代中国人崇尚贤治观念，认为政治中最重要的事就是选出贤能之士来治理国家。

中国远古帝王的传说中，神话色彩并不多，而着重讲这些帝王的品德与才能，讲他们如何带领自己的人民过上更好的日子。譬如说三皇中，伏羲氏制作八卦，教人结网捕鱼；神农氏教人耕种，并寻找草药，教人医疗；燧人氏则是发明了火，教人烤熟食物，取暖去病。

这种传说，源远流长，在中国政治合道性观念的形成中起着重要的作用。治理者的资格并不是其神授的或血缘的身份决定的，而是其品德和才能决定的。尧传位给舜的传说更是强化了这种合道性取向。

在中国古代人的观念中，拥有天下与治理天下是可以分开的，人民拥有天下，贤者治理天下，似乎是个很自然的区分。这就是为什么"天下为公"之后，紧接着就是"选贤与能"。人民亲自进行治理在中国古代没有得到有影响力的思想支持。

人在贤能上存在差别，这个基本事实得到各层次人们的认可，让贤能人士出来治理天下也基本上是各流派思想的共识。

然而，如何识别和选拔贤能之士？

孟子认为，天子不能把天下私相授人，而只能向天和民举荐候选人，他说"昔者尧荐舜于天而天受之，暴之于民而民受之"[①]。其实这是

---

① 《孟子·万章句上》。

温和地认为，天子的产生必须经过人民的同意。不过，在孟子那里，人民同意的方式不很明确，而墨子则明确提出要民选天子。他说："天下之所以乱者，生于无政长，是故选天下之贤可者，立以为天子。"①

舜成为帝王的过程成为后世典范：(1) 众人举荐，不避贵贱亲疏远近；(2) 比较权衡，确定候选人；(3) 试用培养，在各种岗位上锻炼；(4) 代理王政，观天命民意；(5) 正式继位，接受挑战。② 第一阶段，丹朱、共工、鲧入选；第二阶段，共工落选，丹朱部分落选，鲧入选；第三阶段，鲧落选，舜入选；第四阶段，舜入选，丹朱基本落选；第五阶段，舜正式当选，但仍受竞争者挑战。

然而，这个过程是否进行，如何进行，需要在位帝王来定妥，并非一种制度化的安排。而且，如果认真地执行这一过程，其成本是很高的，如果一个国家的规模越大，成本会越高。因此，即使这个过程真实存在过，想要持续下来是很困难的。不过，作为一种政治理念，它对于后世的影响是巨大的，尽管没能用在选天子上面，但用在了选官员上面，科举制度就是它在现实中的重要运用。科举制度是通过一种可以操作又不失公平的办法来实现"选贤与能"的理想。

如果将贤能之士选出来，是为了天下的所有者来治理天下，为了国家的所有者来治理国家，那么这样的一个过程也就是民主的重要组成部分。无论是科举还是其他什么方式，都可以成为实现民主的方式。

治理者在治理过程中不能采取独断的方式，而应该采取咨询、协商、尊重多数并相互监督的方式。

首先，治理者要听取人民意见。诗经中说，"询于刍荛"，意思是治国要听打柴人的意见。古代治理者要派专门的官员收集民意，而且会召集众民大会，发表政见，倾听众民意见。《尚书》中说："王命众悉至于庭。"③ 梁启超说："《大诰》、《多士》、《多方》等篇，一读而知为周公

---

① 《墨子·尚同》。
② 《史记·五帝本纪第一》。
③ 《尚书·盘庚》。

对群众之演说辞。"①

其次,决策过程要充分协商,并尊重多数。《尚书》中说:"三人占,则从二人之言。"②《左传》进一步解释说:"三人占,从二人,众故也。武子曰:善钧从众。夫善,众之主也。"③ 意思是,当若干意见都让人感觉不错,争执不下时,就听从多数人赞同的那个意见。

最后,要以制度化方式让官员之间相互监督。中国治理传统中,没有像西方那样利用人性自私而设计分权制衡制度,而是假定人有公心,同时也有各种私心杂念而且智慧有限,后者会妨碍公心的发挥,因此需要设置不同的机构,赋以不同的权责,以相互提防,少犯错误。

这就是所谓"相防过误",是中国古代的权力制约理论。唐太宗对此有精要的说明:"中书所出诏敕,颇有意见不同,或兼错失而相正以否。元置中书、门下,本拟相防过误。人之意见,每或不同,有所是非,本为公事。或有护己之短,忌闻其失,有是有非,衔以为怨。或有敬避私隙,相惜颜面,知非政事,遂即施行。难违一官之小情,顿为万人之大弊。"④

总之,仁护民主的治理过程在强调贤者治理的同时,特别注意治理者之间,以及治理者与被治理之间的善意互动,以产生优良的决策和治理效果。

"讲信修睦"的解读

很多人可能认为"讲信修睦"是个好东西,但与民主没什么关系,或者只是民主的某个条件。其实不然,"讲信修睦"恰恰是民主的重要内容,它要培养的是一个自治的社群,在这个社群中,个人通过相互修正自己的行为,以更好地保持相互之间的沟通。只有在充分沟通的基础上,个人才能达到对社群的充分参与,只有在充分参与的基础上,大家

---

① 梁启超:《先秦政治思想史》,东方出版社1996年版,第37页。
② 《尚书·洪范》。
③ 《左传·成公六年》。
④ 吴兢:《贞观政要·政体》。

才共同感觉到对周围的生活有一种确定的把握,这才是民主生活的真谛。

在中国古代先贤的理解中,家庭生活与公共生活是连为一体的,你首先在家庭中被培养成一个健全的人,然后才能在公共生活中成为一个健全的人,二者的逻辑是共通的,不是分裂的。而在西方,自亚里士多德开始,就认为家庭生活与公共生活是不同性质的生活,私人领域与公共领域遵循不同的逻辑。

中国有着不一样的传统,在自古以来的观念中,家庭领域与公共领域在空间上可以分离,但共享同一套规则。一个人的修身齐家是治国平天下的基础,或者说家庭人格是公共人格的基础,二者之间不是断裂的关系。

这里的关键是一套共享的规则,那就是体现"仁"的规则,也就是"礼"。一个礼治主义的社会与一个自由主义的社会是不一样的。在自由主义社会中,尤其是以美国为代表的自由主义社会中,要求公民遵守一套道德规范被认为侵害了自由,因为它意味着对个人的某种强制。而在礼治主义的社会中,遵守体仁之礼,则是自由(如果可以用自由这个词的话)的保障。很多学者对此不理解。美国学者安乐哲认为,通过杜威开创的美国社群主义民主传统,可以理解这一点。这种传统认为,民主的基础是沟通的社群,个人的自由身份意味着在社群中成长,并在社群需要时随时修正个体的行为。①

而离开了"礼"之类的共享规则的社群(很难称之为社群)会是什么样的呢?那就会出现个人张狂、冲突增加、社会解体的状态,正如安乐哲所描述的,"形形色色的带有偏狭性质的说教迅速乘虚而入,比如自卫组织、基督教原教旨主义、激进的反堕胎主义、新纳粹主义、白人优越主义、有组织的恋童癖,等等"②。在此基础上,那种以自由主义权利为核心的民主安排越来越难以保证社会的和平与安宁。

---

① 安乐哲、郝大维:《儒家民主主义》,中国文化书院,http://www.iafcc.org/qingdian/anlezhe02.htm,2001-05-17。

② 同上。

民主需要在社群之网中安全地运行，而"礼"是这种网络中的纽带，"仁"则是这种纽带背后的精神之源。离开了"仁"与"礼"，中国社会能够产生一种好的民主生活吗？

好的民主生活一定包含了人与人之间信任与和睦的内容。以帕特南为代表的政治学者令人信服地说明了公民信任与民主绩效之间的关系。但这些研究者通常都是将信任与和睦视为民主的条件，而不是民主的内容。如果将民主理解为大家对周围的生活一种安全和自信地把握，那么信任与和睦就是这种把握的重要内容。在霍布斯的自然状态之上可以建立强大的国家机器，但绝不可能形成安全的民主生活。

民主不仅包含共同安全，而且包含相互协助，"讲信"是为了共同安全，"修睦"是为了相互协助。前者可以形成基本的民主生活，后者则可以形成积极的民主生活。这是"仁"之精神的两层面含义，一是对他人生命的保护之义，二是对他人生命的提升之义，二者都源于那种稀薄而又弥足珍贵的恻隐之心。

这可称为"一心开两义"，它是好民主的根本保证，是仁护民主的精神根基，在此基础上，可以形成善意互动的公共生活。

"皆有所养"的解读

"讲信修睦"表达了一个社群内部个体生命之间善意互动的关系，也就是你对我好，我也对你好的关系。有了这种关系，一个民主社群就可以运作起来，然而，它的运作还需要另外的关系，那就是人的生命与所需之物的关系，这种关系发生在一个社群内部，因此它就不是单纯的人与物的关系，而是人与人的关系，让这种关系达致和谐状态，是整个社群的责任。只有从社群责任的角度，我们才可以理解接下来的这句话，"人不独亲其亲，不独子其子，使老有所终，壮有所用，幼有所长，矜、寡、孤、独、废疾者皆有所养"。

如果用现代政治学语言来解读这句话，那就是古代先贤一方面意识到公共生活与私人生活的不同，好的私人生活不等于好的公共生活；另一方面又认为私人生活是公共生活的基础，后者的逻辑可以从前者那里延伸出来。这种延伸的逻辑就是"推己及人",首先每个人需要"亲其亲,子其子";其次每个人不能"独亲其亲,独子其子",需要"老吾老以及人之老,幼吾幼以及人之幼"。

这里面,有个推导的困难需要解决,如果这种社群的责任只是依靠每个人的主动性,那么"皆有所养"的目标是难以达成的。作为个人来说,尤其是儒家意义上的个人来说,对周围人所尽的责任是有差别的,对自己的父母当然会尽更多的责任,但对周围的亲戚、邻里、路人,他所尽的责任会根据亲疏的不同而有所不同。然而,从社群的角度来看,每个老年人都是一样的,都应该得到同等的关怀。因此,这种社群的责任如果要实现,就需要一个脱离私人关系的公共行为者,或者说代理人,它要一视同仁地对待每一个人。作为社群内的个人来说,"推己及人"的结果只能是差别之仁,而作为社群整体来说,则"推己及人"需要演变为"推己及公",从而达致"一视同仁"。若此,私人生活与公共生活就统一起来,从个体到整体的逻辑裂缝就得以弥合。

在"一视同仁"的原则下,社群内的每个成员皆有其位,皆有所养。皆有其位指的是每个成员在社群内都有一定的角色,成年时有一定的职业。皆有所养的目标是让每个人有体面的生活。这种生活有两个层面的含义,一是要能够有基本的物质生活,二是要有基本的社群生活。前者以温饱为参照,后者以家庭为参照。这里专门列出了需要社群承担特别义务的人,即"矜、寡、孤、独、废疾者"。从其定义中我们可以看出,这些需要关照的人不仅是物质生活的欠缺,更重要的是社群生活的欠缺。缺少社群性关联被视为非正常的成员状态,在某种程度上是被社群排斥或半排斥的人,这样的人就难以参与周围的生活,也就难以获得与其他成员尊严对话的感觉。

所以,"皆有所养"表达的是仁护的共享目标,不仅共享社群创造的物质生活,而且要共享社群生活本身。

概括一下,仁护民主有四项内容:一是共同所有;二是贤能治理;三是善意互动;四是皆有所养。

二、与自由民主的比较

从中国历史中挖掘出来的"仁护民主"与"自由民主"有何区别呢？它的竞争力何在呢？

我们先来看看自由民主意味着什么。

自由民主是西方社会自近代以来所逐渐形成的一种民主模式，在当今世界上仍然占据着某种优势地位。自由民主思想是由洛克、孟德斯鸠、麦迪逊、边沁、密尔、熊彼特、达尔等一系列思想家创造、加工而成的。

这种民主的浓缩版是熊彼特给出的，他在《资本主义、社会主义和民主》一书中，把民主视为一种竞争性选举，认为"民主方法就是那种为作出政治决定而实行的制度安排，在这种安排中，某些人通过争取人民选票争取作决定的权力"①。这个定义目前为西方主流学界所运用，认为它清晰可辨，容易操作。

我们得承认，这个定义比较准确地反映了当代西方国家的民主政治现实，作为一个分析性定义来说，具有它的优势。但分析性优势不等于规范性优势，比较符合现实的民主概念不等于它是个"好"的民主概念。赫尔德正确地指出，关于当代民主本质的经验性证据，不能直接用来作为基础，反驳古典模式奉为神圣的规范性理想。②

但在很多西方学者的眼中，这两个东西是合一的。即使熊彼特本人，也没有清晰地区分这两个东西。熊彼特自己也意识到自己的民主定义在西方会被越来越多的人所接受，因为它更忠实于生活，也就是更加

---

① 〔美〕熊彼特：《资本主义、社会主义与民主》，吴良健译，商务印书馆2000年，第395—396页。

② 〔英〕赫尔德：《民主的模式》，燕继荣等译，中央编译出版社2004年版，第242页。

符合现实。① 他所要取代的就是古典民主。

我们通常了解的所谓古典民主，指的是古希腊民主，尤其以雅典民主为代表，它意味着公民直接决定城邦事务，通常被称为直接民主。这种古典民主到后来几乎绝迹，西方近代政治思想家对它进行了激烈的批评，不再把它当做一种有意义的民主模式，而代议制民主渐渐成为主流，并成为自由民主的一个基础。不过代议制民主尽管与雅典民主不同，但雅典民主的精神仍然可以运行其中。这个精神是什么呢？那就是人民能够为社会的共同福利作出政治决定。以卢梭为代表的近代民主主义者很好地继承了这个定义，熊彼特将其表述为："民主方法就是为现实共同福利作出政治决定的制度安排，其方式就是使人民通过选举选出一些人，让他们集合在一起来执行它的意志，决定重大问题。"②

这个定义不也是选举民主吗，与熊彼特的现代民主定义有什么区别呢？

擅长于分析的熊彼特抓住了这个定义中的两个概念进行批评，一是"共同福利"，二是"人民意志"。他的理由如下：

第一，"不存在全体人民能够同意或者用合理论证的力量可使其同意的独一无二的共同福利"③。一些人的需要也许与共同福利不同，但这不是主要的，关键是不同人心中的共同福利意味着不同的东西。

第二，"即使有一种充分明确的共同福利——譬如功利主义者提出的最大经济满足——证明能为所有人接受，这并不意味着对各个问题都能有明确的回答"④。也就是说，人们对于实现某种共同福利的方式上会意见分歧，这种分歧不亚于目的分歧。

第三，在找不到统一的共同福利及其实现方式的情况下，"人民意志"所依托的基础就不存在了，因而就成了一个虚幻的东西。因为"除

---

① 〔美〕熊彼特：《资本主义、社会主义与民主》，吴良健译，商务印书馆2000年版，第395页。
② 同上，第370页。
③ 同上，第372页。
④ 同上，第372页。

非至少从长期看来存在全体个人意志被其吸引的中心——共同福利就得不到特殊类型的'自然的'共同意志"①。

熊彼特借助古斯塔夫·勒邦的群众心理学进一步说明,普通公民在政治问题上常常是非理性的、无知的、狭隘的、自私的。重要政治问题在一般公民心中缺乏现实感,从而导致责任心的减弱和有效意志的缺乏,导致他们在国内国际政策方面的无知和缺乏判断力,"这种情况出现在受过教育与在非政治性事业中取得成功的人们中间要比出现在地位低微、未受教育的人们中间更令人吃惊"②。"典型的公民一旦进入政治领域,他的精神状态就跌落到较低水平上"③。

这些理由促使熊彼特把"人民决定政治问题"降低为民主的次要方面,而将"人民选举作决定的人"作为民主的核心方面。他在下定义时则干脆将这个次要方面排除出去了,而民主仅仅意味着"政府的执政权应交给那些比任何竞选的个人或集团获得更多支持的人"④。

这个定义的优点是比较清晰,为许多政治学者所喜欢。亨廷顿更明确地说:"自由公正的选举是民主的实质,是其必不可少的内容。通过选举产生的政府也许是无效率的、腐败的、目光短浅的、不负责任的,也许受特殊利益的主宰,不能采取符合公益的政策。这些特征也许让这些政府不受欢迎,但不能改变它们的民主性质。民主只是一项公共优点,而不是唯一优点。"⑤

亨廷顿认为,民主并不意味着好政府,这是两回事,但他认为民主是好政府的一个特征。亨廷顿在这么说时,显然不希望现实中的民主政府与好政府相背离。然而,非西方国家的现实却大量地生产了这种背离,那些通过竞争性选举产生的政府常常不是好政府,引入竞争性选举

---

① 〔美〕熊彼特:《资本主义、社会主义与民主》,吴良健译,商务印书馆2000年版,第373页。
② 同上,第385页。
③ 同上,第386页。
④ 同上,第387页。
⑤ Samuel P. Huntington, *The Third Wave: Democratization in the late Twentieth Century*, University of Oklahoma Press, 1991, p. 10.

的国家常常陷入混乱和腐败当中。

如果以竞争性选举为特征的民主与不好的政府之间存在经验性的关联，那么这种民主还有什么吸引力呢？那种比较廉洁、高效和负责任的政府又是如何与这种民主相联系的呢？

有人指出问题的症结在于，那些引入竞争性选举的国家是民主国家，但不是自由民主国家，他们实行的是不自由的民主。自由的民主不仅仅意味着自由公正的选举，而且意味着法治、分权和对言论、集会、结社、财产等基本自由的保护。不自由的民主不仅是不够的，而且是危险的，它会带来自由的侵蚀、权力的滥用、族群的分裂甚至战争。①

当然，在西方社会，主流学者所理解的自由与民主是并肩而行的，而且在近代自由主义传统中，自由具有优先于民主的地位。洛克认为，政府的存在是为了更好地保护人民的自然权利，由公民选出的代表根据多数原则作政治决定，而这些代表及其派生的治理者都要受到法律和分权的限制，以免侵害人民的生命、自由和财产。②

约翰·密尔则在洛克等人的基础上，进一步论证了自由民主的好处。他一方面扩展了洛克的理论，认为参与政治生活对于公民的道德和智识的发展具有重要意义。③ 另一方面，他坚持洛克的原则，认为人类之所以有理有权以个别的或集体的方式对其中任何分子的行动自由进行干涉，唯一的目的只是自我防卫。④ 相对于洛克来说，密尔的思考更加丰富，他列出了名目更多的自由清单，鼓励公民更多地参与地方和公共事务，同时强调专业的治理事务必须交给那些有这方面的智慧和专长的人，因为对政府事务的控制和实际去做这些事务，其间有根本的区别。⑤

自此以后，在西方的政治实践中，以竞争和参与为主要特征的民主生活有了越来越大的扩展，但西方社会的自由传统与这种扩展之间一直

---

① Fareed Zakaria, "The Rise of Illiberal Democracy", *Foreign Affairs*, Vol. 76, No. 6, November/December 1997, pp. 22–44.
② 〔英〕洛克：《政府论》，瞿菊农、叶启芳译，商务印书馆1993年版，第89页。
③ 〔英〕约翰·密尔：《代议制政府》，汪瑄译，商务印书馆1982年版，第44页。
④ 〔英〕约翰·密尔：《论自由》，许宝骙译，商务印书馆1996年版，第1页。
⑤ 〔英〕约翰·密尔：《代议制政府》，汪瑄译，商务印书馆1982年版，第70页。

存在紧张关系，但在西方社会很少出现断裂，而在非西方社会，则普遍出现了法里德·扎卡利亚所看到的那种非自由民主。

西方一些学者在反思中感觉到，过分追求民主概念的清晰性只能带来一种偏狭的民主。受熊彼特影响的民主理论家达尔认识到这一点，从而放宽了民主定义。在《论民主》一书中，他先给出了理想民主的标准，即"平等的投票、有效地参与、充分的知情、对议程的最终控制及成年人的公民身份"①。从这些标准中，我们可以看到熊彼特所否定的古典民主精神。接下来，达尔给出了现实民主的标准，即"选举产生的官员；自由、定期、公正的选举；表达意见的自由；多种信息来源；社团的自治；包容广泛的公民身份"②。从这些标准中，我们可以看出，这是将熊彼特的定义稍稍放宽了一下，除了强调竞争性选举外，增加了公民的表达权、知情权、结社权和资格权。这些权利都与竞争性选举有密切的关联，值得注意的是，他没有将近代自由主义所崇尚的财产权包括进来。

然而，即便将更广泛的自由纳入民主含义中来，就像"自由之家"的指标体系那样，仍然难以解决非西方国家所出现的腐败与冲突问题。可以想见，在一个非西方社会中，鼓励个人和群体不断张扬自己的利益，其结果可能不是消除冲突，而是加剧冲突。扎卡里亚所说的非自由民主国家中的冲突问题靠增加一些自由就可以解决吗？

就非西方国家经验来说，在选举之外，增加一些自由的内容，仍然解决不了政治衰败问题，我们需要寻找内涵更加丰富的民主理论。我们发现，认真挖掘中国民主传统，并与自由民主进行比较，是很有意义的。

中国古代先贤，的确表达了一种不同于自由主义的民主思想。我们需要把它们放到平等的地位上来比较，而不是一高一低地来比较，最好采取类似贝淡宁所说的立场，"这是不同的普遍主义的相遇，而非普遍

---

① 〔美〕罗伯特·达尔：《论民主》，林猛、李柏光译，商务印书馆1999年版，第43页。
② 同上，第102—108页。

价值与地方价值之间的相遇"①。

我们首先得认识到，它们并非水火不容，而是存在一些基本的共同点，否则，它们就不是民主思想之间的对话。

第一，人民是国家的所有者。"民为邦本"、"人民主权"都表达了这个含义。

第二，社会自生的秩序高于国家强制的秩序。"民可道也，而不可强也"②，意味着社会中有一种自生的秩序，这种秩序并非自动地运行，而是需要顺民之意，小心地加以维护。西方近代思想家也描述了一种非国家状态的秩序，构成国家存在的基础。

第三，政府的产生要经过人民的同意。"有民立君，将以利之"，"暴之于民，而民受之"，与西方近代的契约论，与洛克的"同意"论有异曲同工之妙。这意味着人民有理由更换自己不满意的政府。

第四，政府的行为要受到独立的规则限制。"道高于势"、"以道事君"、"祖宗成法"、"先王旧制"等概念突现君在天下、君在礼下的原则。③ 这个尽管与自由主义传统不同，但都表明有独立的规则高于政府权力之上。

第五，治理的机构要相互有所牵制。李世民所说的"相防过误"是让"三省"之间相互牵制的理论依据，而"以野心对抗野心"则是西方三权分立的理论依据。

第六，治理的过程要听取人民的意见。二者在治理过程中都限制人民发挥实质性的作用，但都强调要听取民意，也就是中国先贤所讲的"询于刍荛"。

在列出这些共同点的同时，就可以看出它们之间的一些差异，从所有、所治和所享三个层面来说，可以总结出以下几点：

---

① 〔加拿大〕贝淡宁：《超越自由民主》，李成全译，上海三联书店2009年版，第315页。
② 《尊德义篇》，见《郭店楚墓竹简》，中国文物出版社1998年版。
③ 孟广林：《中西封建君主制中的"法治"与"人治"》，载《史学理论研究》，2008年第3期。

第一，仁护民主的出发点是"天下为公"。自然所赋予的资源为人类共同所有之资源，这是国家形成时所面对的基本事实，而不像自由民主那样将这一事实假定为"天下已私"，即每个人都拥有了一定的私有资源为前提。

第二，仁护民主设定了明确的民主扩展次序。从时间上来说，由据乱世到升平世，再到太平世；从空间上来说，由家族到邦国，再到天下。

第三，仁护民主在私人领域和公共领域运用统一的原则。它尽管跟自由民主一样，区分开了私人领域和公共领域，但分开而不是分裂，私人领域所奉行的仁义原则可以扩展到公共领域，尽管所表现出来的具体规则不一样。自由民主则将私人领域和公共领域分裂开来，二者运用不同的原则。

第四，仁护民主强调仁爱优先于正义，道德优先于法律；自由民主恰好相反，认为正义优先于仁爱，法律优先于道德。

第五，仁护民主强调基本德性是民主的基础，强调善意互动，以扬善为主，防恶为辅；自由民主强调基本权利是民主的基础，强调私人竞争，以防恶为主，扬善为辅。

第六，仁护民主在个人与社群之间持一种平衡的观点，强调它们之间的不可分割的关系，离开社群谈个人，离开个人谈社群，都是难以想象的；自由民主则以个人为本位，社群是个人附属物。

第七，仁护民主承认有一种公共利益的存在，这种利益独立于私人利益，不能通过私人利益的加减法而获得，治理过程以彰显公益为主，实现私益为辅；自由民主不愿承认有这种公共利益的存在，认为即使存在，也没有可靠的方法达成共识，治理过程以实现私益为主，彰显公益为辅。

第八，仁护民主强调通过综合性的方法，将贤能之人送入治理过程；自由民主强调通过竞争性选举的办法，将符合选民偏好的人送入治理过程。

因此，仁护民主与自由民主在人性假定、适用范围、实现目标、制度安排、治理方式上都存在着差异，总体上代表了两种不同的思维方式。用一种不太确切的语言来表达，仁护民主旨在打造一种更有凝聚力的民主社会，而自由民主只是提供一种松散的民主社会。对于有着悠久历史的非西方社会来说，前者无疑具有更积极的意义。

三、与人民民主的融合

人民民主是当代中国的主流民主，在执政党的权威文件中，它已被界定为社会主义的生命。①

人民民主思想渊源于马克思主义经典理论家的论述，尤其是关于"真正民主"的论述。马克思认为，只有真正的民主，才能实现人类的彻底解放。什么是人类的彻底解放呢？"只有当现实的个人同时也是抽象的公民，并且作为个人，在自己的经验生活、自己的个人劳动、自己的个人关系中间，成为类存在物的时候，只有当人认识到自己的'原有力量'并把这种力量组织成为社会力量因而不再把社会力量当做政治力量跟自己分开的时候，只有到了那个时候，人类解放才能完成。"② 也就是说，只有在人通过社会的方式，发挥出自己的力量，并且能够主宰这种力量时，才能达到一种解放状态，而这种状态才是真正民主的状态，用简单的语言来表达就是国家权力回归社会，社会权力回归人民。

由于真正民主在现实中没有对应的经验，马克思所依赖的经验只有两种，一种是巴黎公社的经验，一种是人类原始社会的经验。马克思在巴黎公社的实践中看到了真正民主制的一些萌芽，马克思认为，"公社给共和国奠定了真正的民主制度的基础"③。马克思在研究摩尔根的《古代社会》中发现原始社会存在民主，认为"氏族这种组织单位在本质上是民主的"。列宁在马克思的基础上，进一步认为"在社会主义下，'原

---

① 胡锦涛：《在中国共产党第十七次全国代表大会上的报告》。
② 《马克思恩格斯全集》第1卷，人民出版社1956年版，第443页。
③ 《马克思恩格斯选集》第3卷，人民出版社1995年版，第58页。

始'民主的许多东西都必然会复活起来，因为人民群众在文明社会史上破天荒第一次站起来了，不仅独立地参加选举和投票，而且独立地参加日常管理。在社会主义下，所有的人将轮流来管理，因此很快就习惯于不要任何人来管理。……社会主义将……使大多数居民无一例外地人人都来执行'国家职能'"①。列宁认为这种社会主义民主"比最民主的资产阶级共和国要民主百万倍"②。

马克思反对脱离经济基础来谈论民主，作为劳动者的人成为社会的主人，首先意味着劳动者成为社会化经济力量的主人。他对资本主义经济生活的批判，是为了揭示一种真正民主的经济生活，这种经济生活是在资本主义时代成就的基础上，在自由劳动者协作的基础上和他们对土地及靠劳动本身生产的生产资料的公有制上，重新建立个人所有制。③

从这些表述中，我们还只能得出关于真正民主的精神和原则。当然，这些精神和原则足以将它与当时的现实民主区别开来。根据经典作家的描述，我们可以概括出，真正民主或者说理想的人民民主具有如下特征：

第一，国家与社会的界限已经消失，或者说国家融入社会之中。

第二，作为劳动者的人民能够支配社会力量，或者说社会力量不再作为异己的力量而存在了。

第三，人民通过自我组织的方式来支配社会力量，这种组织方式可以称为劳动者的自由协作。

第四，这样一种自由协作的组织生活所需要的经济基础是生产资料公有制。

第五，人民通过独立自主的选举、投票和轮流管理等来过这种必要的组织生活。

这样一种民主与自由民主有着根本性的区别：前者消解了国家与社会的分野，而后者是以这种分野为前提；前者以生产资料公有制为基础，后者则以生产资料私有制为基础；前者拉平了治理者与被治理者之

---

① 《列宁选集》第3卷，人民出版社1996年版，第217—218页。
② 同上，第635页。
③ 马克思：《资本论》，经济科学出版社1987年版，第731页。

间的距离，后者则突现了这种距离；前者的社会主体是自由平等的劳动者，后者的社会主体则是有财富和力量差别的个人或群体。

然而，这样一种理想的人民民主在目前的历史阶段还缺乏实现的条件，而现实的社会主义国家则过上了不同于理想民主的政治生活，或者说现实的人民民主生活。这种民主具有什么样的特征呢？我们可以从现代中国政治家的论述中去寻找。

早在 1935 年，毛泽东就提出了"人民共和国"的概念，其目的是将更多的人口（包括工人、农民、小资产阶级、民族资产阶级等）容纳到共和国的框架内。后来，这个概念在理论上变为"人民民主主义"或"新民主主义"。毛泽东认为，除了领导阶级的区别外，孙中山民权主义与人民民主主义是相符合的。① 毛泽东的表述说明这种民主概念是立足于现实，立足于国情的，可以称为现实人民民主，它与理想人民民主有很大的区别，具有如下一些特征：

第一，现实人民民主是以阶级和国家的存在为前提的，这种国家可以称为人民民主国家。

第二，人民民主国家的建立和完善依靠一种领导力量，这种力量一般是执政党。

第三，执政党在特殊的历史过程中与人民订立了以民主为指向的社会契约，也就是带领人民过更加民主的生活。②

第四，执政党通过暂时集中的权力，推进经济和社会的发展，不断为民主发展创造条件。

第五，人民通过以人民代表大会制度为主体的政治通道，参与管理国家生活，实现人民对国家权力的控制。

第六，随着社会自治的日益成熟，国家权力不断回到社会，人民不仅成为国家主人，而且成为社会主人。

第七，发展更具社会性的所有制和市场经济，让人民成为经济生活

---

① 《毛泽东选集》第四卷，人民出版社 1991 年版，第 1477—1478 页。
② 这个概括得益于谭君久教授的观点。

的主人。

与理想人民民主相比，现实人民民主在国家与社会的关系上，在参与管理国家生活的方式上，在市场经济的基础上都与自由民主有所接近，但仍然有本质的区别。最主要的区别是三个：一是现实人民民主以理想人民民主为方向；二现实人民民主是通过先进政党的领导来实现民主；三是现实人民民主更加注重发展实质性的民主。

那么，中国传统的仁护民主与两种人民民主有什么关联呢？

与理想人民民主的关联，马克思主义作了原则性的揭示。仁护民主是中国古代先贤将原始民主生活理想化，并与现实妥协的结果。如果说，在社会主义下，原始民主的许多东西会复活起来，那么仁护民主则是中国古代民主复活的一个依托。中国古代先贤为这种复活作出了巨大的贡献，他们精炼地描述了这种民主的要素。这种民主延续到今天，我们发现它与人民民主有着紧密的关联。

仁护民主与理想人民民主有如下一致的地方：第一，仁护民主在经济所有层面跟理想人民民主是一致的，那就是人民共同拥有经济资源，尤其是关键性的资源；第二，仁护民主在政治所有层面跟理想人民民主是一致的，即人民享有天下的主权；最后，仁护民主在对待国家与社会关系上与理想人民民主有一致的地方，那就是国家强制秩序要让位于社会自治秩序。

仁护民主与现实人民民主有这样一些共同点：第一，承认国家与社会的分野，国家要保护社会；第二，承认治理者与被治理者的差异，需要将优秀分子挑选出来，承担治理责任；第三，强调治理者与被治理者都要具备一定的德性，这种德性的养成与维护是治理过程的重要组成部分；第四，强调治理过程要听取人民的意见，并要接受人民的监督；第五，强调公共利益高于私人利益，要控制人民在财富拥有上的差距。

仁护民主毕竟是在中国古代发展出来的一种民主理想，现在的经济社会条件与那时不可同日而语。因此，人民民主拥有仁护民主所不具备的核心要素。就现实人民民主来说，它有两个不同于仁护民主的显著特征：一是社会化，人民民主建立在生产关系和生活关系不断社会化的基础上，需要有与这种社会化过程相适应的民主生活，这种生活很难从家庭生活中引申出来；二是组织化，人民民主依托庞大的政治组织，包括国家组织、政党组织和社团组织，这些组织一方面对制度化和专业化治理提出了更高的要求，另一方面也为治理者与被治理者的沟通准备了更多的渠道。

同样，仁护民主也拥有人民民主所不具备的一些特征。一是亲民性。仁护民主所依托的是纯朴的古代社会，治理者与被治理者之间的距离很近，关系很亲密，正如恩格斯所说："文明时代最有势力的王公和最伟大的国家要人或统帅，也可能要羡慕最平凡的氏族首长所享有的，不是用强迫手段获得的，无可争辩的尊敬。"[①] 二是社群性。仁护民主更加强调社群的凝聚力，强调私人生活与公共生活的逻辑一致性，为了社群的生存，个人需要作适当的自我约束，也就是"克己复礼"。三是看护性。仁护民主假定了个人与社会的脆弱，认为需要政府来看护，这种看护包含保护、协助和引导的含义，但不包含强制的含义。现实人民民主也正在吸收仁护民主的这些特征，但在理论上还缺乏有效的整合。

结　语

通过对仁护民主的描述，通过与自由民主、人民民主的比较，我们发现仁护民主在当代中国，乃至在当代世界仍然具有生命力。就当代中国来说，它的复兴希望在于和人民民主进行有效的对接和融合。首先，前面所列举的共同点是它们进行有效对接的坚实基础。其次，仁护民主需要融入人民民主才能立足于现代生活，才能在当代中国得以复兴。最后，人民民主也需要借助仁护民主，更加牢固地接上中华民族的精神命脉。只有如此，我们才能在这块土地上发展出有仁有义、相互关怀的民主社会，而不是冷酷无情、相互算计的政治竞技场。

[①] 《马克思恩格斯全集》第21卷，人民出版社1965年版，第195页。

从维权抗争到协商对话
——当代中国民主建设的新思路

张紧跟[*]

【内容摘要】 民主建设应该是一个国家权力与公民权利的理性交流过程,但当代中国的国家权力运行却面临着公民权利的激情挑战。从三起地方政府应对群体性事件的成功案例来看,国家权力在遭遇公民权利的激情碰撞时,直面民众呼声、开启互动的平台,最终将公民的维权激情导入理性的协商程序,不仅消弭了危及社会稳定的隐患,而且增进了政府与民众的相互理解与信任。如果这种协商对话平台能够逐步规范化而成为一种反思性制度安排,那么它就是建立在公民有序参与基础之上的协商民主。因此,从维权抗争到协商对话,应该开启当代中国民主建设的新思路。

【关键词】 群体性事件;协商民主;民主建设

早在 20 世纪 40 年代,中国共产党的第一代领导核心就意识到只有靠民主才能走出治乱循环的"历史周期律"。党在 60 余年的执政过程中

---

[*] 张紧跟:博士,中山大学政治与公共管理学院副教授。此项研究获得"中山大学 211 工程三期行政改革与政府治理研究项目"、"中国公共行政研究精品培育专项资金"和"2009 年中山大学青年教师培育项目"资助。

也逐步认识到,人民当家作主是社会主义民主的本质,发展社会主义民主是党始终不渝的追求。但是,历史和现实都证明,像中国这样一个超大规模的后发展国家,面对社会转型与体制转轨的双重并奏,要相对平稳地完成复杂的现代化使命,就必须寻求适合当代中国国情的民主建设之路,力求在民主与秩序之间保持平衡并能获得经济和社会的高速发展。近年来,伴随中国经济与社会高速发展而迅速成长的公民权利与参与意识,越来越明显地要求规范国家权力运行,因公民权利与国家权力间矛盾与冲突而引发的群体性事件日益增多。如何在应对群体性事件中将日益成长的公民权利之激情导入理性表达轨道以形成有序政治参与,无疑是当代中国民主建设的关键所在。从国内已有的相关研究来看,要么侧重于对群体性事件的预防与应对①,要么侧重于通过相关个案分析维权行动的策略与地方政府的回应策略②。虽然有些研究者开始注意到维权抗争与民主政治之间的关联,认为维权抗争确实能够促进民主政治

---

① 参见中国行政管理学会课题组:《我国转型期群体性突发事件主要特点、原因及政府对策研究》,载《中国行政管理》,2002年第5期。向德平、陈琦:《社会转型时期群体性事件研究》,载《社会科学研究》,2003年第4期。陈晋胜等:《群体性事件社会成因分析》,载《山西大学学报》,2003年第5期;《群体性事件政治成因分析》,载《山西大学学报》,2003年第4期;《群体性事件经济成因分析》,载《山西大学学报》,2004年第1期;《群体性事件的文化成因分析》,载《理论探索》,2005年第6期。张建勇:《论群体性突发事件的产生原因及有效防范》,载《兰州学刊》,2004年第3期。王金沙、陈敏:《论群体性事件的预防与处置》,载《广东社会科学》,2005年第4期。吴明君:《关于社会转型期群体性事件的研究》,载《齐齐哈尔大学学报》,2005年第5期。杨瑞清、余达宏:《论群体性事件的发生原因及其治理对策》,载《江西社会科学》,2005年第10期。万川:《群体性事件研究的回顾与前瞻》,载《北京人民警察学院学报》,2005年第2期。王战军:《群体性事件的多维分析》,载《政法学刊》,2006年第5期。童星、张海波:《群体性突发事件及其治理》,载《学术界》,2008年第2期。史云贵:《我国现阶段社会群体性突发事件的反思与应对》,载《政治学研究》,2009年第2期。陈潭、黄金:《群体性事件多种原因的理论阐释》,载《政治学研究》,2009年第6期等。

② 参见孟伟:《建构公民政治:业主集体行动策略及其逻辑》,载《华中师范大学学报》,2005年第3期;翁定军:《冲突的策略——以S市三峡移民的生活适应为例》,载《社会》,2005年第2期;张磊:《业主维权运动:产生原因与动员机制》,载《社会学研究》,2005年第6期;冯仕政:《单位分割与集体抗争》,载《社会学研究》,2006年第3期;应星:《草根动员与农民群体利益的表达机制》,载《社会学研究》,2007年第2期;黄卫平、陈家喜:《城市运动中的地方政府与社会》,载《东南学术》,2008年第6期等。

的渐进发展①，但也只是注意到在维权抗争压力下的政府政策与相关制度的调适以及单方面强调其对普罗大众的启蒙作用，显然还没有意识到国家权力与公民权利的良性互动发展可能及其蕴涵的积极意义。而从近期发生的若干事件来看，国家权力在遭遇公民权利的激情碰撞时，直面民众呼声、开启互动的平台，最终将公民的维权激情导入理性的协商程序，不仅消弭了危及社会稳定的隐患，而且增进了政府与民众的相互理解与信任。因此，本文认为，基于这些个案的分析，维权抗争后的协商对话应该开启当代中国民主建设的新思路。

一、民主建设遭遇困境

民主，作为现代国家中预防和反对专制的一种普遍国家形式，最初是一个从对古希腊各种政体比较而抽象出来的概念。古希腊历史学家希罗多德首次使用"民主"一词时，是用来描述古希腊城邦中一种区别于君主制与贵族寡头制的政制形式：即城邦事务是由公民组成的公民大会通过直接讨论和投票表决方式来作出最终决定。因此，民主"是一种政府形式，在这种政府形式中，权力不是属于某一个人，或者某一部分人，而是属于每一个人，或者更确切地说，属于大多数人"②。也即是说，民主作为一种政治制度和国家形式，是"以多数人的意志为政权的

---

① 参见 Reed Benjamin, "Democratizing the Neighborhood? New Private Housing and Home-Owner Self-Organization in Urban China", *The China Journal*, 2000 (49), pp. 31–59; Cai Yongshun. "Managed Political Participation." *Political Science Quarterly*, 2004 (3), pp. 4–25; Kevin J. O'Brien and Lianjiang li, "Suing Local State: Administrative Litigation in Rural China", *The China Journal*, 2004 (51) 75~96; 邹树彬：《城市业主维权运动的特点及其影响》，载《深圳大学学报》，2005年第5期；刘晓艳：《制度限制下的维权运动》，载《南京工业法学学报》，2008年第1期；赵颖：《从群体性事件看公共决策中的公民参与》，载《东南学术》，2008年第4期；陈燕：《群体性事件频发背景下的公民有序政治参与》，载《党政干部学刊》，2009年第2期；罗依平、覃事顺：《民意表达与政府回应的决策机制构建》，载《科学决策》，2009年第7期；李德满：《十年来中国抗争运动研究评述》，载《社会》，2009年第6期等。

② Norberto Bobbio, *liberalism and Democracy*, Polity Press, 1987, p. 1.

基础，承认全体公民自由、平等的统治形式和国家形态"①。

民主政制承认主权在民，确认保护多数人的利益，以多数人的决定作为政治决策的最终依据。但是，由于现代社会已不具备实行直接民主制的基本要件，因此现代民主并非意味着社会中的多数人直接成为统治者，间接的代议民主制才是现实政制的必然选择。为了更深刻地从政治实践中理解现代民主，有学者将国家权力从学理上分解为所有权与行使权两部分，国家权力所有权属于人民（即政治学和宪法学上的主权），国家权力行使权则是指人民委托给其代理人的权力。② 在政治实践中，国家权力所有权表现为公民权利，国家权力行使权则表现为国家权力，而"只有当代议制成功地保证了政府的行动确实是按照人民的愿望和需要办事时，我们才有理由称之为代议制民主"③。因此，现代民主的关键在于使少数人在行使国家权力过程中能使多数人的利益和意志得以实现。为此，民主建设首先要规范和约束国家权力。因为尽管国家权力来源于公民权利的让渡，但历史证明："社会用简单分工的办法为自己建立了一些特殊的机关来保护自己的共同利益。但是后来，这些机关，而其中主要是国家政权，为了追求自己的特殊利益，从社会的公仆变成了社会的主人。"④ 从现实政治实践来看，对民主威胁最大的莫过于肆意妄为的国家权力。所以，尽管不乏思想家提醒我们对国家权力太弱而公民权利太强的无政府主义、街头政治、广场政治及由此而产生的多数暴政保持警惕，但对大多数国家而言，为保障民主的实现，必须尽可能采取必要的合理方式规范与约束国家权力。其次，民主建设必须发展公民参与。这不仅是因为公民权利意识的觉醒与增强是民主发展的政治文化基础，而且公民参与"可以在国家与社会之间稳妥地矫正政府的行动与公民的意愿和选择之间的矛盾"⑤。更重要的是，发展公民参与也是规范和

---

① 《中国大百科全书》（政治学），中国大百科全书出版社1993年版，第251页。
② 童之伟：《国家权力分解定律作用形式之宪法学透视》，载《武汉大学学报》，1996年第3期。
③ 上海社会科学院法学所编译：《宪法》，知识出版社1982年版，第148页。
④ 《马克思恩格斯选集》第2卷，人民出版社1972年版，第334页。
⑤ 〔日〕蒲岛郁夫：《政治参与》，解莉莉译，经济日报出版社1989年版，第5页。

约束国家权力的必由之路。对此，毛泽东认为，"只有让人民来监督政府，政府才不敢松懈。只有人人起来负责，才不会人亡政息"①。列宁也认为："委托人民代表在国家机关中实行民主是不够的，要建立民主，必须让群众从下面发挥主动性，实际参加一切国家生活。"② 因此，公民政治参与不仅是民主建设中公民权利的具体体现，也有利于进一步推进民主建设。

基于此，我们认为民主建设应该是一个国家权力与公民权利的互动过程：一方面，必须改革国家权力以寻求国家权力的理性化；另一方面，必须通过政治参与以保障公民权利。正是在这个意义上，"民主必须被重新构建为一种双向现象：一方面涉及国家权力的重塑；一方面与重构市民社会有关"③。

从 20 世纪后半叶的历史进程来看，发展中国家的民主化几乎都面临着一个共同的难题，即国家权力理性化与公民有序政治参与两者不可兼得。这是因为在传统社会向现代社会的转变中，"社会动员和政治参与扩张的速度偏高，政治组织化和制度化的速度偏低，其结果只能是政治不稳定和无秩序"④。一方面，当发展中国家启动政治民主化进程时，国家权力理性化改革尤其是新旧体制转换过程中往往会不可避免地出现体制漏洞，从而无法有效吸纳大规模的公民政治参与。在这种情况下必然是不可避免地导致社会政治秩序的紊乱。因此，亨廷顿指出，"现代性孕育着稳定，而现代化过程却滋生着动乱"⑤。另一方面，面对日益成长的公民权利意识与政治参与诉求，虽然通过压制社会的参与要求在一定程度上有利于维护社会政治稳定，但这无疑是饮鸩止渴，势必会加剧公民对现实政治的不满，进而可能导致更严重的政治不稳定。而政治不

---

① 黄炎培：《延安归来》，见《八十年来》，文史资料出版社 1982 年版，第 148 页。
② 《列宁全集》第 24 卷，人民出版社 1972 年版，第 153 页。
③ 〔英〕戴维·赫尔德：《民主的模式》，燕继荣译，中央编译出版社 1998 年版，第 396 页。
④ 〔美〕塞缪尔·亨廷顿：《变化社会中的政治秩序》，王冠华等译，生活·读书·新知三联书店 1989 年版，第 4 页。
⑤ 同上，第 38 页。

稳定必然会危及民主进程的顺利展开，因为如果国内长期处在一种政治动荡、人心不稳、权力更迭频繁的政治不稳定状态，也会导致经济和社会发展处于停滞状态，民主也就失去了坚实的基础与社会平台。所以，邓小平指出，"没有安定的政治环境，什么事情都干不成"①。

改革开放以来，当代中国在国家权力理性化方面取得了长足的进展，这具体体现在人民代表大会制度、多党合作与政治协商制度、民族区域自治制度不断完善，基层民主活力不断增强，行政管理体制与司法体制改革不断深化。② 毋庸置疑，国家权力的理性化发展为公民参与提供了基本的制度保障。所以，与之相应，公民参与也取得了巨大进展：（1）公民参与意识不断增强；（2）基层民主快速发展；（3）公民参与程度逐渐加深；（4）公民参与渠道日益增多；（5）公民参与的规范化、制度化程度有所提高。③ 因此，社会主义民主建设不断取得新的发展。

但是，我们必须注意到，总的来看，公民参与的制度供给仍然短缺，还没有形成健全的政治参与所必需的民主运行机制和程序，公民参与还缺乏有效的回应机制等。随着基层民主政治建设的推进、普法教育的推展，以及电视、广播等媒体的宣传，中国公民的权利意识在不断增强，维权意识不断提高。公民开始意识到自身所享有的权利，在其合法利益遭受侵害的时候，他们会主动寻求维护自身的合法权益。但是，由于制度化参与渠道狭窄、参与成本太高、民意表达机构功能虚化，因此非制度政治参与如群体性事件就成了现阶段诸多弱势群体利益表达和诉求的主要途径和方式。④ 群体性事件作为具有特定共同利益的群体为维护自身权益而采取的集体行动，是公民权利意识与政治参与行为的表

---

① 《邓小平文选》第3卷，人民出版社1993年版，第284页。
② 胡锦涛：《高举中国特色社会主义伟大旗帜 为夺取全面建设小康社会新胜利而奋斗——在中国共产党第十七次全国代表大会上的报告》，2007年10月15日，新华社北京10月24日电。
③ 杨子均、艾紫鹃：《改革开放以来我国公民政治参与的发展》，载《西南交通大学学报》，2009年第6期。
④ 江浩、王立京：《公民政治参与扩大与政治制度容纳》，载《江汉论坛》，2009年第12期。

达。而多数群体性事件的发生，与地方国家权力不规范运行的相关性日益明显，以致各地方政府财政收入高度依赖的经济领域成为群体事件高发领域：如企业改制及劳动争议纠纷、房屋拆迁、农村征地、环境污染等。群体性事件的频繁发生，一方面是我国公民参与扩大的一种表现，另一方面也往往是因为公民合法权益被侵害后"有话无处说、有苦无处诉、有理无处讲"[①]而导致的。因此，多数群体性事件往往折射出缺乏体制与程序保障的公民参与和非规范运行的地方国家权力之间的矛盾与冲突。而一旦发生这种冲突，往往会产生诸多不利影响：首先，非制度政治参与会影响政治稳定。群体性事件作为一种制度外的政治参与方式，通过制度外的途径谋求影响政府决策，很多大规模的群体性事件涉及千人以上，并且与政府发生一定程度的对抗，这势必会影响到政治和社会的稳定。其次，非制度政治参与主要是通过非制度化的途径来表达自身的利益诉求，这是对现有制度的一种挑战和破坏，如果任其蔓延而不加控制，将会影响甚至阻碍改革和制度建设的进程。最后，非制度政治参与侵蚀了政治合法性资源。以群体性事件为特征的非制度政治参与大多是公民在正常的制度渠道之外所采取的利益表达方式，通常并不能够给政治体系提供沟通和支持的作用，反而会侵蚀地方政府的政治合法性。更为严重的是，从一些地方应对群体性事件失当的案例中，可以发现一些地方的政府官员往往以泛政治化定性、封锁消息、控制舆论、高压平息的模式来处理群体性事件，结果往往事与愿违，反而进一步加剧了公民权利与国家权力间的对抗。因此，当代中国的民主建设也同样面临着国家权力理性化与公民有序政治参与两者不可兼得的两难困境。

那么，如何才能走出这一困境呢？也许，我们可以从下面的相关案例中找到答案。

---

① 中国行政管理学会课题组：《中国群体性突发事件成因及对策》，国家行政学院出版社2009年版，第36页。

二、从维权抗争到协商对话的典型案例

近年来,我们欣喜地发现,一些地方政府开始正视群体性事件及其背后的原因,将问题摆在桌面上,通过协商对话的方式解决争端。正因为如此,最终不仅有效化解了危机,维护了社会稳定,还增强了政府与民众的互信。

1. 厦门 PX 项目事件

投资 108 亿元、将为厦门带来巨大经济效益的厦门 PX[①] 项目本来进行得一帆风顺。2004 年 2 月,国务院批准立项,2005 年 7 月,国家环保总局审查通过了该项目的《环境影响评价报告》,国家发改委将其纳入"十一五" PX 产业规划 7 个大型 PX 项目中,并于 2006 年 7 月核准通过项目申请报告。投资方的资金也已到位,按计划 2007 年夏天就应该开工了。

2007 年"两会"期间,105 名政协委员,向政府提交了一项提案,建议暂缓 PX 项目建设,重新选址勘查论证。此提案一经媒体披露,立刻引来厦门人的关注。那段时间,关于 PX 的帖子总会成为热门。不久,这些帖子内容变成了手机短信,迅速在厦门市民中流传。短信号召市民去市政府"散步",公开表达对 PX 项目的不满。对此,厦门政府很快作出了反应。2007 年 5 月 28 日,厦门市环保局局长用答记者问的形式在《厦门日报》上解答了关于 PX 项目的环保问题。5 月 29 日,负责 PX 项目的腾龙芳烃(厦门)有限公司总经理林英宗博士同样以答记者问的形式在《厦门晚报》发表长文,解释了 PX 工厂的一些科学问题。5 月 30 日,厦门市常务副市长丁国炎召开了一个非常简短的新闻发布会,正式宣布缓建 PX 项目。但是,政府的一系列举动并没有说服老百姓。6 月 1 日,"散步"在警察监视下如期举行,所幸双方都没发生过激行为。

---

① 所谓 PX 是一种化工产品,别名叫二甲苯。

在这种情况下，厦门市政府很快改变做法。6月5日，厦门市科协印刷了数万份宣传册，随《厦门日报》散发给市民。这份名为《PX知多少》的小册子图文并茂，用通俗的语言解释了PX到底是怎么回事。按照这个小册子的说法，PX毒性并不大，虽然直接接触会对人眼和上呼吸道有刺激，但它没有致癌性。从理论上讲，PX项目基本可以做到不排放"三苯"（苯、甲苯、二甲苯）污染物，对环境影响不大。但政府并没有说服民众，民众的反对意见仍很大。2007年12月11日，厦门市通过民众报名、电视台现场直播摇号产生了一百多名参与在12月13日、14日举行的"厦门环评座谈会"的民众代表。在这次由市政府、21名专家及百余名民众代表三方参加的会议上，有近90%的市民代表发表了反对在厦门投产PX项目的意见。

最后，厦门市政府综合各方意见，决定将该PX项目迁往漳州古雷半岛，并且厦门政府已同投资方翔鹭集团初步达成迁建意向。如果迁建获国家发改委批准，厦门市将赔偿翔鹭集团。此一消息经媒体披露后，引起举国关注，被赞誉为民意的胜利，同时亦是政府的胜利。因为民众通过艰难抗争自己的利益最终得到维护，而政府对于民意的尊重体现了执政为民的理念和现代化社会公共治理水平的提升。

2. 重庆出租车罢运事件

2008年11月3日早晨，当不少重庆市民准备"打的"上班、赶火车、赶飞机的时候，却意外地发现，往日满街跑的出租汽车全都不见了。引发罢运的原因有四：一是出租汽车企业与驾驶员利益分配存在矛盾；二是主城区出租车存在加气难问题未得到彻底解决；三是出租车租价结构不合理；四是非法营运车辆扰乱正常秩序。面对罢运这一突发公共事件时，重庆市委市政府保持了最大限度的克制，没有将"抓人"作为解决实际问题的"重要手段"，而是在第一时间积极应对：一是在第一时间启动了紧急预案。11月3日事发的当天上午，重庆市立即召开紧急会议，连续召开了几个层面的会议，研究处置方案，争取尽快恢复出租车运营秩序，使人民群众正常的生产生活不受影响。二是第一时间拿出针对性措施。11月3日下午，针对出租车司机的各种诉求，重庆市政府及相关部门马上作出反应，采取启动票价调整调研、增加天然气供应量、保持打击黑车的高压态势、提出出租汽车企业与驾驶员利益调整意见、建立行业准入和退出机制等五项具体措施妥善处置问题，以促进出租车尽快恢复营运，确保出租车行业秩序稳定。第二天，重庆市政府再次召开紧急会议，决定采取三项措施解决主城区部分出租汽车停运问题。三是第一时间公布官方信息。重庆决策层在处置出租车罢运危机时，充分尊重社会各界的知情权，努力做到信息发布公开透明、准确及时，用政府的权威声音主导社会舆论，对缓和矛盾、化解冲突起到了关键作用。重庆市政府3天内及时向社会和媒体发布最新信息，连续召开4次新闻发布会。事件发生当天下午，市民就得知了政府发布的停运原因及采取的解决措施。这种信息公开的即时性，不仅赢得了市民的称赞，也获得海内外媒体好评。截止11月4日16点30分，重庆主城区共有4000多辆出租车上路营运，占全市主城区出租车数量的一半，持续的罢运事件出现良好转机。到11月5日，主城区出租车营运基本恢复正常。

2008年11月6日上午，中共中央政治局委员、重庆市委书记薄熙来邀请重庆出租车司机和市民代表进行交流座谈，听取出租车行业的诉求和市民代表的意见，并且通过电视、广播、互联网同步现场直播。薄熙来在同出租车司机和市民代表座谈时说："我认为广大出租车司机这次有意见是事出有因。政府首先要检讨工作，要反躬自问，研究我们自己哪儿做得不足，哪儿做得不好，或者说有官僚主义处理得不及时。政府有关部门都要通过这次事件来认真地加以总结。"

重庆市政府在出租车罢运事件的处理上，改变过去惯用的危机应对方法，重建对话沟通机制，直播代表座谈情况，畅通利益诉求渠道，问题处理更加透明化、人性化，赢得了人们的普遍好评。

3. 广州番禺垃圾焚烧事件

2002年，广州市番禺区人大常委会审批通过广州市番禺区生活垃圾处理系统规划。选出大石镇现有的会江垃圾场等11个地点，作为番禺未来生活垃圾处理设施可能的选址地点。2004年8月，番禺区沙湾河道以北的垃圾焚烧获批准立项，初步拟选址于石碁镇凌边村一带，但在征地过程中受到当地居民抵制，番禺区政府拟考虑大石镇会江和石碁污水处理厂旁的选址。2006年8月，广州市规划局批准番禺区生活垃圾综合处理厂选址大石镇会江村与钟村镇谢村。2009年2月，广州市政府发出通告，要求建设范围内的单位和个人，不得阻挠测量、钻探、施工和征地拆迁。2009年9月，番禺区市政园林局局长周剑辉接受采访时表示，已经基本完成征地工作，但会江村和谢村村民均否认已签征地协议。这一消息一经报道，马上在丽江花园等小区炸开了窝。听说垃圾焚烧发电厂要建在自己小区数公里范围内，丽江花园、广州碧桂园、海龙湾等多个小区的居民聚集在海龙湾休闲广场，发起了声势浩大的反对建设垃圾焚烧发电厂的抗议活动。小区居民自发组织，通过收集签名、集体上访、行为艺术等多种方式发出抗议声音，广州本地及全国媒体亦积极介入，连续报道，使得"番禺垃圾门"引发全国关注。

2009年10月23日上午，该区多个楼盘的业主代表来到广州市环卫局和华南环科所，递交了"请尊重30万番禺人民民意，停止兴建垃圾焚烧发电厂"的书信，要求公示环评过程和结论。与此同时，一场反对该项目的大签名活动也在附近多个大型小区展开。派发宣传单、设计印制T恤、车贴、口罩秀等形式的反对行动也在同时进行。为了取得居民理解，10月30日、11月22日，广州市、番禺区两级政府先后召开媒体通报会，反复表示：焚烧发电是目前唯一可行的垃圾处理技术手段；番禺垃圾焚烧发电厂排放达到欧洲标准，安全无害，不会制造一个新的污染项目；会江村选址符合国家规范。同时反复承诺：广州市政府将"依法依规"推进焚烧发电项目建设，环评不通过绝不开工；积极推进垃圾分类，减少居民生活排放。新闻发布会显然让居民们失望。2009年11月23日，有多达上千名居民自发前往，在接访没有得到满意答复的情况下，市民来到市政府大楼前请愿。11月23日，逾千番禺居民戴着口罩，有的穿着自制的文化衫，手里高举白纸黑字的标语，前往广州城管委表达意见，随后到广州市政府门口"散步"。广州市委常委、常务副市长苏泽群获悉后立即来到市信访局接访，表示若环评不过关、大多数市民反对该项目不会动工。11 月 25 日,番禺区政府又出台五条意见,其中包括垃圾焚烧厂选址拟进行重新审视和论证,建立科学、民主的政府决策机制,"不排除进行全区群众投票"。12 月 10 日,番禺提出番禺垃圾处理方式和选址将重新讨论和论证,让市民参与垃圾处理项目选址论证和环评工作。12 月 20 日上午,番禺区委书记谭应华在业主代表座谈会上表示,垃圾焚烧发电厂项目已停止,"以后垃圾处理以某种方式落在什么地方,要形成共识,要大多数周边的人同意才行,这个比例要达到75%"。

回首整个事件,从官员力挺此项工程的强硬发言,到决定对这项工程重新估量;从人大代表信口说"民心工程",到重视不愿被代表的居民声音,最终民意获得政府的认可。这种公共决策的调整,既是番禺市民为权利而斗争的结果,也是政府理性应对事件的结果。

上述三个事件,被认为是公民理性维权与政府理性回应、国家权力与公民权利良性互动的标本。

三、协商对话将开启民主建设的新思路

上述三个案例尽管所反映的问题不尽相同,但却至少有三个共同的特点:

第一,公民维权抗争事件因地方政府的非规范行为而引发。在当代中国的地方性公共事务中,普通民众往往被人为排斥在公共事务决策之外,不能对决策发挥决定性作用,其理由是民众欠缺专业知识、民众的复杂意见有可能影响判断的精准、交由民众讨论可能损害决策效率,等等。因而,吸纳民意这一环节往往被简化或搁置,专家提出意见、政府作出决策,这是大多数地方政府管理故事的通行版本。其实,民众关心自己的生活甚于其他人,民众爱惜自己的权利也甚于其他人。在民众合法权益受损时,他们理所当然地会表示反对。在上述三个案例中,事件发生的导火索都在于地方国家权力的非规范运行,在一定程度上损害了

公众的合法权益，从而引发了国家权力与公民权利之间的矛盾与冲突。在厦门PX事件中，地方政府一开始在围绕一个对公众利益影响巨大的决策问题时就把公众的意见排除在外，与公众之间也缺乏必要的交流与沟通，对此项目的上马也缺乏细致科学的可行性分析和调查研究，致使政府方案遭到公众的反对。在重庆出租车罢运事件中，也是因为地方政府的不作为，导致出租车司机的合法利益长期无法得到保障。而在广州番禺垃圾焚烧事件中，媒体也注意到公众的不满正是来自于整个决策过程的不透明和缺乏程序约束。

第二，公民维权抗争选择了理性维权行动。一般而言，研究者往往将国内发生的群体性事件划分为维权、泄愤和骚乱三种类型。与后两类相比，维权者往往会选择比较温和的方式表达。在上述三个案例中，面对地方国家权力的非规范运行，分散化的、处于弱势地位的民众并没有选择暴力化的"街头抗争"，而是选择了"弱者的武器"，采取诸如"集体散步"、"集体罢运"等方式来表达利益诉求，以期引起新闻媒体、社会舆论乃至上级政府的关注，进而给地方政府施加压力，最终实现自身利益诉求。即使是在广州番禺垃圾焚烧事件中，从最初的零散抗议活动，到万人签名、抗议车贴、网上发帖，再到居民代表与政府面对面地讨论，当地市民表达意愿的诚意与热情毋庸置疑，其方式也是和平理性的，并没有演变成一场恶性的"群体性事件"。正是因为维权者"有话好好说、有理好好讲"，向地方政府传达了"善意"，避免了因群体性事件而导致的恶性冲突发生。

第三，地方政府的理性回应平息了事件。在面对民意的反对声浪中，三地政府没有保守地将事件定性为恶性群体性事件，没有"错误归因"，没有以危害公共安全与公共秩序的理由进行压制，而是直面问题本身并积极寻求合适的解决之道，这是政府的进步意识。因此，在事件发生时，三地政府都保持了相当程度的克制与理性，不仅没有回避和打压民意的"激情表达"，而且开启了协商对话的渠道与平台。最终，"散步事件"与"集体罢运"并没有恶化政府与公众的关系，反而进一步提升了双方的理性与对议题本身的建设性共识。三地政府从民众的集体

"散步"与出租车司机"集体罢运"中感受到了强烈的参与意识和权利诉求，并最终决定积极回应民众的理性要求。于是，经过官民之间的良性互动，矛盾逐渐平息。

众所周知，群体性事件的频繁发生，既表明公民在"政治活动中缺乏真正的利益代表"和表达利益诉求渠道与机制的缺失与不健全，也表明扩展公民有序政治参与之必要性与紧迫性。因此，应该正视随着当代中国经济社会高速发展而成长起来的公民权利与民主意识，必须思考如何通过建立健全相关制度使群体性事件中的抗争与冲突能够导入良性互动的轨道。从已有的关于社会运动的理论研究来看，不少研究者注意到了维权运动与民主之间的关系。从宏观的角度来看，近代欧美国家的民主正是通过大众不断的抗争而实现的。[1] 从微观角度而言，维权抗争能维护民众的合法权益，增进民众的权利，进而推进有关制度的变革，从而使民主具有更加广泛的微观基础。[2] 这是因为：一方面，公民的维权抗争使得国家权力开始通过改变其惯性运作来应对，不是"错误归因与简单压制或退让"，而是直面问题并开启协商对话的平台，这显然有利于促进国家权力的进一步规范化；另一方面，公民通过维权抗争获得了与国家权力的协商对话，这最终也有利于促进公民的有序参与，提高公民的政治参与意识与能力。所以，尽管群体性事件的频繁发生给党和政府带来了巨大冲击，但如果应对得法，反而会有利于促进公共决策的科学化民主化和社会秩序的持续稳定。

在上述三个案例中，我们初步看到了公众理性参与和地方政府积极回应的良性互动图景。之所以会出现这一局面，我们认为最重要的是在应对公民的理性利益表达中，三地地方政府在十字路口选择了疏导而不是堵塞，选择了向民意靠拢而不是与民意对抗，实现了从维权抗争到协商对话的成功转换，从而消弭了冲突，化解了危机。这是因为协商对话的方法并不是靠上级的行政手段来解决问题，而是靠公众的理性能力来

---

[1] C. Tilly, *Contention and Democracy in Europe, 1650–2000*, New York: Cambridge University Press, 2004.

[2] Ibrra Pedro, *Social Movements and Democracy*, New York: Palgrave Macmillan, 2003.

解决问题。协商是公开的、民主的、审议的、理性的、科学的决策过程，在解决社会冲突问题上它是一种高明的政治艺术：第一，它把维权者引导到沟通的平台上去。这有利于避免更多的维权者在街头"闹事"，通过把他们引导到沟通的平台上进行讨论，进而倾诉自己的苦处和表达自身的利益诉求。第二，在沟通的平台上减少民众与政府的信息不对称。许多因维权引发的群体性事件都不同程度地存在着民众与政府之间由于信息不对称而导致的矛盾与冲突，通过协商对话有利于增进双方的了解。第三，在处理公共利益上，协商对话把它引导为一种量化问题，一种可以讨价还价的问题，一种可以增减的问题。各方都可以表达自己的看法，通过表达最好的理由来争取自己的利益。由于引入了协商对话机制，通过官民对话，在地方政府和公民之间开始建立起顺畅的利益表达机制。这种利益表达机制为公民参与提供了制度化的平台，通过这个平台，多元利益主体可以表达各自的利益诉求。而地方政府也能够通过这些利益表达机制，实现社会利益的协调和整合，从而在制定政策和政策执行过程中，充分考虑到各方的利益诉求，尤其是弱势群体一方的利益，从而成功实现了从维权抗争向协商对话的转换，最终有利于实现社会的稳定与和谐。

显然，上述从维权抗争到协商对话的转变，为地方政府有效应对群体性事件开辟了新的思路，避免了公民权利与国家权力的持续对立和升级。更重要的是，如果这种为回应公民维权抗争而开启的协商对话平台能够逐步规范化而成为一种制度安排的话，那么它就在国家权力与公民权利之激情碰撞时提供了一种规避风险的反思性制度安排，这种制度安排表现出"后合作主义"①特征，在某种意义上，这就是建立在公民广泛参与基础之上的协商民主。②

协商民主是当代西方发达国家的选举民主出现诸多问题之时，所构建的一种新型民主形态。所谓协商民主，是指政治共同体中自由与平等

---

① 〔英〕派特·斯崔德姆：《风险社会中的认同与冲突》，载《马克思主义与现实》，2004年第4期。
② 〔美〕乔治·M.瓦拉德兹：《协商民主》，载《马克思主义与现实》，2004年第3期。

的公民，通过参与立法和决策等政治过程，赋予立法和决策以合法性的治理形式。其核心概念是协商，强调对话、讨论、辩论、审议与共识。作为一种民主理论的协商民主兴起于20世纪90年代，它强调公民是政治参与的主体，应积极促进公民对公共事务的积极参与，并且这种参与不仅仅局限于选举、投票，还应该扩大到公民在充分掌握信息、发言机会平等和程序公平的基础上对公共政策展开公开讨论，提出可行性方案或意见。其前提条件是承认社会利益的多元化、异质性和分散性。协商民主的过程就是在多元社会的现实背景下，鼓励公众参与对话，进行理性的论辩和说理，以此支持某种选择性的方案，就国家的立法与决策达成共识，从而使国家的立法与决策具有合法性的基础。① 在协商民主的框架下，政府与公民的良性互动，有利于实现国家权力与公民权利之间的平衡。最终，社会秩序和政府权威被自觉认可和服从，政府对公民的利益诉求作出及时、有效和负责的回应，政治信息公开透明，公民能够广泛有序地实现政治参与。

与竞争性民主不同，协商民主有利于化解国家权力与公民权利之间的冲突并充当了连接二者之桥，因为一方面协商民主将公民的政治参与纳入了有序的制度化轨道，另一方面协商的结果是增强了国家权力的合法性。② 更为重要的是，协商民主促进政治交流双向化。公民通过协商参与表达意见和利益诉求，政府通过协商回应民意，从而使政治交流从单向命令指挥走向双向交流讨论。最终，有利于国家权力与公民权利之间相互理解与信任，从而建立起良好的政治互动关系，有利于避免政治失序状态，避免民主建设过程被打断。③

改革开放30余年来，随着市场经济的发展，当代中国社会各种利益与阶层日益分化，公民迅速增长的权利意识与民主诉求的输入，无疑

---

① Jon Elster, ed., *Deliberative Democracy*, Cambridge: Cambridge University Press, 1998, p. 8.

② J. S. Dryzek, "Legitimacy and Economy in Deliberative Democracy", *Political Theory*, 2001 (29), pp. 18 - 39.

③ 陈家刚：《协商民主与当代中国的政治发展》，载《北京联合大学学报》，2008年第2期。

给政治体系带来了相当大的压力，国家与社会间的内在张力也在日益增加，而中国的民主建设却仍然在困境中挣扎与徘徊，这显然是不利于和谐社会建设的。而协商民主作为一种新型的民主形态，在中国的恰当运用显然有助于走出民主建设的现有困境。这是因为：一方面，它以国家与社会互动和公民的政治、经济、社会权利为基础，将效率和责任引入到了公共政策的决策机制之中，由服务于国家权力转向服务于公民权利，建立一种新的效率与公正结合的机制，寻求并保持社会秩序、民主和社会公正之间的平衡，有利于更有效地治理国家和社会公共事务；另一方面，协商民主的确立与发展有利于畅通公民参与的渠道，扩大有序的政治参与，既能通过民主实践培养公民的民主精神和民主意识，又能形成利益的协调与整合机制，缓冲不同利益群体要求，以达成一致和协调。①

因此，如果能够将上述三个案例中地方政府应对民意的激情挑战所开启的协商对话逐步程序化与制度化，即推进协商民主的发展，那么它就不仅仅意味着为有效化解群体性事件和维护社会秩序稳定开辟新路，更重要的是它也可能为当代中国的民主建设开辟新的路径。

四、简短的结论

改革开放以来，在中国共产党的正确领导下，经过全国各族人民坚持不懈的探索与努力，社会主义民主建设取得了巨大的成就，开创了中国特色社会主义民主建设的新局面。② 但是，与党的远大目标和人民群众对美好生活的期待相比，当代中国的民主建设显然还任重而道远。从前述三起地方政府成功应对群体性事件的典型案例来看，发展协商民主

---

① 王道坤：《协商民主在中国的适用性条件及其前景》，载《华中师范大学学报》，2006年第3期。

② 杨海蛟：《30年来中国特色社会主义民主政治建设回顾》，载《学习与探索》，2008年第6期。

不仅可以为地方政府有效应对群体性事件和维护社会稳定开辟新的思路，而且也能为走出当代中国民主建设困境开辟新的路径。所以，党的十七届四中全会强调要"坚持问政于民、问需于民、问计于民，作决策、定政策，充分考虑群众利益和承受能力，统筹协调各方面利益关系，切实办好顺民意、解民忧、惠民生的实事，让人民共享改革发展成果。健全党和政府主导的维护群众权益机制，认真解决群众反映强烈的教育医疗、环境保护、安全生产、食品药品安全、企业改制、征地拆迁、涉农利益、涉法涉诉等方面的突出问题。完善矛盾纠纷排查化解机制，引导群众依法表达合理诉求，切实维护群众权益"。

更重要的是，诚如林尚立所言，中国民主建设之所以向协商民主方向发展，是因为除了与中国政治发展的内在规定性有关之外，还与中国传统的政治文化与现有的政治制度资源有关。[①] 从当代中国的政治现实来看，社会主义的制度条件决定了当代中国不可能也不应该发展西方式竞争民主，而且在缺乏诸多条件保障下贸然启动大规模的选举民主也可能隐含着巨大的风险。在这种情况下，发展协商民主应该是将公民参与纳入有序的制度化轨道的最优选择。因此，从维权抗争到协商对话，并且将这种协商对话制度化，应该成为当代中国走出民主建设困境的新思路。

不过，要真正开启民主建设中的协商民主新路，最终实现国家权力与公民权利的理性对话与交流，仍然离不开国家权力与公民权利的双向互动。一方面，对于国家权力而言，既应尽快落实对法治与民主的承诺，也应建立健全规范化的与民众进行交流对话的制度化平台；另一方面，也必须发展有序的公民参与，即让分散的公民组织起来通过畅通的制度化渠道和规范化的机制有序参与社会公共事务管理。

---

① 林尚立：《协商政治：对中国民主政治发展的一种思考》，载《学术月刊》，2003年第4期。

变革欧洲中的政党

〔英〕克特·理查德·路德
〔德〕费迪南德·穆勒-罗密尔 文*
杨云珍 译**

【内容摘要】 政党是比较政治学领域中重要的研究分支之一,在现代民主的理论和实践中起着重要作用。本文回溯了政党研究的发展历程,以及政党组织结构所经历的演变。当前西欧各国经历着深刻的社会变迁,政党也面临着前所未有的挑战。作者从四个方面:即政党与社会,政党作为有目的的组织,政党与政府,以及政党、国家与超国家层面分别展开论述,指出政党是随不断变化的环境而对自身不断进行调适的一种政治制度。

【关键词】 新欧洲;政党与社会;政党组织;政党与政府;政党与国家和超国家

---

* 作者英文原名分别为 Kurt Richard Luther 和 Ferdinand Muller-Rommel。前者是英国基尔大学政治学系教授,欧洲政党研究中心主任;后者是德国吕内堡大学比较政治研究教授。

** 杨云珍:博士,华东政法大学政治学研究院法学博士后流动站研究人员。本文经作者授权翻译,是牛津大学2005年出版的《新欧洲中的政党》一书的导论部分。

一、导 论

政党分析是比较政治学领域中重要的研究分支之一，最早可以追溯到奥斯特洛戈斯基（Ostrigorski，1903；1964）和米歇尔斯（Michels，1911；1962）所作出的贡献。政党研究方兴未艾的一个主要原因在于，政党被广泛地认为在现代民主的理论和实践中起着重要作用，在享有主权的人民和那些暂时被赋予行驶国家事务权力的政治人物之间起着一个至关重要的桥梁作用。换句话说，政党被认为是这样一个机构，它可能成为缓解现代民主中内在紧张关系的桥梁，一端联系着民众，另一端联系着政治精英（Muller，2000）。这也是为什么一些观察家（Schattschneider，1942）认为政党实质上在现代民主治理中起着不可或缺的作用的主要原因。此外，很少有人否定以下这一观点，即要完全理解现代自由民主的运作，首先就需要理解政党面临的政治挑战和它们如何应对这些挑战。

经验政治学中的政党维度对于政党的关注，自然而然地反应了政党自身的演变。在大多数西欧国家，政党首先出现于19世纪的后半叶和20世纪的第一个十年。就像迪韦尔热（Duverger，1964）著名的结论，政党被认为是"内生的"——是政治精英集团对于选举权的扩大所作出的反应，建立选举机器以帮助他们掌握政治权力；或"外生的"——起源于动员那些未被充分代表的集团寻求接近政治权力。它们采用的组织形式分别是"干部型"和"大众型"政党。尽管这些政党民主不足（Michels，1911），让很多观察者看到大众型政党的竞争导致政党组织形式会被其他的政党组织所效仿。因此，西欧经历了一次"来自左的传染"（Duverger，1964）。而且，回顾相关的政党文献，"大众组合型的政党"（Neumann，1956）实际上被假定为居统治类型的政党模型。

战争时期的系统危机不仅见证了第一次社会民主党的失败，而且见证了具有强烈意识形态色彩的极左和极右政党的出现。可以理解的是，战后时期政党的文献趋向二分型的政党——极权主义的和民主主义的（Duverger，1954）。战后占支配地位的分析路径有阿尔蒙德和韦巴的"社会决定论"范式（Almond and Verba，1963；1980）；李普赛特和罗坎的"社会分裂"理论（Lipset and Rokkan，1967a），强调政党是社会代表的代理人，因此强调西欧政党的社会起源和嵌入性。然而带有偏见的是，社会的根深蒂固和意识形态的加强使得"民主的"大众型政党衰落了，它们采取更多的动员战略，经验的政党文献很快被这两个紧密相关的方面所充斥。首先是政党的现代化，同时基希海默（Kirchheimer，1966）关注大众型政党的现代化，出现了"全方位政党"。爱泼斯坦（Epstein，1967）对于"干部型"政党的发展作出了根本性的贡献，他强调了这些政党如何利用新的科技联络手段去弥补它们相对缺乏的组织密度。这种组织的适应及时地被竞争性的政党所反映，因而有可能被认为是形成"来自右的传染"。其次占主要地位的政党文献是关于政党联盟的过程和结果（Dalon，Flanagan and Beck，1984；Crewe and Denver，1985）。1988年，帕内比安科（Panebianco）指出了"职业选举型政党"的发展，它和其他政党相区别的特征是其内在动力在于政党领导人从基层更进一步地解放和政党更具专业化了。20世纪90年代以来，对于经验政党的文献的强调又出现了转变，这在一定程度上反映了政党社会支持度的萎缩，许多已建立的政党出现了所谓的向国家"迁移"的现象，这个特征可以归结为"卡特尔政党"（Katz and Mair，1995），不仅包括帕内比安科（Panebianco）详述的内在过程，而且包括"卡特尔政党"联合国家资源支持它们的个人的活动。此外，有争议的是这些政党积极寻找掌握竞争的机会结构，支持内部的党，反对外部的党。

事实上自从政党产生以来，政党文献一个显著的特征很大程度上毫无疑问地接受了以下两个联系紧密的命题：首先是研究政党在民族国家中的作用和角色；其次是将政党和政党政治作用概念化为理论，把政党设定为公共的代表制度，它在主权国家的民主合法化中起着重要的作用。这种以国家为中心的范式的重要性丝毫不让人吃惊，因为政党行为的主要竞争舞台实际上在民族国家之间，它反过来组成了民主理论的核心。然而，在20世纪90年代晚期（可论证得最早从1979年欧洲议会的直接选举开始），这种"最基本"的情形开始发生变化。欧洲政治的重组，尤其是超国家的决定层次的出现，这些都使政党的外部运作环境发生了一个根本性的变化。这些变化暗示着不仅对于政党政治和政治制度带来了挑战，而且对于经验的政治科学也带来了分析性的挑战。

目前，经验政治科学已经关注上面提及的政党的四个重要维度。第一，政党在社会中行使着一个重要的动员和联系作用（Lawson, 1980），这经常暗示着与社会组织的正式的和半正式的联系。同时也意味着政党需要寻求建立投票的组织，参与大众选举，推出候选人引导竞选（Farrell and Schmitt-beck, 2002）。实际上，一些政治学家（Panebianco, 1988）认为在政治市场中参与竞选是政党的显著特征。

第二，对于政党的研究不仅早期的政治学著作（Ostrogorski, 1930; Michels, 1911; Eldersveld, 1964），而且最近的经验研究（Katz and Mair, 1992, 1993和1994; Panebianco, 1988）都强调寻找政党组织内部"黑箱"的重要性。这些作者建议考察政党自身是如何构造和组织的，如何获得和利用资源，如何动员选民获得支持，还有它们如何招募新的政党精英，或者动员那些公共事务潜在的支持者。政党被认为是一种特殊的组织，也就是一种有目的的组织。换句话说，政党作为组织的一个显著的特征"赞成同样的态度"体现了它们意识形态的价值。后者决定了它们的政治认同也影响到它们彼此之间以及和支持者之间的关系（Budge, Crewe and Farlie, 1976; Sartori, 1976）。此外，这些价值反过来反映政党政策的选择和政策偏好的市场（Budge, Robertson and Heaarl, 1987）。

第三，被广为接受的是为了明白它们的政策选择，且它们的愿望是为了行使政治权力，政党，最重要的是它们的精英寻求执掌公共事务的权力。关于政党和政府的经验研究关注它自身最重要的政党和政府的维度。首先是组成政府或组成联合政府的行为（Laver and Schofield, 1990; Laver and Shepsle, 1996; Muller and Strom, 1990, 2000）。其次组成政府或组成联合政府中的政党不仅证明具有制定政策的能力，而且追求制定那些能反映它们在选举前作出承诺的政策（Budge and Keman, 1990; Klingemann, Hofferbert and Budge, 1994）。

第四，许多政治学家把他们的注意力集中于政党和政党运作所处国家的制度环境，首先关注的是国家结构、选举制度以及政党法律和媒体（Rae, 1971; Muller, 1993; Tsbelis, 1995; Lijphart, 1999）。这种关系不是单向的，不像其他的政治行为体，政党一旦在公共事务中执掌权力后，就处于一种十分幸运的位置，至少能影响它所处的运作环境中制度方面的因素。

《变革欧洲中的政党》这部著作的中心目标就是评价多数当代西欧政党的经验发现，以及这些研究如何进一步发展。我们将利用最新的研究和较宽泛的理论范围、方法论和经验途径达到这一目标。

我们将从四个方面展开讨论："政党与社会"；"政党作为有目的的组织"；"政党与政府"及"政党、国家与超国家"。

我们根本的假设在于政治学还没有产生能概括政党的发展或行为，能预测政党的成功或者失败的"政党理论"。相反，我们认为政党是服从于不断变化的环境的一种制度。政党改变的速度和方向不可避免地和民主政治的改变有关系。因此，确定近来西欧政治的变化，讨论这些引起西欧政党功能发生变化的挑战就尤为重要。

二、变化中的欧洲

我们并不是仅仅关注政党面临挑战。达尔和万登堡（Wattenberg, 2000）都探讨了近来政治制度宏观层面的变化挑战着传统政党的行为方式。21世纪初西欧的政党政治面临着至少六个方面的变化。

西欧数十年来经历着深刻的社会和经济变迁，这些总体影响被一些学者归为后工业社会和后现代社会（Bell, 1973; Klingemann and Fuchs, 1995; Inglehart, 1997），关于社会结构和经济我们可以观察几个主要的变化（Lane and Ersson, 1996）。第一个方面，尽管有大量的从东欧原共产主义国家来的移民，但欧洲的人口增长仍然呈下降趋势。此外，在所有西欧国家，年轻人的数量在相对减少，老年人的数量在增加。观察职业结构，我们能够发现失业人数在增加，与此同时，我们发现迄今为止妇女参与劳动力是比例最高的。尽管工业的雇佣在整个西欧是衰退的，但服务业的雇佣不仅在私人部门而且在公共部门是呈增长趋势的。经济发展数据也表明，经过过去20年，西欧已经历了显著的经济增长和稳步的生活质量的提高。

在西欧，与社会经济变化紧密相连的是政治价值和市民个体行为与国家政治文化的深刻变化（Van Deth and Scarborough，1995）。普遍价值的变化体现在宗教正统作用的衰退、社会左右冲突的基础削弱和新社会运动的出现，例如环境主义、反对核权力、女权主义、绿党选举的胜利等（Muller-Rommel，2002）。此外，一种新的政治行动产生了，传统的政治参与转变为更多方式的公民参与（Ddlton and Kuchler，1990）。在几乎所有的西欧民主中对于民主的满意度提高了（除了意大利和北爱尔兰）。这表明，在西欧自由民主仍然保持较高的合法性。经验研究可以预知，在可预见的将来在西欧不会出现合法性的危机（Fuchs et al.，1995）。

与此同时，西欧也见证了政治沟通结构方面深刻的变革。这是科技革新加速的结果。在过去，电视的发明对于社会、文化和政治沟通的主要影响已经被记录下来了。从那以后，科技变化的步伐和它所产生影响的广度都更加深刻了。主要的里程碑包括卫星通讯的发展，数字的革新与之伴随的通往消费者的途径的数量爆炸式的增长，更重要的是因特网的来临，它不仅能迅速地接近巨大的信息，而且还能给迄今为止被动沟通的参与者提供互动机会，产生他们自己的通信和通信网络（Norries，2001）。

西欧在影响政治论述的政治议题和政策议程方面也经历了重要的变化（Lligenmann, Hofferbert, Budge et al.，1994）。一方面，有关传统问题的意识形态的分野方面有了明显的、持续的衰退，比如劳动力和资本的冲突，关于公共所有权的防卫和安全问题等。另一方面，在政治经济表述中有一个范式的转变（虽然或多或少被提到过），更多的是转向市场为主导的经济原则。与此相伴随的是在健康和养老金领域，国家供应的逐渐减少，取而代之的是私人供应的不断增加。此外，西欧见证了"新"政策领域的出现，包括关于环保和生态问题（Holzanger and Knopefle, 2003），还有移民和政治避难者的增加（Koopmans and Strathan, 2000）。随着政治制度所提供的期待和评价的改变，西欧国家的政治议程也已经发生了一些变化。另一个重要的发展，即关于民主的质量已不断受到质疑（Pharr and Putnam, 2000）。

西欧国家的许多经济问题来自于他们面对全球化所产生的相互依赖程度的加深。尽管欧洲一体化已被认为是全球化的一个例子，它也被认为是欧洲国家抵制全球化的一个尝试。根据这第二种解释，欧洲国家关注于共同问题共同解决，这加强了共同的结构，加快了欧洲一体化的进程。欧盟不断增长的重要性在至少两个方面是可以看到的。首先，组成了制定决策的集中化，体现在欧洲议会、欧洲法院、欧洲委员会，其中至关重要的是内阁。其次，欧盟作出决定的能力被欧洲单一法律大大加强了，这些逐渐成为普遍的政治争论的主题。欧洲政治空间的发展，例如，开放边界，开放劳动力市场和跨欧洲教育的互换培养，与之伴随的是出现了对统一的欧洲的政治认同的增加。

欧洲一体化给西欧国家的政治带来了深刻的变化。次国家单位近来联合到欧洲计划中。总体上说，正如政治权威已经转移到超国家和次国家层面，西欧见证了国家的空心化（hollowing out）、多元政治认同的成长和朝向多层治理的清晰趋向的这样一个混杂现象。只要这个联合制度的输出结果是积极的，占主要地位的国际政府间的方式主题就是"许可的同意"。然而自从《马斯特里赫特条约》以来，政治家不断增长的怀疑主义无处不在，对于欧洲一体化的怀疑尤为明显。

最后，许多欧洲国家近十年来对于他们的宪法体制进行了深刻的改革（或者是仍在改革）。这种大规模体制的转型包括20世纪70年代的西班牙、葡萄牙和希腊。那些不是彻底的变化包括地区重要性的生长，西欧政治权力和认同的去中心化（decentralised），因而这些国家引入了

"联邦制"或"地方主义"因素（例如，比利时、西班牙和英国）。另外一个制度改变的例子包括立法结构的改变（例如，1970年的瑞典和英国，上议院的改革仍然在进行）；直接民主领域里的官僚机构和司法机构的改变（意大利）。当然也有很多数量的变化低于体制转变的层面的变革。这里包括有关选举法律的规则的改革，比如德国和奥地利的媒体法（包括意大利和法国），利益集团的调节（如英国）和议会的议事规则。

三、政党面临的挑战

欧洲经历的这些改变对于政党带来的挑战，可以从以下四个维度来进行分析。

（一）政党与社会

政党与社会的联系包括至少三个方面的核心因素。第一个就是意识形态，即政党和民众之间的派别联合（partisan attachment）；第二个是渗透于社会的政党的组织；第三个是政党努力动员以获得公共的直接支持，尤其是在选举中。欧洲社会的变化对这三个方面都产生了显著的影响。教育水平和动员过程水平的提高，减少了政党对选民的暗示的功能，与此同时选民所关心的新的议题和群体联系的弱化，削弱了政党和选民之间长久以来的联系。政党与公众之间的联系面临的挑战包括政党认同的衰退、选民人数的下降和选举不可预测性的增加。社会根基的衰落也会从长远上影响到政党在社会中的组织能力。最后，这些改变使得政党迫切重新审视它们动员选民的战略，以确保它们能最大限度地获得选民的支持。

（二）政党作为有目的的组织

对于政党作为有目的的组织的多面向的影响，可以概括为两种类型，第一种类型与政党组织相关。伴随着组织联系的减弱和政党动员所带来的社会分裂，组织对于政党成员的挑战。政党组织的密度已经被削弱了。第三世界的扩张和第二世界的压缩，导致了贸易联合的整体上的缩减，这反过来削弱了工人阶级政治动员的基础。对这一部分来说，教育的扩张和认知动员已经影响了政党成员，不只是增加了政党成员对于参与的期待，还导致了一些成员在政党之外聚合，以其他一些反对传统政党的方式来对自己的政党成员进行褒奖（例如，绿党的出现），同时另外一些群体仍然停留在他们尊重的政党内。他们可以尝试着挑战政党内部传统的官僚权力关系，对政党领袖的权力加以限制。政党正在削弱和利益集团的联系以及政党自身成员的衰落，这意味着减少了政党的收入。联系结构的变化也给政党带来了很大的影响。首先，它们导致了迄今以来政党动员和保持政治支持的能力的削弱；其次，不断增加的跨国电子媒体的作用削弱了国家政党经营的控制政治联系的能力；再次，政党已经意识到需要对新的通信科技作出反应，以及在国内和国际间与它们联合。当代这些昂贵的通信特征，伴随着国内能得到资源的萎缩，对于政党来讲是一笔不小的负担，反过来，这也意味着政党对于国家资金的依赖增强了。最后，新出现的政治议题，如反移民导致了新的政党（例如，极右翼政党）的出现，以及在许多国家出现了许多小的政党。这也使得主流政党需要尽量改变自身的结构以便能积极应对这些新挑战。

第二种类型在于政党外部的变化对于政党的组织作用体现在政党的程序或意识形态的维度。社会结构和社会文化的变化，包括教育和宗教的分离，教育的扩张，以及不断增加的社会和地理的流动性，这些都导致了政党传统上以意识形态为平台的动员能力的衰退，而这是建立在传统的左右分野的基础上的。另外，新的意识形态的紧张（如后物质主义、右翼民粹主义和种族—地区主义）凸显出来了。政党家族的力量和意识形态之间的距离或者是政党之间的紧张也发生了变化。并且，政党已经利用新的和不同的政治议题来动员他们的支持者。

（三）政党与政府

政党对于政府的作用和影响体现在两个方面。其一，政党从以往是公民社会的代理人到现在已经转换为是政府的代理人。这就使得越来越多的政党加入了政府。事实上，几乎所有的西欧国家的主流政党，在它们的历史中，都在某一时刻加入政府。换句话说，那些主流的政党，要么处在政府之中，要么认为自己只是暂时在政府中的位置被取代，且迟早要进入政府。反对党的传统作用由于缺乏"潜在的进入政府的能力"而受到局限，如右翼民粹主义的政党、绿党和种族—地区主义的政党。然而，越来越多的政党联合使得政府的形式和稳定变得比以前更为困难了。其二，宏观经济的变化（新自由主义）和国家在管理经济时所面临的问题（如全球化的功效），这些都会影响到西欧政党政府制定政策的能力。为了在政府中生存下去，政党处于一个持续不断的压力之中，面临着意识形态的定位和在政府中制定政策的互相一致。此外，今天多数欧洲政党政府面临的变化是，如果它们希望维持自己在选民中的信任度，那么就要保证它们在主要政治辩论领域里制定的政策与它们的政治宣言保持一致。

（四）政党、国家与超国家

政党得以运行的宪政和制度环境不仅是在国家内部，而且超越了国家层面。政党的影响是多面的。首先，尽管政党，尤其是那些掌握着政治事务的政党被卷入制度的工程中，这样的结果就是不论政党自身还是政治科学家都不能够很好地理解。其次，这些变化对制度内的政党、潜在的统治者，或者是体制外政党、潜在的讹诈者都带来了影响。事实上，如果卡特尔的主题是可以相信的，这些变化的一个基本逻辑就是，"体制内"的政党努力型塑着政治机会结构，使它们自己获得益处的同时阻止体制外政党获得利益。最后，欧盟这样的一个超国家层面政府的出现，体现在1975年欧洲议会直接选举的引入，已经提升了跨国间政党的相互作用，提供了一个新的、可能的不断增长的政治关节点。作为组织，出于对选票、公共事务、政策的追求，政党自然而然地会精心考虑扩大它们的行动范围以拥抱这些新的领域。

【参考文献】

Almond, G. A. and Verba, S., *The Civic Culture*, Princeton: Princeton University Press, 1963.

Almond, G. A. and Verba, S. eds., *The Civic Culture Revisited*, Boston: Little Brown, 1980.

Bell, D., *The Coming of Post-Industrial Society*, New York: Basic Books, 1973.

Budge, I. and Keman, H., *Parties and Democracy: Coalition Formation and Government Functioning in Twenty States*, Oxford: Oxford University Press, 1990.

Budge, I., Crewe, I. and Farlie, D. eds., *Party Identification and Beyond*, New York: John Wiley, 1976.

Budge, I., Robertson, D. and Hearl, D. eds., *Ideology, Strategy and Party Change: Spatial Analysis of Post-War Election Programs in 19 Democracies*, Cambridge: Cambridge University Press, 1987.

Crewe, I. and Denver, D. eds., *Electoral Change in Western Democracies*, London: Croom Helm, 1985.

Dahl, R. ed., *Political Opposition in Western Democracies*, New Haven: Yale University Press, 1966.

Dalton, R. J. and Küchler, M. eds., *Challenging the Political Order*, Cambridge: Polity Press, 1990.

Dalton, R. J. and Wattenberg, M. eds., *Parties without Partisans: Political Change in Advanced Industrial Democracies*, Oxford: Oxford University Press, 2000.

Dalton, R. J., Flanagan, S. and Beck, P. eds., *Electoral Change in Advanced Industrial Democracies*, Princeton: Princeton University Press, 1984.

Duverger, M., *Political Parties*, 3 edn., London: Methuen, 1964.

Epstein, L. D., *Political Parties in Western Democracies*, New York: Praeger, 1967.

Farrell, D. and R. Schmitt-Beck eds. , *Do Political Campaigns Matter?*, London: Routledge, 2002.

Fuchs, D. et al. , "Support for Democratic Systems", in H. D. Klingemann and D. Fuchs eds. , *Citizens and the State*, Oxford: Oxford University Press, 1995a.

Holzinger, K. and Knoepfel, P. eds. , *Environmental Policy in a European Union of Variable Geometry?*, Basel: Helbing Press, 2000.

Humphreys, P. , *Mass Media and Media Policy in Western Europe*, Manchester: Manchester University Press, 1996.

Inglehart, R. , *Modernization and Postmodernization*, Princeton: Princeton University Press, 1997.

Katz, R. S. and Mair, P. eds. , *Party Organizations: A Data Handbook on Party Organizations in Western Democracies, 1960 – 1990*, London: Sage, 1992b.

Katz, R. S. , Mair, P. et al. , "The Membership of Political Parties in European Democracies, 1960 – 1990", *European Journal of Political Research*, 22 (1992), pp. 329 – 345.

Katz, R. S. and Mair, P. , "The Evolution of Party Organizations in Europe: The Three Faces of Party Organization", *American Review of Politics*, 14 (1993), pp. 593 – 617.

Katz, R. S. & Mair, P. eds. , *How Parties Organize: Change and Adaptation in Party Organizations in Western Democracies*, London: Sage, 1994.

Katz, R. S. and Mair, P. , "Changing Models of Party Organization and Party Democracy: The Emergence of the Cartel Party", *Party Politics*, 1 (1995), pp. 5 – 29.

Kirchheimer, O. , "The Transformation of the West European Party Systems", in J. LaPalombara and M. Weiner eds. , *Political Parties and Political Development*, Princeton: Princeton University Press, 1966.

Klingemann, H. D. and Fuchs, D. eds. , *Citizens and the State*, Oxford:

Oxford University Press, 1995.

Klingemann, H. -D. , Hofferbert, R. and Budge, I. eds. , *Parties, Policies, and Democracy*, Boulder: Westview, 1994.

Koole, R. , "Cadre, Catch-all or Cartel? A Comment on the Notion of the Cartel Party", *Party Politics*, 2 (1996), pp. 507 – 524.

Koopmans, R. and Statham, P. eds. , *Challenging Immigration and Ethnic Relations Politics: Comparative European Perspective*, Oxford: Oxford University Press, 2000.

Lane, J. E. and Ersson, S. O. , *European Politics*, London: Sage, 1996.

Laver, M. and Schofield, N. , *Multiparty Government: The Politics of Coalition in Europe*, Oxford: Oxford University Press, 1990.

Laver, M. and Shepsle, K. E. , *Making and Breaking Governments*, Cambridge: Cambridge University Press, 1996.

Lawson, K. , "Political Parties and Linkage", in K. Lawson ed. , *Political Parties and Linkage: A Comparative Perspective*, London: Yale University Press, 1980.

Lijphart, A. , *Patterns of Democracy: Government Forms and Performance in 36 Countries*, New Haven: Yale University Press, 1999.

Lipset, S. M. and Rokkan, S. eds. , *Party Systems and Voter Alignments: Cross-National Perspectives*, New York: Free Press, 1967a.

Michels, R. , *Political Parties*, New York: Free Press, 1962 [1911].

Müller, W. C. , "The Relevance of the State for Party System Change", *Journal of Theoretical Politics*, 5 (1993), pp. 419 – 454.

Müller, W. C. , "Political Parties in Parliamentary Democracies: Making Delegation and Accountability Work", *European Journal of Political Research*, 37 (2000), pp. 309 – 333.

Müller, W. C. and Strøm, K. eds. , *Policy, Office, or Votes? How Political Parties in Western Europe Make Hard Decisions*, Cambridge: Cambridge University Press, 1999.

Müller, W. C. and Strøm, K. eds., *Coalition Government in Western Europe*, Oxford: Oxford University Press, 2000.

Müller-Rommel, F., "The Lifespan and the Political Performance of Green Parties in Western Europe", in F. Müller-Rommel and T. Poguntke eds., *Green Parties in National Governments*, London: Frank Cass, 2002.

Neumann, S. ed., *Modern Political Parties Approaches to Comparative Politics*, Chicago: Chicago University Press, 1956.

Norris, P., *Digital Divide*, Cambridge: Cambridge University Press, 2001.

Ostrogorski, M., *Democracy and the Organization of Political Parties*, French edition, Paris, 1903; Abridged version by S. M. Lipset, Chicago: Qundrangle Books, 1964, 2 Vols.

Pharr, S. J. and Putnam, R. D. eds., *Disaffected Democracies*, Princeton: Princeton University Press, 2000.

Rae, D. W., *The Political Consequences of Electoral Laws*, New Haven: Yale University Press, 1971.

Sartori, G., *Parties and Party Systems: A Framework for Analysis*, Cambridge: Cambridge University Press, 1976.

Schattschneider, E. E., *Political Parties*, New York: Holt, Riehart and Winston, 1942.

Strøm, K. and Svasand, L. eds., *Challenges to Political Parties: The Case of Norway*, Ann Arbor: University of Michigan Press, 1997.

Tsebelis, G., *Nested Games: Rational Choice in Comparative Politics*, Berkeley: California University Press, 1990.

Tsebelis, G., "Decisionmaking in Political Systems: Veto players in Presidentialism, Parliamentarism, Multicameralism and Multipartyism", *British Journal of Political Science*, 25 (1995), pp. 289–325.

Van Deth, J. W. and Scarbrough, E. eds., *The Impact of Values*, Oxford: Oxford University Press, 1995.

南斯拉夫地区宗教冲突的国际政治理论逻辑比较

章 远[*]

【内容摘要】 "9.11"后的世界,威斯特伐利亚体系以来人为剔除宗教因素的历史被现实打破,人们发现和重新承认世界上很多持续进行的内战、政治动荡、地区冲突都具有显著的宗教属性。南斯拉夫斯拉夫地区的宗教冲突因为烈度强,牵涉宗教派别和国家众多而具有典型性。本文从权力结构、道义和制度与文化观念因素等方面给予南斯拉夫斯拉夫地区的宗教冲突符合国际政治逻辑的诠释。最终将南斯拉夫斯拉夫宗教冲突放大到全球视野来看,地区宗教冲突问题的解决亟待多方面复合的共同交互作用。

【关键词】 南斯拉夫斯拉夫地区宗教冲突;权力结构;宗教道义;世界秩序

声称要抗争到生命最后一刻的南斯拉夫联盟总统米洛舍维奇最终一语成谶,曾经的政治风云人物的陨落使得命运多舛的南斯拉夫联盟再次成为世人讨论的热门话题。且不论米洛舍维奇的个人功过与生杀之谜,研究重提南斯拉夫斯拉夫地区的宗教冲突在基于信仰的局部热战仍未消

---

[*] 章远:博士,华东政法大学政治学研究院助理研究员。

逝的当今世界仍然具有现实意义。多年前科索沃战争的悲剧、南联盟内部的民族宗教间的桎梏为何没有印证宗教悲天悯人的情怀，却反而因为种种复杂因素沾染血腥气质，其国际政治理论角度的解释何在？传统国际政治理论界认为建构主义分析方法有时显得不甚严谨和缺乏预见力，充其量仅仅只能是一种方法而不是一种理论，但是其可以提醒现实主义和自由主义常忽视之处。① 据此，本文从权力结构、道义和制度与抽象的文化观念因素等方面给予南斯拉夫斯拉夫地区的宗教冲突符合国际政治逻辑的诠释。

一、国际政治理论的主流逻辑

一般认为，在国际政治理论研究界，有三种呈鼎足之势的成熟的理论体系，简单说来就是：以沃尔兹等为代表人物的结构现实主义、以约瑟夫·奈等人为代表的新自由制度主义和以温特为代表的建构主义。②

虽然从表象上看来，强调权力、安全、利益的现实主义和强调合作和复合相互依存的新自由主义再加上强调认同的建构主义致力研究和试图解释的对象都是纷繁芜杂的国际行为体之间的政治事务；但是，事实上，这些理论框架也都有阐释柔性和低级性质的宗教领域冲突事件的可能。当然，这里说讨论的宗教领域冲突事件主要是国际关系交往中产生的主要包含宗教因素的事宜。本文限于篇幅，因而这种贸然地借用既有三种理论对宗教冲突事件进行的分析仅仅只是一种相当粗浅的尝试。

---

① 〔美〕小约瑟夫·奈：《理解国际冲突：理论与历史》，张小明译，上海人民出版社2002年版，第11页。
② 对于建构主义是否属于一种纯粹的理论抑或仅是一种不同于现实主义和新自由主义研究方法尚存争论，本文倾向于将其视为完整的理论。

二、南斯拉夫地区的宗教权力结构变迁

当今科索沃地区诞生的历史上塞族的第一个国家起源于9世纪斯拉夫人在民族大迁徙来到巴尔干半岛的过程中。及至14世纪初，塞尔维亚王国进入鼎盛时期并成为巴尔干半岛最强盛的国家之一。然而14世纪下半叶开始，塞尔维亚逐步被向欧洲扩张的奥斯曼土耳其帝国占领。1389年6月15日，塞尔维亚与保加利亚、波斯尼亚、阿尔巴尼亚等国结盟，与奥斯曼帝国军队在科索沃决战，结果败北。在此后的将近半个世纪，大批塞尔维亚人受到压制，被迫迁离原有居住地，与此同时大量的阿尔巴尼亚人涌入属于塞尔维亚王国中心地带的科索沃地区。在土耳其人的统治下，阿尔巴尼亚人信仰伊斯兰教，信仰东正教的塞族和穆斯林阿族不和，就此埋藏下祸根。

奥匈帝国于18世纪自自身所在的欧洲中部向巴尔干地区扩张，势力远达斯洛文尼亚、克罗地亚及波黑北部地区。第一次世界大战后，随着奥匈帝国的垮台，斯洛文尼亚、克罗地亚与塞尔维亚、黑山等共同信仰东正教的斯拉夫族组成南斯拉夫，并于1918年底成立了以卡拉乔尔杰维奇为君主的"塞尔维亚—克罗地亚—斯洛文尼亚王国"。这个以塞尔维亚为主体的君主国一心想恢复塞族人昔日的繁荣与辉煌，对西北部的斯洛文尼亚和克罗地亚采取同化政策，对南部原土耳其帝国的统治区则竭力推行大塞尔维亚主义：比如，下令没收阿族人和土耳其人耕种的土地，并将其分给塞族士兵，同数百年前不同，权力的流转反而迫使许多阿尔巴尼亚人和土耳其人离开这一地区。

第二次世界大战期间，南斯拉夫遭到外部德、意法西斯的入侵和占领，斯洛文尼亚和克罗地亚受历史牵绊投靠德、意法西斯，并成立了"克罗地亚独立国"，大肆残害塞尔维亚人、犹太人和共产党人等进步人士；而南部科索沃地区的阿族人则倒向意大利。阿族人第一次拥有了使用本民族语言从事教学的权利。整个战争期间，"斯拉夫兄弟"中的塞

尔维亚、黑山等族坚持抗击法西斯的入侵，为此再次流离失所，甚至惨遭杀戮。据统计，"二战"期间，南斯拉夫共死亡170多万人，其中有70%以上是民族间相互残杀造成的，这在很大程度上导致90年代的波黑战争带有强烈的民族复仇心理，其激烈程度是其他内战无法相比的。这段过往预示着当今巴尔干半岛宗教的纷争，更使外部力量同南斯拉夫地区的冲突各方存在着某种天然的联系。"二战"后，南斯拉夫铁托总统奉行民族平等的和解政策：给予非主体民族以更多的自治权。1963年南斯拉夫修改宪法将科索沃升格为自治省，1974年公布的新宪法又进一步扩大科索沃的自治权。

南斯拉夫斯拉夫作为一个统一的主权国家，在东欧剧变、苏联动荡及至解体的过程中，毫不例外地迅速走向分崩离析。1991年6月，以德国为代表的欧洲共同体、联合国和世界主要大国相继承认斯洛文尼亚和克罗地亚脱离联邦分别建立独立主权国家。同年9月8日，马其顿共和国就独立问题举行全民公决，并于11月20日宣布独立。位于南斯拉夫斯拉夫联邦共和国中心地带的波斯尼亚—黑塞哥维那也开始了争取独立的努力。10月15日，占波黑共和国58%的穆、克两族议员共同签署了《关于波黑主权备忘录》，宣布在保持波黑现有边界的基础上建立主权国家。至此，一个由6个共和国组成的联邦制国家在半年时间里就有4个共和国先后宣布独立。南斯拉夫的解体伴随着民族宗教间愈演愈烈，暴力冲突各方都损失惨重：斯洛文尼亚的独立时死亡62人；克罗地亚的独立时死亡与失踪超过2万人；波黑战争历时三年零九个月，死亡数十万人①；而科索沃的民族冲突更是演化成北约与南联盟之间的国际战争。综观南斯拉夫斯拉夫地区无论是地缘版图还是宗教图谱各方势力对比的结构都存在天然的脆弱性和不稳定性，于是为该地区的冲突不断升级种下祸根。

---

① 秦晖：《民族主义的双刃剑——南斯拉夫—科索沃问题的由来》，载《战略与管理》，1999年第4期，第39页。

三、信仰道义与制度弊端

宗教是一种意识形态,是一整套价值判断的体系。它既与种族、政治、利益紧密相关,又是个人的一种特殊的精神活动和心理体验。宗教信仰首先是某一种族的文化,个体与集体意识的交错。一方面,无视权力因素是乌托邦意识;① 另一方面,人的意愿是将世界化约为某种道德秩序②。但是将宗教道义放置到国际政治领域却未有如国内范围或者单一宗教内部那么具有乐观作用。约瑟夫·奈认为其原因有:由于存在宗教分歧而价值观念的国际共识很少、个体和群体国家的道义标准有异、国际政治现实操作的因果关系复杂性以及制度的弊端四个方面。③ 按此分析框架,就南斯拉夫地区的宗教冲突具体而言:

首先,是宗教的排他性。宗教信仰者覆盖世界的绝大多数人口,有关统计资料显示,2000年,全世界的宗教信徒约51.37亿,占当时总人口60.55亿的84.8%。其中,基督教徒(包括天主教、新教、东正教)约19.99亿,穆斯林约11.88亿,印度教徒8.11亿,佛教徒约3.59亿,这四大传统宗教的信徒总数就占当时世界信教总人数的88%以上。此外,还有大量新兴宗教徒等。④ 在南斯拉夫地区,据1991年人口普查的数据表明,塞尔维亚人口852.7万,占全国总人口的36.2%;克罗地亚次之,占19.7%;穆斯林族第三,占10%;阿尔巴尼亚族,占9.3%。其他还有斯洛文尼亚族、马其顿族、黑山族、匈牙利族和自我宣传的部

---

① 〔英〕爱德华·卡尔:《20年危机(1919—1939):国际关系研究导论》,秦亚青译,世界知识出版社2005年版,第213页。
② 同上,第96页。
③ 〔美〕小约瑟夫·奈:《理解国际冲突:理论与历史》,张小明译,上海人民出版社2002年版,第33—35页。
④ 参见http://adherents.com/Religions_By_Adherents.html。

分南斯拉夫族①，各方在思想方式、文化传统、宗教信仰、民族性格等各方面都存在明显差异。宗教是以信仰为心理基础的文化，而信仰对象作为外在的异己力量，对于信仰主体自身具有主宰一切、至高无上、神圣而不可侵犯的特征，由此而产生的心理定势不仅十分强固，而且极为敏感，各种宗教为了自身的生存和发展，都有贬低、排斥、凌驾和取代异教的倾向。带有强烈的排他性。因而宗教文化一旦受到侵害，就会引起激烈的抵触情绪。在欧洲和西亚的中世纪历史上，信仰基督教的拉丁民族和信仰伊斯兰教的阿拉伯民族由于信仰不同而长期发生冲突乃至流血战争。

其次，观念上的憎恶感更持久和难以磨灭。这也可以解释地区宗教冲突的持久性。宗教纷争往往难于解决，会进一步加剧冲突，这是因为宗教纷争挑起后，在宗教狂热的驱使下，往往不计后果，造成严重的生命财产的损失。这种惨痛的状况极大地伤害了双方的宗教感情和民族感情，特别是围绕宗教圣地和宗教风俗习惯之争，很难以加以调和。一旦条件具备，纷争则再起。这对于在纷争中屡遭失败的一方更是如此，由此形成恶性循环。新千年之时的热门影片《无主之地》（Nobody's Land）就是据南斯拉夫地区的不同宗教族群个体之间无端的仇恨后遗症而拍摄的悲剧。

有相当数量的学者认为南斯拉夫斯拉夫在解体之前，面对国内错综复杂的民族宗教局面其实已经选择了比较公正民主的政治制度——即大面积分权和弱化中央。南斯拉夫地区国家内部层面上没有处理好民族宗教多元化和国家一体化的关系②；雪上加霜的是，国际社会的制度的软弱无力，使得外部势力为了所谓的正义观而肆意放弃程序正义追求其所认为的某种程度的结果正义，结果就出现了争议颇多的新干涉主义，关

---

① 魏坤：《喋血巴尔干：南联邦解体与波黑冲突》，世界知识出版社1997年版，第14页。

② 关于南斯拉夫斯拉夫制度方面的文章，参见潘志平：《民族平等：理想、空想和现实——从南斯拉夫解体谈起》，载《世界民族》，1999年第3期；俞沂暄、张熹珂：《南斯拉夫斯拉夫民族矛盾的制度根源》，载《今日东欧中亚》，2000年第1期等。

于"人权高于主权"问题的后遗症一直影响到今天。

四、宗教文化认同的回归

根据建构主义的观点，行为体交往的初始行为通过互动产生了主体间意义，加强或削弱了各自的一些私有观念，并开始形成共有观念，于是便产生了社会性的观念结构，亦即文化。① 两大阵营对峙的猝然结束、意识形态神话的破灭造成大量人们的心理缺失，宗教伺机而入，或者说卷土重来，并逐渐成为主宰人们政治认同的一大重要因素，而这种潜移默化的变化被广泛认同和重视却是源于血腥暴力的地区宗教冲突愈演愈烈。原本在90年代之前政治意识形态的身份认同逐渐让位于基于信仰的宗教认同。但这种源于宗教认同的冲突取代阶级、意识形态认同却将两级格局长期保持的冷和平僵局打破，造成了相当数量和规模的切实发生的地区宗教冲突。

首先，冷战的猝然结束带来的心理缺失。因为两级格局一方的戏剧性退败，很多原本的社会主义阵营和第三方的国家同时面临了信仰危机的问题，国际关系行为体以及国内的社群和个体都踯躅于何者才是自己的身份归属。苏联控制的东欧地区这一问题就尤其明显。

20世纪90年代在南斯拉夫斯拉夫所爆发的野蛮厮杀，是发生在本来以宗教宽容著称的社群之间的。天主教徒、东正教徒和莫斯科之间通婚或者交友曾是司空见惯的事。然而，暴力一旦发生，各种其他感情都向宗教认同让路，人们为信仰相互厮杀。国际社会的参与让发生在波斯尼亚和科索沃的战争成了名副其实的国际十字军圣战。

其次，宗教适时地填补心理空白。宗教和意识形态有很大相似性，或者说本来就有从属关系，正如前文所述，东欧冷战后的地区冲突就主

---

① 秦亚青：《权力·制度·文化：国际政治理论与方法研究文集》，北京大学出版社2005年版，第18页。

要根植于不同于阶级的宗教认同。①

五、当政治边界遭遇宗教边界

因为在可见的政治国家边界之外还有隐性的并且不断变化的宗教边界，国家领土之间不可能有重合，否则就会爆发争端，同样宗教边界的重合也造成了甚至比政治边界冲突更严峻的危机。② 政治边界有国际法和各国双边协议的保护，变动的可能性不大；但是，宗教边界却因为新的移民潮、人口变化和传教热情不断变动，地区宗教冲突的升级就体现了这一困境。政治边界与宗教边界不重合更加剧了地区宗教冲突的可能性和烈度。

北方世界向南方世界的积极传教复杂了南方世界的宗教布局，宗教冲突很多就是源于新注入的宗教边界与原有边界重合，而又与政治边界不重合而发生冲撞。③

宗教纷争的国际化会使得地区冲突更为复杂化。世界性宗教是超民族、超国家的，国与国之间，一国国内的宗教纷争往往会引起国际性的连锁反应。加拿大学者卡列维·霍尔斯蒂在其《和平与战争》一书中就提到："'二战'之后世界爆发的冲突之中，20%以上的根源可以归结为同情心，而同情心往往比权力或者领土更加难以安抚。"④ 耶路撒冷的圣地之争，引起世界穆斯林特别是阿拉伯穆斯林的关注和干预。波黑战争中，俄罗斯、希腊支持塞尔维亚人的原因之一就是同信东正教，而所有

---

① 〔美〕彼得·伯格：《世界的非世俗化：一个全球的概观》，见〔美〕彼得·伯格编著：《世界的非世俗化：复兴的宗教及全球政治》，李骏康译，上海古籍出版社 2005 年版，第 18 页。

② Jonathan Fox, *Religion*, *Civilization*, *and Civil War*: 1945 Through the New Millennium, New York: Lexington Books, 2004, p. 2.

③ See Philip Jenkins, *The Next Christendom*: *The Coming of Global Christianity*, New York: Oxford University Press, 2002, Chapter 7.

④ 〔加〕卡列维·霍尔斯蒂：《和平与战争：1648—1989 年的武装冲突与国际秩序》，王浦劬等译，北京大学出版社 2005 年版，第 277—278 页。

的伊斯兰教国家支持波黑穆斯林甚至扬言派兵亦属偶然。①

威胁地区宗教状态稳定性,甚至带来严重暴力的因素之一即是人口的增长不遵照宗教的界线。如果理想化地设计这个世界每个国家都是由单一宗教群体构成,事情将会单纯许多。但真实世界里这样的国家凤毛麟角,因为大部分国家都有规模不同的宗教少数族裔,人口比例的转变会使既有的紧张关系有加剧的可能。

六、全球化语境下的新变化

为什么原本历史上甚至有过相当宽容记录的宗教,比如伊斯兰教,会走向被认为的攻击特质?调查的数据显示,全球化的既得利益者也往往是宗教境遇具有优势的国家。

第一,全球化的大势使得失败的国家政权往往寻求宗教的庇护,煽动宗教仇恨、教派歧视,这在政教合一的国家尤为严重。中东地区和非洲地区的宗教冲突是典型。过去的20年间,伊斯兰世界被一股宗教复兴的狂热所笼罩,而这种运动所追求的是建立一些全面实施伊斯兰教法的纯粹伊斯兰国家,而人们之所以会被这种观念吸引,也许是因为害怕全球化的趋势会使他们失去文化认同,或认为这是摆脱绝望、贫穷处境的一条出路。②

第二,全球化也带来了强大的西方文化攻势,许多地区的国家和人民不愿意看到自身文明的冲击,他们选择偏激地退守到用文明的一部分——宗教来武装自己,甚至发起对异己宗教的否定和攻击。表面上看,冷战后有些地区宗教冲突的双方充满了矛盾性,也就是说支持者并不是和冲突方宗教或教派一致,究其原因在于世界经济相互依存的程度

---

① 龚学增:《宗教纷争与国际地区冲突》,载《中国宗教》,1999年第3期,第27—30页。

② Philip Jenkins, *The Next Christendom: The Coming of Global Christianity*, New York: Oxford University Press, 2002, p. 257.

大大增加，某种宗教或者教派的载体在经济交往过程中丧失了经济筹码。

第三，更新更负责的变化是对于广大的发展中国家，西方世界会因为经济利益而对受不公正待遇的第三世界的基督教众视而不见，甚至在发生地区宗教冲突的时候支持非基督教的一方。比如，南斯拉夫和波黑问题上的处理，在非洲地区的宗教冲突上也类似。比如，有丰富的石油资源做后盾的国家，可以肆意地提出政治诉求而不必顾虑制造的宗教冲突。伊斯兰教在中东和中亚的成长特别具有政治意涵，因为它意味着伊斯兰教将会继续与石油财富挂钩，也将会继续拥有维持其权势的雄厚物质性基础。因为现今人口增长最迅速的地区，也正是在传统产油国油藏采罄以后继续能生利的地区。①

冷战后地区宗教冲突的升级重新建构了国际关系的文化，即所谓的国际关系的宗教的回归。而新建构形成的国际关系文化或者操作层面上说的国际交往规范，则指向了宗教自由发展和宗教宽容的康庄大道。当今世界是多民族多宗教的世界，大多数国家又都是多民族多宗教的国家。多宗教多教派的存在，使宗教矛盾常常难于避免，而这种矛盾又常常和民族的利益、国家的利益密切相关。

一个结构中有三个相互作用的力量范畴（表现为潜在的可能性）：物质力量、观念和制度，而将此区分角度近似地表现到历史特定构型的相对应的是社会力量、国家形态和世界秩序。② 任何一个层次都受到其他层次的影响又包含其他层次，这样的分析框架接近于更全面地表现历史的进程。

社会力量层面：宗教是挑起内部冲突的身份认同差异的重要内容之一，尤其是当宗教少数派别宣称独立的政治身份继而挑战主流寻求体制

---

① See Philip Jenkins, *The Next Christendom*: *The Coming of Global Christianity*, New York: Oxford University Press, 2002, Chapter 7.
② 〔美〕罗伯特·基欧汉编：《新现实主义及其批判》，郭树勇译，北京大学出版社2002年版，第200—205页。

内自治之时。① 宗教领袖和政治精英不应煽动宗教敌对情绪，抑止宗教狂热，而传教方式也要采取相对温和的途径。当今世界，宗教对国际经济、政治新秩序的建立产生着重大影响。宗教是主张和平和正义的，但现实世界中的许多暴力和罪恶，却在宗教神圣外衣的包裹下进行。宗教领袖是睿智和善良的，但他们苦心孤诣的和平呐喊，只不过在历史上留下苍白的回声。我们的世界被暴力、灾难、战争和各种毁灭行为所破坏，而这些行为常常被说成"以宗教的名义"。正如联合国秘书长安南所说，所有这些宗教冲突问题"从来不在于信仰，不在于圣经、摩西五经和古兰经，而在于信徒，在于人的行为"②。不能歧视性地认为某一宗教具有攻击性，也不能武断地概括某一宗教就永远是和平使者；套用一句滥用的话："宗教是一柄双刃剑"。

即便现在宗教在地区宗教冲突中同样也可以扮演和解的角色，尤其是宗教领袖对教众的引导。比如，很多教宗就积极参与缓和宗教紧张局势的努力。2000年当教宗访问埃及和2001年走访叙利亚的时候，受到了穆斯林群众的热烈欢迎，其中包括一些高级的伊斯兰教教士。1990年阿尔及利亚内战期间，伊斯兰极端分子锁定天主教会硕果仅存的人员为暗杀对象，导致了超过20名教士和信徒被杀。其中一个受害者是奥兰（Oran）的主教，丧礼的很多哀祷者都是穆斯林。③

宗教对话在20世纪初就出现了萌芽，特别是近30年以来，宗教对话更加频繁。宗教对话有三个方面：一是不同宗教之间的对话和融合，如1970年成立，4年一届的世界宗教徒和平大会，世界各地的不同宗教都踊跃参加会议，大会宗旨之一就是促进各宗教之间的对话和融合；二是宗教内部各教派之间的对话和融合，罗马天主教会就提出，各教派的信徒在基督的旗帜下要彼此和解，各宗教还成立了相关组织，如世界佛

---

① Susnne Heber Rudolph and James Piscatori, *Transnational Religion and Fading States*, Boulder, Colorado: Westview Press, 1997, p. 7.
② 叶小文：《宗教：关切世界和平》，载《中国宗教》，2000年第5期。
③ Philip Jenkins, *The Next Christendom: The Coming of Global Christianity*, New York: Oxford University Press, 2002, p. 247.

教联谊会、世界基督教联合会、世界穆斯林大会等；三是宗教与世俗的对话，宗教界的人士提出，宗教在今天，既要关注天国，也要注重尘世。

国家形态层面：政府采取宗教宽容的政策，重视宗教的地位和作用，同时改善本国经济状况，完善国家的民主制度。

要真正实行宗教平等的政策。宗教平等则意味着民族平等。社会的现代化和民主化是缓和宗教纷争的基础。当代世界，宗教纷争最剧烈的地区和国家，大多是经济社会发展十分落后，政治民主十分缺乏，法制不健全的地方。由此则容易导致宗教极端主义。从长远考虑，解决宗教纷争的根本性措施是要靠社会的全方位的现代化。

世界秩序层面：地区组织和国际组织要起到协调不同宗教和教派分歧，并且给各方提供交流平台的作用，力求营造一个利于各方宗教合理发展的世界格局。

世界宗教组织作为非政府间的重要国际组织，已经构成了国际政治的主要成分之一，在国际交往中起着独特的作用。尤其是世界基督教协进会、世界基督教和平会议、世界穆斯林大会、世界佛教徒联谊会、亚洲普世神学会、亚洲佛教和平会、穆斯林世界联盟、世界宗教和平大会、拉丁美洲主教理事会等世界宗教组织，在战后国际政治生活中发挥了重要的影响。

结　语

公众普遍认为，解决种族宗教间仁爱缺乏困境的关键在于保证不同宗教团体之间的相互交流互动和为了避免潜在悲剧的宽容心态。[①] 然而，激发一场旷日持久冲突的原因并不是单方面的（不仅取决于内部的精英

---

① RandyHodso, Dusko Sekulic, Garth Massey, "National Tolerance in the Former Yugoslavia", *The American Journal of Sociology*, Vol. 99, No. 6, May 1994, p. 1534.

群众,也事关外部精英群众),也不是单层面的(不仅是宗教、文化,也有经济社会、政治结构等因素)①,要能够将矛盾控制在不被激化的限度内,亟待多方面复合的共同交互作用。因此,将南斯拉夫的宗教冲突问题放大到全球视野来看,最终要实现民众期许的和平场景绝非靠单纯的和平计划或者路线图可以胜任。

另外,还需要引起注意的是,当今世界对于人类安全和个人安全关注度的日益提高,会导致被恶意利用以干涉别国政治和发展,从而影响一国和某一地区的和平局势,这也是南斯拉夫斯拉夫地区宗教冲突给予后人的教训之一。

---

① 唐小松:《试论南斯拉夫种族冲突的深层原因》,载《今日东欧中亚》,2000年第1期,第40页。

全球化：一种世界体系的视角

〔美〕克里斯托弗·蔡斯-邓恩 文*

王金良 译**

【内容摘要】从世界体系的视角来看，本文论述了过去100多年来几种类型的全球化和最近在大众意识中的全球化过程。不同类型的全球化有着不同的即时特征，有的表现出来一种长期上升的趋势，有的却显示出了一种循环波动的趋势。在审视最新出现的全球化论述之后，会发现它符合强势团体和弱势团体的不同利益需求。我认为文化全球化的发展滞后于经济和政治全球化的发展，而如果要把当代的"赌场资本主义"（casino capitalism）转换为一种更为人道的、民主的、和谐的和可持续发展的世界，文化全球化的发展必须跟上步调。

【关键词】全球化；世界体系

从世界体系的视角来看，本文论述了过去100多年来几种类型的全球化和最近在大众意识中的全球化过程。不同类型的全球化有着不同的

---

* 需要强调的是皮特·格兰姆斯（Peter Grimes）和沃尔克·博恩希尔（Volker Bornschier）两人给了本文很多帮助，文章中有一些论述节选自蔡斯-邓恩（Chase-Dunn）和格兰姆斯（Grimes）(1995)，博恩希尔（Bornschier）和蔡斯-邓恩（Chase-Dunn）(1999)。参见 *Journal of World-Systems Research*, Vol. 2, summer 1999, pp. 187 - 215, http：//jwsr. ucr. edu/ issn 1076 - 156x (c) 1999. 作者克里斯托弗·蔡斯-邓恩（Christopher Chase-Dunn）。

** 王金良：博士，华东政法大学政治学研究院讲师。

即时特征，有的表现出来一种长期上升的趋势，有的却显示出了一种循环波动的趋势。在审视最新出现的全球化论述之后，会发现它符合强势团体和弱势团体的不同利益需求。我认为文化全球化的发展滞后于经济和政治全球化的发展，而如果要把当代的"赌场资本主义"（casino capitalism）转换为一种更为人道的、民主的、和谐的和可持续发展的世界，文化全球化的发展必须跟上步调。

对一些非修辞学问题的反思

关于全球化的讨论甚嚣尘上，然而到底哪些观点反映了它的走向和过程？又是如何描述不同时期的世界经济和政治变化的呢？在全球化意识引导下的不同团体利益诉求是什么呢？又该如何对待那些被全球经济解除管制和自由资本所抛弃的人们呢？

如果从世界体系的视角分析，这些问题就是对世界经济的周期、趋势和长期结构特征的历史主义导向的解释，因为最近的超国家、国家间和全球意识的扩张过程需要放在 600 年以来欧洲资本主义社会体系之间和全球的背景下来分析。

自从 17 世纪大的特许公司产生以来，跨大陆的经济一体化变成一种长期趋势，但这种趋势也揭露了所有跨国家边界经济交往的增长和下降幅度的周期过程（Chase-Dunn, Kawano and Brewer, 2000）。自国际组织出现 200 多年以来，政治全球化的发展也经历了一段很长的历史。但大多数的研究视角集中在它的质变和强调其独特属性上（e.g., Sklair this volume），从更长远的视角来看，可以把全球化当成是一个比资本主义发展更古老的过程，是一种重要的连续性发展进程。这种连续性也预示着未来的争取经济正义和民主的斗争，目的就是如何更早地实现世界体系在规模和性质上的转变。但一些民粹主义者认为变革主义运动应该利用经济国家主义反对世界市场的力量（e.g., Moore, 1995; Hines and Lang, 1996），显然这是一种妥协——为了创造一个民主和共同理性的全球体系，公民运动的政治全球化是必然的。

世界体系的视角

今天的政治家、大众媒体的评论员和失业工人等所说的"世界经济"、"世界市场"和"全球化"的含义是相近的,不过很少有人知道这些习语主要源于 70 年代初社会学家的著作。在公认的社会学、政治学和经济学的主流假定中一度认为,"国家财富"主要体现在文化模式上,而另一些社会科学家团体则断言国家"发展"就是由于局部地区相互作用的以欧洲为中心的"世界体系"强势扩张的结果(Wallerstein,1974;Frank,1978)。[①] 可以说,在进入主流学术圈前 20 年,这些社会学家就察觉到了全球经济网络的本质,而且还分析了过去 600 多年它的扩张过程。自此以后,整个世界的人们构成一个完整的体系——现代世界体系。

20 多年过去了,社会学家们又试图解释这个"完整体系"的历史和演变过程,以及地方的、国家的和地区的实体是如何整合到这个体系中的。目前相关研究已经延伸到了更长、更广的时间和空间范围,这扩大了我们的视野。举例来说,一些最新研究把 600 年以来现代欧洲中心的世界体系与存在了几千年的更早、更小的社会网络作了比较(Frank and Gills,1993;Chase-Dunn and Hall,1997),而其他研究则用世界体系的周期和趋势理论来预测未来的发展方向。可以说通过这个视角,对于全球化的研究已经获得了有价值的成果。

关于全球化的论述主要出现在最近十年,这是一个流行的术语,也有多重含义。它主要指的是最近(近一二十年)发生在科技和经济竞争领域的变化,其主要思想是信息科技为竞争的全球市场(不是分割的国家市场)创造了一个机会,因此经济竞争需要放在全球的平台上。当然这种意识已经用来引导全世界的公司和政府的行为,从而改变了国家、公司、工会和其他利益团体间的政治平衡。

对于研究者来说,首要任务是把全球化放置到历史的进程之中。几百年以来对于民族国家、公司和阶级来说,世界体系的视角透视出不同

---

① 对此更详细的介绍,请见香农(Shannon,1996)。

社会间的地缘政治和地缘经济的竞争关系。在 14 和 15 世纪, 经济的、政治的和军事的超国界联系程度已经发展到了新阶段。接着, 17 世纪又出现了第一批大的特许公司——"跨国公司"（TNCs）, 它们在生产和交换时已经实现了跨国化。这与当今核心霸权的权力上升和衰落的走向是一致的——17 世纪荷兰霸权的上升和衰落趋势已经证明了这种观点（Arrighi, 1994; Modelski and Thompson, 1996; Taylor, 1996）。

资本主义全球经济经历了数百年的周期循环和长期上升的趋势（Chase-Dunn, 1998: Chapter 2）。这个周期的过程包括霸权的上升和衰落, 所谓康德拉季耶夫周期（the Kondratieff wave, 40 年到 60 年的商业周期）① 是一个在核心国家间发生战争的周期（Goldstein, 1988）, 也是一个殖民化和非殖民化的周期（Bergesen and Schoenberg, 1980）。世界体系也经历了全球劳动力无产阶级化的长期趋势, 资本的不断集中产生了一些越来越大的公司, 这增加了资本投资和贸易的跨国化, 加速了政治结构的跨国化。

依照这种观点, 全球化是受到周期循环过程影响的政治和经济发展的长期上升趋势。最近的技术变革、国际贸易和投资的扩张, 都是其中的组成部分, 问题是如何准确地与历史性的长期趋势相比较？它的本质和结果是什么？以下分析将回答这些问题。

全球化的类型

至少可以区分出有五种不同维度的全球化, 另外也有一些误解和误释需要澄清, 首先考察一下这五种全球化的含义：

（1）生态破坏的全球化

这种维度的全球化主要关注的是脆弱的全球性生态系统和生态破坏行为造成的威胁。长久以来, 人为因素是造成生态退化的主要原因, 反过来生态退化又影响了人类的社会进步（Chase-Dunn and Hall, 1997）。

---

① 按照惯例, 提到康德拉季耶夫周期（K-wave）的扩张阶段就是"A 阶段", 它的收缩或停滞期被称为"B 阶段"。

然而，只是最近生态退化才产生了全球影响，这迫使全球性集体行动来创设规制。

(2) 文化的全球化

这种维度的全球化与两种文化现象传播有关：

其一，源于西方意识的个人价值观的传播，已经影响到世界上大多数人。而且国家宪法也认可这些价值观，因为宪法承认个人权利和个人身份，认可为了保护"人权"的跨国和国际行为。

其二，最早的西方制度上的实践。自从欧洲启蒙运动以来，官僚组织和理性、普遍世界秩序、经济效率和民主政治的价值便迅速传播到了全世界（Meyer，1996；Markoff，1996）。

尽管有人认为世界政体理论假定文化构成原本就是现代世界体系的核心方面（e.g.，Meyer，1989；Mann，1986），而我更强调现代世界体系的非规范化本质（Chase-Dunn，1998：Chapter 5），但必须承认过去100多年来文化共识十分明显。可以说现代世界体系一直是、仍然是多元文化的，西方理性、个人主义、平等和效率等价值观念影响的不断扩大，这是20世纪的一个重要趋势。

(3) 交往的全球化

全球化另一层面的含义是与信息科技相关，安东尼·吉登斯（Anthony Giddens，1996）认为社会空间通过大众化的电子网络沟通发展到了一个新阶段，尽管这只是发生在有互联网的地方。就成本和速度而言，以前受到政治和地理因素限制的社会关系已经大大地延伸了。

有人会理所当然的称之为时空压缩（Harvey，1989），因为信息科技只不过是一万年以来科技发展扩展和加速的长期过程（Chase-Dunn，1994）。然而，交往成本迅速下降可能已经在本质上改变了国家意志和个人思想之间的关系，这可能是构建强大全球市民社会的重要基础。不管民族国家喜欢与否，全球交往的基础设施有能力把任何有形无形的东西从地球一端运送到地球的另一端，这不但适用于经济交换，也适用于思想交流。这些新的交往网络能创造出新的政治团体和联盟。这将怎样以及在何种程度上破坏国家构建社会关系的权力呢？

(4) 经济的全球化

经济全球化指的是全球范围内的经济联系，市场、金融、商品和服务以及跨国公司形成的网络间关系。几世纪以来资本主义世界体系已经是跨国化了，但只是近几十年来贸易和投资全球化的程度和规模才达到了史无前例的水平。信息科技带来的资金流动加速了经济全球化的发展，通常情况下只需按一下按钮就能够把资金从地球一端转移到另一端，结果是经济决策比以前更容易受到市场权力的控制。自19世纪的最后十年内始，经济全球化明显地冲击世界体系。问题是——最近发生的经济全球化是否在本质上改变了世界体系。当前人们普遍认为全球资本主义和全球社会是一个客观事实，但通过谨慎的比较研究证明事实并非如此（see below and Chase-Dunn, Kawano and Brewer, 2000）。

(5) 政治的全球化

政治全球化是由国际政治结构的制度化组成的。以欧洲为中心的世界体系最初主要由欧洲国家体系组成——一个相互冲突和结盟的国家和帝国体系。早期世界体系依靠的是制度化的暴力，经历了多中心的国家间体系与核心帝国之间的反复交替之后，出现了征服全部或大多数欧洲国家的"大一统"国家。欧洲中心的体系经历了政治集权化和分权化的循环，核心的霸权国家崛起不再采取征服的方式。在本质上现代世界体系保留了多中心的特征，原因是全球化形成的方式发生了转变，它建立在多销售商品的基础上——资本主义。此时霸权国通常是最成熟的资本主义国家，它们采取控制贸易和确保获得外围地区原材料进口的政策，而不是通过征服来获得财物和税收。

当前在国家间系统化的文化交流背景下，欧洲权力竞争势头并不明显。然而自从19世纪早期以来，欧洲国家形成了调整国家间关系的国际政治体系，达成了更多的国际规范共识。克雷格·墨菲（Craig Murphy, 1994）等人称之为"全球治理"，主要是指各种专门的和一般的国际组织——欧洲同盟、国联和联合国，和早期"大一统"国家相比，这些"前世界国家"创设了一系列制度程序，依靠核心国家共同统治而不是征服，不断把主权集中于国际机构，尽管这种政治全球化的过程还十分脆弱。它的最终目标是形成一个单一的世界国家，有效地制止非法战争和暴力行为。和经济全球化的分析相似，实际问题是国际政治组织与民族国家如何达到相对的平衡。可以假定与经济全球化一样，政治全球化也是一个周期循环的过程。

经济全球化的测量

在前文分析中可以推断出经济全球化是一个长期上升的过程，原因是自14世纪以来，国际经济竞争和地缘政治竞争已经十分明显，国际贸易和国际投资扩大这一影响。通过这一简单的推理，可以断定经济全球化是一个线性的上升趋势。极端经济全球化的假设认为，完全一体化的世界是国民经济发展到一定阶段的结果（也许是最近几十年），随之商品资本出现了。由于时间跨度问题，就需要对相关数据进行调查以判断经济全球化的即时特征，运用不同的指标可能会显示出相似特征。跨国界的商品交易在全球贸易中的比例是贸易全球化的指标，而非国有资本投资在全球投资中所占比例是投资全球化的指标（i.e.，"foreigners"）。另外，又可根据某些国家的国民经济增长率来评定国家经济一体化的程度。[①]

评估几个世纪以来的经济全球化程度将会是难能可贵的，但19世纪之前并无多少可信数据，即使到了20世纪某些数据仍然不够或没有代表性，不过从中还是可以获得重要结论。

图1描述了贸易和投资的全球化。贸易全球化是估算中的全球贸易出口（所有国家出口商品的价值总额）与估算中的全球商品总值之间的比例（所有国家的GDPs），投资全球化则是所有外国直接投资的账面价值总和与全球商品价值总和之间的比例。

---

① 也可以根据所有民族国家（某个时期）出口伙伴集中度的水平来考察多边贸易水平的变化趋势。出口伙伴集中度是一个国家与它最大的贸易伙伴的交易总额同该国家的出口总额之间的比例关系。国家专业化分工平均水平的一个相关指标就是日用品的密度，国家出口的比例是由出口额最大的商品决定的。目前我还没有获得这些数据。

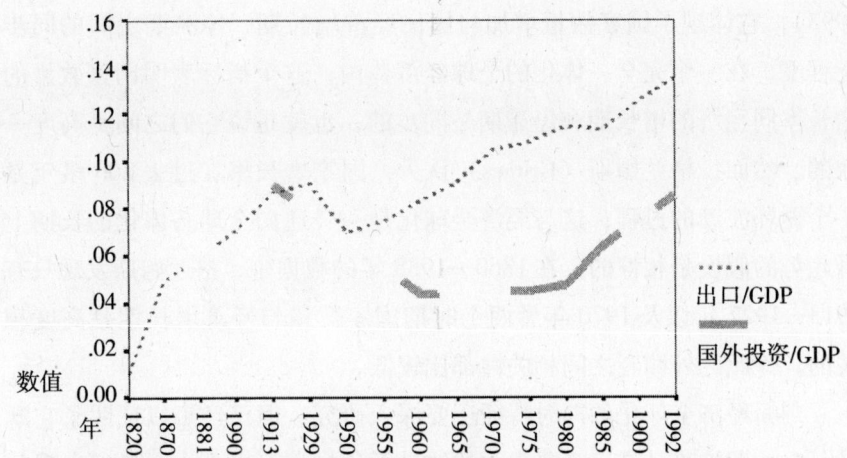

来源：麦迪逊（1995：227，239）；联合国（1994：1307）
也见：贝洛赫（Bairoch）（1996）

图1 经济全球化：贸易和投资

图中曲线证实了贸易全球化的发展是一个上升的趋势，同时也表明在1929年到1951年之间经历了一个衰退期。值得注意的是1950年前相关数据极少，以至于图1中的时间坐标有些失真。同时由于时间跨国较大，可能造成贸易全球化中的一些重要变化在图中时间坐标上并不明显，最近一项研究表明事实确实如此，即贸易全球化在1900年到1929年之间就有一个比较短的、模糊的高潮（Chase-Dunn, Kawano and Brewer, 2000）。

图1也显示出贸易全球化和投资全球化的指标在某些方面是不同的，投资全球化的水平1913年要比1991年更高（至少达到同样水平），而贸易全球化的水平1913年大大低于1992年的水平。在投资数据坐标中只标明了少数的时间点，因此不能准确地判断投资水平的变化，但这两条不同的经济全球化指标数列还是有着重要意义的。关于投资全球化研究还有很多工作要做，特别是它的精确发展轨迹、与贸易全球化的比较研究，以及不同世界体系中的投资全球化周期和趋势的比较分析等。

经济全球化的第三个指标是国内生产总值增长率的相关性（Grimes,

1993），它体现了国家数量增加与国民经济增长期、停滞期之间的同步化程度。在一个完全一体化的全球经济体内，这个指标表明国家数量的增长率同经济的增长期和停滞期是同步的，也就是说它们之间是高度一致的。然而，格兰姆斯（Grimes）认为，国家增长率在过去200多年是一个循环波动的过程，这与经济全球化是一个通向全球一体化的长期上升趋势的假设是相悖的。在1860—1988年的数据中，格兰姆斯发现只有1913—1927年以及1970年后两个时期国家数量与经济增长期是高度相关的，除此之外两者之间相关性都比较低。

判断经济全球化的即时特征还要深入研究，但已经可以证明了它既是一个长期趋势又是一个非常大的波动循环过程，也是一个最近出现的骤变过程，那么用阶梯函数来描述这一过程是不准确的。在20世纪30年代"大萧条"期间贸易全球化水平的长期上升趋势开始下降，投资全球化的周期循环曲线至少有两个峰值，一个是"一战"以前，另一个是1980年以后。正如描述同步经济增长的格兰姆斯指标指出，这个周期波动过程在20世纪20年代和1970年以后达到峰值。

通过这种周期的结论可以说明经济全球化发展趋势的迅速，证实了最近阶段的全球化和早期密集的跨国经济体有许多共同的重要特征。显而易见的是，两者之间的比较已经成为一个重要课题。

体系的周期积累过程

乔万尼·阿里基（Giovanni Arrighi, 1994）揭示了现代世界体系中的霸权国家是如何完成"体系的周期积累"（SCAs）过程的，在这个过程中金融资本利用了组织的不同形式，并且操纵了组织化的国家权力间关系。这些根本性的组织变革伴随着金钱和市场力量的长期增长，又引起了现代世界体系中管制力的强化。至少从14世纪以来，以欧洲为中心的世界体系就存在着体系的周期积累过程。

在不同体系的周期积累过程中，阿里基模型揭示了金融资本与国家数量之间相互关系的异同性。而英国和美国的周期积累过程既有相同点，又有不同点。阿里基（Arrighi）主要强调的不同之处包括两点：一是"交易成本的内部化"（以跨国公司的垂直统一管理为标志）；二是美国企图在全球范围创造"组织化资本主义"。相比较而言，英国并没有多少全球公司去开拓国际自由贸易，而美国则把力量集中在全球公司上，并通过一种更加组织化的"全球治理"工具帮助其他核心地区实现经济增长，特别是在地缘政治上具有战略意义的地区。

阿里基（Arrighi）认为罗斯福总统运用了霸权国家的强制力，为资本主义的发展创造了有利环境，有时这也意味着要抵制本国公司和金融资本的需求。举例来说，"日本奇迹"之所以出现是因为——美国政府采取了压制本国公司的政策，以避免日本、韩国的独立化和边缘化倾向。尽管苏联威胁是国内"军事凯恩斯主义"者的一个合理借口，但后来几位继任的总统还是限制了它的发展。

以下分析将指出，随着美国经济竞争力的衰落，其他地区的大公司和金融资本家重新掌权。欧洲强劲的美元市场迫使尼克松放弃了布雷顿森林体系，随之里根主义、撒切尔主义、国际货币基金组织的结构调整——简化程序、解除管制和去合法化为全球资本投资扫除了障碍。由于对自由投资的任何限制都会导致"竞争力"不足，因此必须屈服全球市场的力量，这为解除"第二波"的制度限制提供了有力借口（e.g., labor unions, welfare, agricultural subsidies, etc）。[①]

随着经济全球化的发展，国家保护本国公民不受世界市场力量侵害的能力下降了，从而导致了国家间的不平等。比较而言，在没有奉行凯恩斯主义的一体化程度较低的国家中，民众的不满情绪更加强烈。这种现象引起了政治反应，特别是民族民粹主义运动的发展。[②] 菲利普·麦克马克（Philip McMichael, 1996）把发生在美国和西方世界的反政府运动，包括俄克拉荷马州政府办公大楼的爆炸事件，归因于美国减少对农

---

① 阿尔温·托夫勒（Alvin Toffer）使用"第二波"这个术语指的是工业主义，纽特·金里奇（Newt Gingrich）沿用下来。
② 最近的一场关于世界体系网络（WSN）辩论，争论的双方是民族主义者和国际主义者，焦点集中在对全球化和精简政策的不同态度上。请见 http: //wsarch. ucr. edu/archive/praxis/wsntalk. htm。

业干预激起的愤怒情绪。

对其他形式如文化①、政治、科技和生态全球化的即时特征进行研究也是十分有益的,它们和经济全球化之间的相互关系是很重要的,但无论是界定相关概念还是收集资料都得做大量的实际工作。在本文中我假设所有这些类型的全球化都表现出了两个特征：长期的单一过程和周期循环的过程；同时也假定文化全球化和政治全球化的过程要落后于经济全球化的过程。

政治全球化

我的假设与下文分析紧密相关,即政治和社会制度的调整会引起经济和科技全球化的扩张。当前经济全球化发展有两个原因：一是康德拉季耶夫周期所描述的科技变革；二是在世界市场中美国经济获利缩减,经济霸权也逐步衰落。②

由于强劲的欧洲美元市场对美元价格的冲击,1967年尼克松总统废止了《布雷顿森林协议》,这意味着在金融方面经济全球化的特征体现出来了（Harvey,1995）,这一年可视为康德拉季耶夫周期走向低迷的开始。

"二战"以来,世界市场中产品需求进一步饱和,在福利国家中盛行着商业工会主义和政治权利要求大大限制了资本积累,反过来也迫使大公司、投资者及其政治伙伴积极寻找对策。由于新通讯方式和信息科技为资本提供了新的操作手段,全球投资的机会增加了。自由市场的意识形态曾经在全世界传播,"苏联的终结"③增加了这种意识形态的合法

---

① 文化全球化的一个长期标准是语言多样性,这衡量了世界上说不同语言的人口分布状况。显然,过去几个世纪以来语言多样性已经大为减少了,但了解该过程的当时情况还是很有趣的。最近复兴本土文化和维护本土文化正统性的运动是否能够减缓语言多样性消失的长期过程呢？

② 美国经济衰落的相关证据,请见蔡斯-邓恩（Chase-Dunn,1989）,第266页,表12.3。这个表显示,1960年美国经济占世界国民生产总值的32.1%,到1980年下降到26.9%。也见柏格森和弗尔南德兹（Bergesen and Fernandez,1998）。

③ 关于共产主义国家重新整合到资本主义世界体系的研究文献是十分可观的。请见蔡斯-邓恩、博斯韦尔和彼得斯（Chase-Dunn,Boswell and Peters,1989）和弗兰克（Frank,1980）。

性。里根和撒切尔政府，以及不论是中心还是外围地区的欧洲共产主义者、工党政府都奉行了"精简国家"、解除管制和私有化的哲学，主张所有政策必须符合全球竞争和效率的需要。

不论其种族和血缘关系，任何人只要信奉"普遍"上帝，就可以成为道德共同体的成员，这催生了世界性宗教。此时文化全球化已经成为一个长期上升的趋势，但是道德和政治的全球意识已经把贸易、政治/军事网络的客观世界压缩了。20世纪晚期所发生的一切只不过是主观世界的全球意识与客观世界网络之间的高度综合，其主要原因是长期以来运输和通讯成本的下降冲破了全球各地之间的客观限制，事实上意识存在已经赶上（或超越）了现实的体系互动网络。全球体系的独特性之一就是地理特征，因而人类社会的规模是有限度的，同时社会又主张平等主义，这或许有助于构建一个从来没有过的规范社会（Chase-Dunn and Hall，1997a）。

全球化意识形态削弱了所谓"第二波"改革中——工会、社会党、福利主义和共产主义国家的现实和理论基础。虽然这些组织并没有被彻底摧毁，但右翼政客们（e.g.，Newt Gingrich in the U.S.）立志于此。科技推动了资本主义经济全球化，同时也让资本自由统治下的人们能够组织各种新旧形式的抵抗运动。现在甚至某些金融团体都认为，新自由主义的蜜月将会结束，必须积极修正全球资本主义的弊端。事实上，1996年保守的美国总统候选人帕特克·布坎南（Patrick Buchanan）就企图利用企业精简引发的大众不满情绪。又如《华尔街日报》热衷于报道股票分析家们对"精简高效"政策的忧虑，这种行为破坏了商业体系的合法性，导致政治对抗的后果。再如，美国电话电报公司的主管宣称再次精简公司规模是一种积极行动，对此引发的广泛讨论印证了股票分析家们的担心。

我已经指出国家很难控制互联网的交流行为，但不会听信某些人的断言——认为从事"网络战争"[1] 的反社会团体会导致大规模的文明断层。在全球资本主义中人们面临向上或向下的选择，但我确信新通讯科技能够为弱势群体提供组织化的机会。

各类狂热的地方主义、民族主义和认同政治等形式到处可见，但对于抵抗活动来说，首要问题是哪种组织形式是最有效的？美国西部民兵计划订购大量的后勤给养以对抗未来的"蓝盔"组织——一个想象中的将收缴其手枪和步枪的世界国家。[2]

信息科技、专业化和全球资本主义可能会引起地方主义和身份分化，这是后现代的政治模式（Harvey，1989）。从某种层面上来说，我认为它可能是对新自由主义意识形态霸权的绝望和幻灭，也是极力主张效率高于公平的胜利。通过最近阶段全球化的历史视角，可以更好地研究全球化的长期互动模式，其中主体是资本主义的扩张和反对市场权力剥削的抵抗运动。进一步来说，这种视角也预示着能够出现某种转机，从而构建一个相对和谐的、人道的全球体系（Boswell and Chase-Dunn, 1999）。

资本主义和社会主义之间的竞争

"资本主义和社会主义之间的竞争"指的是扩张的商品化活动与抵

---

[1] 芭芭拉·贝勒杰克（Barbara Belejack）指出："一个问题引起了某些激进主义分子和非政府组织的注意，即'电子战'和'网络战'相关文献越来越多，而这两个术语是1993年由美国兰德公司（RAND）分析师大卫·朗斐德（David Ronfeldt）和加州蒙特利美国海军研究生院的大卫·阿尔吉拉（David Arquilla）的一篇文章《电子战正在到来!》中首先提出的。早在1993年，朗斐德（Ronfeldt）按照这种思路指出了电子战就是具有潜在威胁的'蒙古部落模式'的升级，并且认为它正颠覆着人类社会的等级制度。他预言：'这种交流方式将会增加进入跨边界网络和联盟的机会，而这也和市民社会（甚至是全球市民社会）而不是民族国家的发展相吻合，为了增强他们的力量必须运用先进的信息和沟通技术。'在1995年，朗斐德（Ronfeldt）认为萨帕塔主义者是成功限制了政府行为的组织，并警告'那些在20世纪制造了社会革命原型的国家可能会是21世纪的社会网络战争的样板'。"参见芭芭拉："Cyberculture Comes to the Americas"（102334.201@compuserve.com），网页：http://wsarch.ucr.edu/wsnmail/97.jan-apr/0021.html。

[2] 尽管已经20多年过去了，但与他们同样顽固的西部民众还是同意支持华盛顿的专家们，这些专家怀疑越战的收益，并质疑联邦政府进行越战的道德和伦理基础。

抗运动之间的关系。具体来说,就是资本主义的扩张和反对市场权力剥削的抵抗运动,而世界体系提供了一个研究两者长期互动模式的视角,其中共产主义国家的历史发展是这个互动模式的组成部分。共产主义国家的历史发展就是打破资本主义统治的社会主义运动,从而赶超资本主义国家。

近200多年来的劳工运动、社会党和共产主义国家的历史证明了资本主义和社会主义之间的"竞争"关系。通过这种长期比较的视角,可以更好地解释近来中国、俄罗斯和东欧出现的变化,并从中探求未来社会主义民主的内涵。就是说在发展道路和组织模式上,"竞争"中的资本主义和社会主义是可以相互借鉴的,即资本主义促使社会主义更好地统治和管理人民,反过来社会主义也促使资本主义扩大商品生产规模、提高市场一体化和进行科技革命。

从宽泛意义上来说,社会主义运动就是通过政治和组织的手段,保护人民不受市场力的支配和剥削,从而构建一个更加和谐的社会制度。由于工业革命的出现,资本主义调整了工业生产进而控制了劳动力市场。为了维护生存权利,劳工阶层不得不创设一系列政治组织和制度,但由于政治经济发展水平的差异,全球各个国家和地区选择了不同的发展道路。依靠由熟练工人组成的行会和同业工会,工人党在推动民主发展、大众教育和福利国家政策上扮演了重要角色(Rueschemeyer, Stephens and Stephens, 1992)。在其他边缘地区工人们显然没那么成功,尽管为了获取生存保障,抑或抵御资本主义企业雇佣制的风险,他们也在争取支配农村土地。从另一方面来说,无论是在核心地区还是边缘地区,当今社会中出现的"非正式部门"给人们提供了"保障"。

在某些地方,工人组织通过提高生产成本,提高了工资水平和环境保护水平。可以说,各种各样的工人组织的整合促进了资本主义的发展。此后为了降低生产成本,资本家用自动化生产取代工人劳动,并把资本转移到限制规则较少的地区。几个世纪以来,资本外流都不是世界体系的新现象,可以说在资本主义不均衡发展和市场一体化的过程中,资本外流占有重要地位。也许工会和社会党能在某些国家获得权力,但资本主义却是国际化的主流。对于成功的资本家来说，国际市场才能满足公司规模扩张的要求。现在"灵活积累体制"（小公司生产用户定制产品）和"全球采购"（从众多竞争性生产商家中获取可替代产品）取代了在中心地区的商品产地组织工人雇佣劳动的福特主义，原因是这种传统劳动组织模式十分落后。

世界体系中的共产主义国家

通常在一些半外围国家中，社会主义能够赢得国家权力，进而建立对抗资本主义的保护性政治机制。如下文所说，半外围资本主义国家也有过同样的经历。然而，共产主义信仰的是一种根本对立的意识形态，即社会主义是更优越的体制并最终会取代资本主义。在资本主义世界经济发展史上也有意识形态问题，如"三十年战争"就是在新教对抗天主教的名义下，爆发的地缘政治和经济冲突。由于国家和政党的内部结构不同，资本主义和社会主义在意识形态上差别很大，但双方都必须使内部核心成员认可其合法性。由于在结构上完全独立于资本主义世界，所以很难说共产主义国家代表了一个本质不同的、更优越的社会经济体制。

"二战"以后，共产主义国家严格限制资本主义公司进入其国内市场和获取原材料，对资本自由流动的限制反而大大拓展了市场一体化和新科技革命的范围。原因是为了同共产主义国家竞争而带来的示范效应，迫使资本主义国家深化科技革命，改善工人和农民的生活水平。如为了应对中国革命，在地缘政治上美国支持日本和韩国（与美国在拉丁美洲的政策相比）的国家控制型产业政策。"二战"后"两个超级大国"——一个是资本主义而另一个是社会主义——这为"资本主义"集团的国际新自由主义传播提供了丰富的土壤。这也是近来发生的革命性政治/军事的"时空压缩"与跨国合作的基础（Harvey，1989）。这场科技革命重组了国际劳动分工和创造了一种新劳动机制即"灵活积累体制"。正如下文的分析，共产主义国家重新卷入资本主义世界体系是一个很长的过程。因为无力与新形式的资本主义规则竞争，共产主义国家最终卷入到了资本主义世界体系。由此可见，资本主义促进了社会主义的发展，反过来也促进了自身发展，进而又推动了社会主义的发展。在这个周期循环过程中，两者之间的相互影响越来越大。

一直以来，共产主义国家用社会主义意识形态来发展专制主义工业化的政策，从此被卷入到资本主义世界经济体系。到20世纪80年代，共产主义国家在世界生产和能源消耗中所占比重是持续增长的。如果按照经济发展标准来衡量，社会主义政策是非常成功的。

20世纪70年代，随着世界市场和跨国公司一体化趋势的深化发展，共产主义国家卷入资本主义世界体系的过程发展到一个新阶段。安德烈·冈德·弗兰克（Andre Gunder Frank，1980：chapter 4）证实，在这一阶段共产主义国家在世界市场中既增加了出口，也增加了从承认其合法性的资本主义国家中的进口，甚至在边界地区与投资型跨国公司做生意。在20世纪60年代末的世界经济衰退期，与其他地区相比，东欧和苏联发生的经济危机并不严重（Boswell and Peters，1990：Table 1）。而世界银行分析家提供的数据显示直到1989/1990年，在大多数欧洲"历史形成的计划经济"国家中，国内生产总值的增长率是正向的（Marer et al，1991：Table 7a）。

简单来说，1989年后发生在苏联和中国的大转型，是早在20世纪70年代共产主义国家卷入到资本主义世界体系过程的组成部分，同时这种社会政治变革是一个上层建筑适应经济基础的问题。当然，这些国家的民主化过程是值得欢迎的，但民主政治形式并不意味着就能自然形成没有剥削和控制的社会。原因是当前大多数前共产主义国家政治斗争的结果并不确定，而且从表面来看，新型独裁政体和民主政体是相似的。

在20世纪最后20年，非共产主义国家采取了紧缩政策、解除管制和市场化的政策，同时几乎所有的共产主义国家也效法于此。当前里根/撒切尔主义、解除管制和抨击福利国家，以及世界大多数社会主义国家的紧缩政策、在康德拉季耶夫周期B阶段低迷时期中国和苏联面临的向自由市场经济转化的压力等，这些现象都具有同步性和相似性的特征。差不多所有国家的左翼政党都顺应了私有化、解除管制和市场调解的潮流，李普塞特（Lipset，1991）完全证实了这一点。同时在社会主义掌权的国家中，几乎都坚持了批判资本主义弊端的姿态。由于国家差别很大，在世界经济日益萧条的压力下各国的政策有所不同，可以说民族国家与外面体系的交互关系限制了该国家构建集体理性的水平。尽管对抗经济全球化的政治活动正以复兴前共产主义政党、经济国家主义（e. g., Pat Buchanan, the Brazilian military）和抨击新自由主义意识形态霸权的势力联盟等形式发展起来（e. g., Ralph Nader, environmentalists, populists of the right, etc.），但目前被称为"经济全球化"的资本主义一体化扩张过程已经使专制国家的计划经济体制过时了。

世界体系视角的政治内涵

美国霸权时代的衰落和后现代主义哲学的兴起把欧洲启蒙运动时期的自由主义意识形态（科学、进步、理性、自由、民主和平等）丢进了绝对普遍主义的垃圾桶。因为后现代主义哲学宣称这些价值观念是帝国主义、统治和剥削的基础，所以各个团体应选择自身价值观并抛弃自由主义的理念。值得注意的是，自主和浓厚的文化多元主义（特别是针对宗教信仰）早就是启蒙时代自由主义发展的主要理念。

关于世界体系中的价值观问题，结构主义者和历史唯物主义者有着不同的研究方法。资本主义世界体系常常会面临实行实用主义的帝国霸权的指责，也为反抗统治和剥削提供了借口。然而，真正问题是资本主义从来没有信守其价值观。与其说启蒙运动的理念是统治和剥削行为的主要原因，不如说是资本主义的军事和经济权力导致了欧洲霸权。

或许人性化的世界体系需要创立一种新的民主的、平等的解放哲学，这些原则性观念构成了资本主义左翼批评者的核心价值，也是非欧洲哲学思想的一部分。从某种意义上说，通过集体决策来实现大众统治的民主思想并不是古希腊的发明。在"复杂酋邦制社会"（complex chiefdoms）和国家出现之前，各个大陆上的非等级制人类社会都有民主的特征，我的意思是新的和旧的平等主义普救说能够很有效地结合。自由主义意识形态并不会导致剥削和统治行为，主要原因是资本主义没能践行其价值观（自由和平等），这也是变革主义者必须解决的问题。

主体参与者是任何革命策略的一个中心问题，即必须搞清楚哪些人是参与者？只有他们才会最有效最强烈地反对资本主义和建设民主的社会主义。同时也必须了解在哪些地方发起革命是最有利的？哪些地区处于弱势地位？在何地合作才会有最好的结果？萨米尔·阿明（Samir Amin, 1990；1992）认为社会主义代理人绝大部分都集中在外围国家。通常，在外围国家中资本主义压迫最为沉重，对于由工人、农民组成的广大无产阶级来说，在这些地方他们反对资本主义和建设民主的社会主义的收获是主要的，失去的微不足道。

马克思以及许多当代马克思主义者认为，通过无产阶级先锋队的斗争最终能够实现社会主义。既然核心国家的科技已经发展到了很高的水平，那么在这些地区生产和分配的社会化是最容易实现的。而且在这些工业资本主义国家中，工人们有着很长的组织化经历，这最有希望培育社会主义的生产关系。

我承认"工人阶级"和"第三世界"阵营的主张符合事实，但是世界体系的结构理论表明还有其他替代选择——半外围国家。

核心国家的工人们有过此种经历而且也有机会，但大多数工人阶级团体从资本主义的非对抗社会关系中获益颇多，以至于缺乏变革的动机。可以说劳工上层阶级与中产阶级联合起来，这分化了原有的阶级关系，也减弱了资本主义面临的政治挑战。然而，激进的工人与劳工上层阶级之间的一系列斗争促进了商业工会和社会民主制度的发展，在这种"长期经历"中产生了工会体制、政党制度、法律和政府制度、意识形态遗产等残留，这对社会主义构成了新的挑战。最近20年来，这种挑战有所改善，原因是流动的资本主义威胁到了工会的工人、福利国家制度和中产阶级工人的人数。同时，这种状况也为核心国家的民众运动创造了新条件，如工人们可以创造新的（或复兴旧的）组织形式，因而可以预见将会发生更多的对抗性民众运动。经济全球化让工人的国际主义思想成为现实需要，当然它必须革旧从新，进而在操作上更具现实性。由于权威和示范效应，在核心国家中工人们获得的极小成功也会对外围和半外围国家产生重大影响。

如何选择时机而不是诱发动因才是"第三世界主义"(Third Worldism)的主要问题。在外围国家中,有些民主社会主义运动赢得了政权,但随之而来的是强大的外部势力干预,这些外部势力颠覆或强迫其放弃社会主义制度。通常群众运动也形成了反对帝国主义的阶级联合,它们成功地掌握了国家政权,但却不是社会主义性质的。在这些国家中实现社会主义也不是不可能,但生产力水平低下极大地限制了社会主义政权的巩固,可以说在权力和财富匮乏的国家实现资源平均分配是个大难题。但是,一旦新自由主义意识形态霸权开始崩溃,那么外围地区的民主政体将会拓展相互间的支援、合作发展和民众运动的形式。

半外围地区的民主社会主义

在半外围国家中挑战和机遇是并存的。特别是疆域较大的半外围国家,有能力更好地抵御核心国家的颠覆活动,进一步来说,它们还能为社会主义制度提供保护。而半外围国家(诸如俄罗斯和中国)处于核心/外围等级体系的中间位置,因而经历了更多的社会主义军事革命和运动。核心国家对外围国家的剥削强化了两地之间阶级联盟的发展,而在世界体系中间位置的半外围国家破坏了这个联盟,并创造有利环境以应对资本主义的巨大挑战。相对于核心国家和外围国家,半外围国家更容易发生变革,尤其当社会主义者有坚强的信念时,尽管半外围国家的革命和运动不都是社会主义性质的,比如伊朗。由此可见,半外围国家和地区是资本主义链条的薄弱环节,社会主义革命在这些国家和地区的斗争是最有力的,因而社会主义制度也最可能生根发芽。

然而到目前为止,社会主义理论的宏伟试验目标的设想与实际结果之间差距越来越大。比如说,在共产主义国家中出现的威权主义政权违背了马克思的生产者自由人联合体的思想;又如,俄罗斯人对东欧国家的权威控制也是对无产阶级国际主义思想的讽刺,社会主义的真正本质是国内、国外都实行民主制度。

发生在苏联和中华人民共和国的革命只是社会主义的部分成功,而且还有明显的失误，但并不意味着在半外围国家建立社会主义制度是行不通的，这使人们更深入地了解如何建立社会主义。可以说想要建立一个更人性的、和平的世界体系，就必须吸取半外围国家社会主义运动的教训，这对先进的未来社会主义模式是非常重要的。（e. g., Chase-Dunn and Boswell, 1998）

当核心国家和地区再次发展新的现代工业——计算机技术、生物技术和部分重工业时，传统的工人和社会党活动随之转移到了半外围国家。这意味着在半外围国家（如南非、巴西、墨西哥，也许还有韩国），社会主义运动更需要大规模工业带来的城市化和组织化的无产阶级。对于半外围地区的新兴社会主义国家来说，这是一个令人欣慰的结果，因为这减少了农村与城市之间的对抗。可以说，民主社会主义政权内部冲突越少，赢得政权的可能性就越大，受核心国家外来干涉的可能性也越少。同时，通过全球的信息交流，西方人对半外围国家有了更深的了解，这减少了西方世界对半外围民主社会主义国家的政治干预。

世界体系视角的批评者认为，在全球范围内实现社会主义的过程中，强调全球联系的重要性会导致政治上的无为。然而，这种视角帮助我们在全球层面上认识和应付各种结构性的挑战和机遇，用最有效的方式来分配政治资源。这并不意味着在某些地区或国家，实现社会主义注定就是失败的，但拓展跨组织的、跨国的和国际的社会主义生产关系是一个重要前提。目前环境保护和妇女运动发展势头很好，工人运动应该借鉴它们的经验。

把民主社会主义革命简单地归结为多米诺骨牌效应是令人费解的和毫无根据的。假如只在单个国家和企业内部实行社会主义制度，那么国家间和企业间的关系只能是竞争性的商业争夺和政治/军事冲突。可以说，设想中的这种世界体系将仍被资本主义所支配，资本主义的逻辑也会再次渗透到社会主义的国家和企业中。这种设想的启示是：要避免被再次资本主义终结的命运，社会主义必须使政治资源在多元化的范围（跨组织、跨国和国际）内拓展生产关系。

民主社会主义的世界体系

在整个世界体系层面上认识社会主义的生产关系，并构建民主的集体理性（社会主义）可能是一个漫长的过程。那么这种世界体系是什么呢？是如何出现的？显然这是一个民主治理的世界联盟，它能有效地裁定国家间争端和减少战争事端（Goldstein，1988）。此外，还有许多迫切需要解决的全球问题：生态可持续发展、更为平衡和平等的经济发展模式和降低人口增长率。

全球民主的思想是很重要的，它提倡在政策制定层面上实现公民参与，推动大众民主的发展，因而胜过代议制的选举制度。只有构建市民社会和真正的民主国家，全球民主才可能实现（Robinson，1996）。同样也只有全球民主才最有可能避免核心国家走向"歧途"，这关系到每个人的切身利益。

全球社会的民主如何实现的呢？在人类不被摧毁的前提下，如果国际组织能够持续发展200余年，终将促使产生一个世界国家。如国际货币基金组织和世界银行，甚至国际资本家也为制定全球规则起到了一定作用。资本家们并不希望发生大规模的政治和经济剧变，这可能导致世界金融体系的崩溃，因而他们支持管制破坏性的竞争并寻求和睦相处（beggar-thy-neighborism）。此外，由于核战争的巨大毁灭性，资本家们也可能会支持一个强有力的全球政府，以有效仲裁国家间的冲突。

当然，要实现有效仲裁就必须建立一个全球垄断的合法暴力组织。国家的出现是一个漫长的历史，首要条件是国王的实力必须超越所有私人反对武装的联合力量。对某些人来说，世界国家的思想是一个恐怖幽灵，然而我持乐观态度，理由如下：首先，世界国家可能是防止核毁灭的最直接最可靠的方式，这是当前每个人的迫切需要。其次，世界国家能和平解决国家争端，并形成一个共存的国家间体系。它不仅能够保证资本的自由流动，还能解放组织化的劳动力和消除利润积累的社会限制。起初，资本家们可能会控制世界国家，它能够规制投资政策，以创建一个更平衡的、更平等的、更生态化的、健全的生产和分配制度。

如果要成功实现这种设想，就必须在国家、国际乃至全球的不同层面上践行新自由主义的思想。民主的社会统治机构应该避免实行经济国家主义和独裁政治,这些政策对抗经济全球化的工具。历史上社会主义从来没有在哪个国家成功发展下去;未来世界的全球联系会更加紧密,因而社会主义的发展更为困难。各种旧的新的国际主义模式还不成熟,但这种意识形态不仅是理想的,而且是必须的。地方、地区和国家层面上的行动很重要的,而且一直以来就是相互关联的,但需要全球性的策略和在全球范围内展开合作,以免遭受孤立和失败的命运。大众运动的国际合作和协调是需要长距离联系的,因而通讯技术必将成为非常重要的手段。但是支持全球化并不必然意味着反对国家和地区治理,显然这是一个需要共同奋斗的目标。

沃伦·W. 韦杰（Warren W. Wagar, 1996）曾经设想的"世界政党"形式可视为"联合世界政府"——全球社会共同体的产物。然而,他的建议遭到多方批评,譬如有人说这是向第三国际的大倒退等,但我认为这是一个很好的想法。韦杰倡导的世界政党最终将会实现,而且这种世界政党有助于构建一个更人性化的世界体系,然而自我怀疑和后现代主义的冷漠让这种设想看起来好像是拿破仑专制式的产物。从过去经验中吸取教训是必要的,但并不影响全面思考这一建设性的方案。

世界资本家的国际团体正在缓慢地走向世界国家,世界贸易组织就是这种发展走向最新组成部分。变革论者不应该简单地用民族主义来抵制这场运动,反而应积极实现社会和政治的全球化,促使正在出现的世界国家更加民主。同时,应预防正常运转的国家间体系与未来霸权国家之间的对抗,以免引起核心国家间的战争。进一步来说,更应促使世界国家发展成为一个基于集体理性、自由和平等的全球民主共同体,在一个现实的、发展的体系中这是完全有可能的。它的推动者正是那些厌倦战争和仇恨的人们,他们希望构建一个人性的、可持续发展的、公平的世界体系。毫无疑问,世界上大部分人都有这种理想。

【参考文献】

Arrighi, Giovanni, *The Long Twentieth Century*, New York: Verso, 1994.

Bairoch, Paul, "Globalization Myths and Realities: One Century of External Trade and Foreign Investment", in Robert Boyer and Daniel Drache eds., *States Against Markets: The Limits of Globalization*, London and New York: Routledge, 1996.

Bergesen, Albert and Ronald Schoenberg, "Long Waves of Colonial Expansion and Contraction, 1415 – 1969", in Albert J. Bergesen ed., *Studies of the Modern World-System*, New York: Academic Press, 1980.

Bergesen, Albert and Roberto Fernandez, "Who Has the Most Fortune 500 Firms?: A Network Analysis of Global economic competition, 1956 – 1989", in Christopher Chase-Dunn and Volker Bornschier eds., *The Future of Hegemonic Rivalry*, London: Sage, 1998.

Boli, John and George M. Thomas, "World Culture in the World Polity", *American Sociological Review*, Vol. 62, No. 2, April 1997, pp. 171 – 190.

Bornschier, Volker and Christopher Chase-Dunn, "Globalization and Change in Technological Style-The Withering Away of the State?", in V. Bornschier and C. Chase-Dunn eds., *The Future of Global Conflict*, London: Sage.

Boswell, Terry and Christopher Chase-Dunn, *The Spiral of Capitalism and Socialism: Toward Global Democracy*, Boulder, CO.: Lynne Rienner, 1999.

Boswell, Terry and Peters, Ralph, "State Socialism and the Industrial Divide in the World-Economy: A Comparative Essay on the Rebellions in Poland and China", *Critical Sociology*, 1990.

Chase-Dunn, Christopher ed., *Socialist States in the World-System*, Beverly Hills, CA.: Sage, 1980.

——"Technology and the Changing logic of World-Systems", in Ronen Palan and Barry Gills eds., *The State-Global Divide: a Neostructural Agenda in International Relations*, Boulder, CO.: Lynne Rienner, 1994.

——*Global Formation: Structures of the World-Economy*, 2nd Ed., Lanham, MD. Rowman and Littlefield, 1998.

Chase-Dunn, Christopher and Terry Boswell, "Postcommunism and the Global Commonwealth", *Humboldt Journal of Social Relations*, 1999.

——and Terry Boswell, "Post-communism and the Global Commonwealth", *Humboldt Journal of Social Relations*, 24, 1/2, 1998, pp. 195 – 220.

——and Peter Grimes, "World-Systems Analysis", *Annual Review of Sociology*, 21, 1995, pp. 387 – 417.

——Yukio Kawano and Benjamin Brewer, "Trade Globalization Since 1795: Waves of Integration in the World-System", *American Sociological Review*, February 2000. Earlier version at http://wsarch.ucr.edu/archive/papers/c-d&hall/isa99b/isa99b.htm.

——and Thomas D. Hall, *Rise and Demise: The Comparative Study of World-Systems*, Boulder, CO.: Westview, 1997a.

——and Thomas D. Hall, "Ecological Degradation and the Evolution of World-Systems", *Journal of World-Systems Research*, http://jwsr.ucr.edu 3, 1997b, pp. 403 – 431.

Frank, Andre Gunder, *World Accumulation 1492 – 1789*, New York: Monthly Review Press, 1978.

——*Crisis: In the World Economy*. New York: Holmes and Meier, 1980.

——and Barry Gills eds., *The World System: Five Hundred Years or Five Thousand?*, London: Routledge, 1993.

Giddens, Anthony, *Introduction to Sociology*, New York: Norton, 1996.

Goldstein, Joshua, *Long Cycles: Prosperity and War in the Modern Age*, New Haven: Yale University Press, 1988.

Grimes, Peter, "Harmonic Convergence?: Frequency of Economic Cycles and Global Integration, 1790 – 1990", A paper presented at the annual meeting of the Social Science History Association, Baltimore, November 4, 1993.

Harvey, David, *The Condition of Postmodernity*, Cambridge, MA.: Blackwell, 1989.

——"Globalization in Question", *Rethinking Marxism*, Vol. 8, No. 4, Winter 1995, pp. 1 – 17.

Hines, Colin and Tim Lang, "In Favor of a New Protectionism", in Jerry Mander and Edward Goldsmith eds. , *The Case Against the Global Economy and For a Turn Toward the Local*, San Francisco: Sierra Club Books, 1996.

Maddison, Angus, *Monitoring the World Economy, 1820 – 1992*, Paris: OECD, 1995.

Mann, Michael, *Sources of Social Power*, Vol. 1, Cambridge: Cambridge University Press, 1986.

Marer, Paul, Janos Arvay, John O'Connor and Dan Swenson, "Historically Planned Economies: A Guide to the Data", I. B. R. D. (World Bank), Socioeconomic Data Division and Socialist Economies Reform Unit, 1991.

Markoff, John, *Waves of Democracy: Social Movements and Political Change*, Thousand Oaks, CA. : Pine Forge Press, 1996.

Meyer, John W. , "Conceptions of Christendom: Notes on the Distinctivenes of the West", in Melvin L. Kohn ed. , *Cross-national Research in Sociology*, Newbury Park, CA. : Sage, 1989.

——"The Changing Cultural Content of the Nation-State: A World Society Perspective", in George Steinmetz ed. , *New Approaches to the State in the Social Sciences*, Ithaca: Cornell University Press, 1996.

McMichael, Philip, *Development and Social Change: A Global Perspective*, Thousand Oaks, CA. : Pine Forge, 1996.

Modelski, George and William R. Thompson, *Leading Sectors and World Powers: The Coevolution of Global Politics and Economics*, Columbia, SC: University of South Carolina Press, 1996.

Moore, Richard K. , "On Saving Democracy", A contribution to a conversation about global praxis on the World-Systems Network (WSN), 1995, http: //wsarch. ucr. edu/ archive/praxis/wsntalk. htm.

Murphy, Craig, *International Organization and Industrial Change: Global Governance since 1850*, New York: Oxford Press, 1994.

Robinson, William, *Promoting Polyarchy*, Cambridge: Cambridge University Press, 1996.

Rueschemeyer, Dietrich, Evelyne Huber Stephens and John Stephens, *Capitalist Development and Democracy*, Chicago: University of Chicago Press, 1992.

Taylor, Peter J., *The Way the Modern World Works: World Hegemony to World Impasse*, New York: John Wiley, 1996.

Toffler, Alvin, *The Third Wave*, New York: Morrow, 1980.

United Nations Conference on Trade and Development, *World Investment Report 1994: Transnational Corporations, Employment and the Workplace*, New York, 1994.

Wagar, W. Warren, *A Short History of the Future*, Chicago: University of Chicago Press, 1992.

——"Toward a praxis of world integration", *Journal of World-Systems Research*, Vol. 2, No. 2, 1996, http://jwsr.ucr.edu/.

Wallerstein, Immanuel, *The Modern World-System*, *Vol. 1*, New York: Academic Press, 1974.

征稿启事

《比较政治学研究》（*Comparative Politics Studies*）是由华东政法大学政治学研究院编辑出版的比较政治学研究专业性学术辑刊，常设栏目有比较政治学理论与方法、比较政治发展、地区与国别政治研究、全球性议题、书评等，本刊每年正式出版两辑。

作为比较政治学研究领域的综合性学术辑刊，《比较政治学研究》欢迎海内外的专家学者惠赐稿件。来稿由华东政法大学政治学研究院组织专家匿名审定，录用后将支付稿酬。

本刊来稿要求：

一、遵循学术规范。文章首页请注明题目、内容摘要（200—300字）、关键词（3—5个）、作者基本信息（包括姓名、工作单位、职称职务、联系方式），注释一律采用页下注（脚注），全文一般不超过1.5万字。注释体例：著者/编者，文章标题，书名或者刊名，出版单位及出版时间（或刊号），页码。

二、本刊编辑部根据发文需要，可能对决定采用的稿件酌情修改格式、润饰文字，如不同意，务请注明。

三、稿件的电子文本请以附件的形式寄至本刊信箱 psiecupl@163.com；也可邮寄文字稿至：201620 上海市松江大学园区龙源路 555 号汇贤楼 B228 华东政法大学政治学研究院《比较政治学研究》编辑部。

图书在版编目(CIP)数据

比较政治学研究.第1辑/李路曲主编.
—北京:中央编译出版社,2010.11
ISBN 978-7-5117-0609-6

Ⅰ.①比…
Ⅱ.①李…
Ⅲ.①比较政治学
Ⅳ.①D0
中国版本图书馆 CIP 数据核字(2010)第 208422 号

比较政治学研究.第 1 辑

出 版 人	和 龑
策划编辑	贾宇琰
责任编辑	侯天保
责任印制	尹 珺
出版发行	中央编译出版社
地　　址	北京西单西斜街 36 号(100032)
电　　话	(010)66509360(总编室)　(010)66509367(编辑室)
	(010)66509364(发行部)　(010)66509618(读者服务部)
	(010)66161011(团购部)　(010)66130345(网络销售)
网　　址	www.cctpbook.com
经　　销	全国新华书店
印　　刷	河北下花园光华印刷有限责任公司
开　　本	787 毫米×960 毫米　1/16
字　　数	262 千字
印　　张	18.5
版　　次	2010 年 12 月第 1 版第 1 次印刷
定　　价	58.00 元

本社常年法律顾问:北京大成律师事务所首席顾问律师　鲁哈达
凡有印装质量问题,本社负责调换,电话:(010)66509618